KB142384

사회인문학총서

유교적
공공성과
타자

【 사 회 인 문 학 총 서 】

유교적
공공성과
타자

나종석 / 박영도 / 조경란 엮음

김상준 / 김 호 / 나종석 / 박영도 / 백민정 / 이숙인 / 타지리 유이치로 / 황금중 공저

혜안

사회인문학총서 발간에 부쳐

또 한 번의 문명사적 전환시대를 맞아 새로운 학문에 대한 요구가 드높다. 이 시대적 요청에 부응해 우리는 '21세기 실학으로서의 사회인문학'이란 과제를 수행하고 있다. 피로감마저 느끼게 하는 인문학 위기담론의 비생산성을 단호히 떨쳐내고, 인문학을 혁신하여 대안적 학문을 실험하고 있는 나라 안팎의 값진 노력에 기꺼이 동참하여 그 한몫을 감당하고자 한다.

사회인문학(Social Humanities)은 단순히 사회과학과 인문학의 만남을 의미하지 않는다. 인문학의 사회성 회복을 통해 '하나의 인문학', 곧 통합학문으로서의 인문학 본래의 성격을 오늘에 맞게 창의적으로 되살리려는 것이다. 학문의 분화가 심각한 현실에 맞서 파편적 지식을 종합하고 삶의 총체적 이해와 감각을 기르는 인문학의 수행은 또한 '사회의 인문화'를 이룩하는 촉매가 될 것이다.

이 의미 있는 연구는 연세대학교 국학연구원 인문한국(HK)사업단이 한국연구재단의 지원을 받아 2008년 11월부터 10년 기획으로 추진하고 있다. 우리 사업단에 참여하는 모든 구성원들은 학문 분과의 경계, 대학이란 제도의 안과 밖을 넘나들며 뜻을 같이하는 모든 분들과 연대하여 사회인문학을 널리 알리고자 한다.

'사회인문학총서'는 우리가 그동안 치열한 토론을 통해 추구해온 세 가지 구체적 과제의 보고서라 하겠다. 인문학이 사회적 산물임을 확인하는 자기 역사와 사회에 대한 이중의 성찰 과제, 학문 간 또는 국내외 수용자와의 소통의 과제, 그리고 제도의 안팎에서 소통의 거점을 확보하되 문화상품화가 아닌 사회적 실천성을 중시하는 실천의 과제, 이를 잘 발효시켜 숙성된 내용으로 한 권 한 권 채워나갈 것이다.

　지금 사회인문학의 길에서 발신하는 우리의 전언에 뜻있는 분들의 동참과 편달을 겸허히 기다린다. 관심과 호응이 클수록 우리가 닦고 있는 이 새로운 길은 한층 더 탄탄해질 것이다. 그로써 우리를 더 인간다운 문명의 새 세계로 이끄는 축복의 통로가 될 수 있기를 바란다.

2014년 4월
연세대학교 국학연구원 인문한국사업단장 백영서

책을 내면서

이 공동 연구는 연세대학교 국학연구원 인문한국(HK) 사업단이 추진하는 '21세기 실학으로서의 사회인문학' 프로젝트를 구체화하려는 작업의 산물이다. 본 사업단의 제2단계(2011년 9월~2014년 8월) 총괄 주제는 '공공성과 사회인문학'인데, 이 저서는 동아시아의 유교문화 전통 속에 내재되어 있는 공공성의 논리를 오늘날의 맥락에서 재구성하려는 시도를 통해 공공성 연구의 사회인문학적 패러다임을 제공해보려는 기획에서 출발한 것이다. 이러한 기획을 내실 있게 만들기 위해 나종석, 박영도 그리고 조경란은 '민주적 공공성, 실학 그리고 동아시아' 연구그룹을 만들어 지난 3년간 다양한 공동 연구를 수행했는데, 이 책 역시 공동 연구의 중간 결과물이다.

'민주적 공공성, 실학 그리고 동아시아' 연구그룹의 기본적인 문제의식에 대한 간단한 설명이 이 저서를 이해하는 데 도움을 줄 것이다. '민주적 공공성, 실학 그리고 동아시아' 연구그룹은 21세기를 문명전환의 시대로 보고 위기를 동반할 수밖에 없는 문명의 전환기를 슬기롭게 극복할 수 있는 방안을 모색하고자 할 때 유교적 전통자원의 비판적 재구성이 매우 중요하다는 인식에서 출발했다. 주지하듯이 근대세계체제의 헤게모니 국가인 미국이 주도하는 세계질서가 위기에 처하고 중국이 급부상하게 되면서, 동아시아는 문명사적 전환기의 중심 무대로 등장하고 있다. 중국이 급부상하면서 동아시아의 전통적 사상·문화 자원이 새롭게 조명을 받고 있다. 특히 유교문화를 마르크스주의 및 자유주의와 대별되는 중국의 국가 이데올로기로 삼으려는 움직임으로 인해 동아시아 유교전통에 대한 적절한 인식의 필요성은 더욱 더 절실해지고 있다. 중국의 대두가 새로운 형태의 중국 중심주의 내지 패권주의로 귀결되지 않도록 노력하는 작업에서 요구되는 과제 중의 하나는 동아시아의 문화적 자산인 유학을 특정한 시각으로 독점하지 못하게 만드는 것이다. 이때 중요한 것은 외부적 시각에서의 비판을 넘어 내부적 시각에서, 즉 전통적인 유교문화의 시선에서 패권주의적 사고방식을 극복할 가능성을 추출하여 이를 바탕으로 동아시아 지역과 세계를 새롭게 바라보는 시야를 확보하는 것이라는 점에 '민주적 공공성, 실학 그리고 동아시아' 연구그룹은 의견의 일치를 보았다.

'민주적 공공성, 실학 그리고 동아시아' 연구그룹은 유교적 공공성의 이념과 그 역사적 경험을 비판적으로 반추하는 작업을 서구 근대를 상대화시키는 작업과 연동하여 고민했다. 뿐만 아니라 우리는 아시아의 역사적 문맥을 서구적 근대의 역사적 경험에서 추출된 패러다임에 의해서가 아니라 그 고유한 내적 논리에 의해서 해명하는 작업이 필요하고 생각했다. 그리하여 유교문화에 대한 비판적 재구성은 서구 근대의 길을 상대화시키고, 유교문화=반(反)근대라는 통념으로부터 유교문화를 해방시켜 그것을 새로운 대화의 상대로 만드는 시도로 이해될 수 있을 것이다. 이 저서에는 유교적 사상전통 일반 및 조선후기의 실학사조에 내재된 공공성 이론의 현재적 의미를 명료화하려는 글 그리고 여성이나 이질적 사유 등과 같은 '타자'의 존재가 유교적 전통 속에서 어떻게 이해되고 있는지를 규명하고자 하는 글이 수록되어 있다. 그래서 저서의 명칭이 『유교적 공공성과 타자』로 정해지게 되었다.

이 책은 3부로 구성되어 있다. 1부 '공공성의 성리학적 재구성'에서는 성리학적 사상의 틀 내에 함축되어 있는 공공성에 대한 논리를 오늘날의 맥락에서 재구성하려는 글을 모았다. 박영도의 「주권의 역설괴 유교직 공공성 : 그 문법과 동학(動學)」에서는 주권의 역설에 대한 해결책과 유기적으로 연결하여 유교적 공공성을 구성하는 몇 가지 측면들을 구별하고 이들의 구조적 연관을 제시했다. 특히 그는 천리의 공공성이 민본적 공공성과 공론의 공공성을 양 날개로 삼아, 국가적 공공성에 내재한 군주의 자의를 규제하며, 자신의 규범적 요구를 사회적으로 관철해가는 구조가 유교적 정치의 문법을 구성함을 보여준다. 박영도는 유교적 정치의 문법엔 유교적 계몽의 변증법이 내포되어 있다고 보면서, 이 변증법을 통해 전개된 민본적 공공성의 함의가 어떤 점에서 오늘날에도 생생한 규범적 통찰을 제공하고 있는지를 세밀하게 추적한다.

황금중은 「공(公)과 사(私)에 대한 주희(朱熹)의 인식과 공공성 교육」에서 공(公)과 사(私)에 대한 주희의 인식을 배경으로 현대 공공성 교육의 문제를 검토한다. 이 글에서 황금중은 온전한 의미의 개체성 실현은 반드시 공공성 실현과 연계되어 가능하다고 본 주희의 공공성 이론을 어느 정도 긍정하면서도 한계를 분명히 하고자 했다. 그에 의하면 주희는 공공성의 문제와는 달리 개체성의 실현 문제에 대해 충분히 숙고하지 못했다. 그럼에도 황금중은 주희 공부 방법의 핵인 경(敬)이 교육의 장에서 학습주체의 공적 의식과 개체성을 동시에 실현해 가는 기제로 재해석될 잠재력을 지닌다고 본다.

나종석의 「성리학적 공공성의 민주적 재구성 가능성」은 주희의 공(公) 이론을 중심으로 성리학적 공공성에 대한 새로운 해석을 탐색해본다. 이는 서구적 근대의 정신적 표현인 인권 및 민주주의와 성리학의 만남을 추구해보려는 것이다. 그러나 소통의 추구는 성리학적 사유 속에서 서구적인 인권 및 민주주의 이념과 유사한 내용을 강조하여 이들 사이의 양립가능성을 모색하는 데 그 궁극적 목적이 있지 않다. 이 글에서 추구되는 것은 주희의 공(公) 이론에 대한 해석을 통해 인권과 민주주의의 재정의의 시도이다. 따라서 나종석은 성리학적 공공성 이론의 재해석을 통해 서구적인 인권과 민주주의에 대한 이해의 틀을 확충할 가능성을 모색한다.

2부 '실학의 새로운 이해와 공공성'에는 조선후기의 새로운 학풍안 실학사조에서 등장한 공공성의 구조를 해명하고 그 현대적 의미를 성찰하는 글들이 실려 있다. 박영도는 「다산(茶山)의 실학적 공공성의 구조와 성격 : 몇 가지 비판적 고찰」에서 다산 이론의 공공성의 구조와 성격을 비판적으로 분석한다. 특히 그는 다산의 실학적 선회는 사회적-실천적 전회였지만, 이 전회가 인간/우주의 틀을 인간/상제의 틀로 대체하는 방식으로 이루어지면서, 사회적 지평이 사라지고 실천적-실용적 측면만 남았다고 평가한다. 동시에 박영도는 다산에서의 실천적-실용적 전회는 민본적 공공성의 측면에서 중요한 성과를 가져왔음을 지적하면서, 다산의 공공성 이론의 성격과 한계를 해명한다.

백민정은 「유교 지식인의 공(公) 관념과 공공(公共) 의식—이익, 정약용, 심대윤의 경우를 중심으로」에서 조선후기 18세기에 유교 지식인들의 공 관념과 공공 의식이 어떻게 변화되었는지 분석한다. 그는 조선 초에는 수양된 엘리트 지식인들이 천리(天理)나 도리(道理) 개념에 기반한 공(公) 관념을 강조했다면, 후기에는 보통 사람의 보편적인 욕망과 선천적 경향성에 바탕을 둔 공적 관념을 강조했음을 해명한다. 백민정에 의하면 욕망 추구의 선천성, 보편성을 인정하면서도 전체 구성원 모두의 공리(公利), 동리(同利)를 강조했던 점에서 조선 유학자들의 일관된 윤리적 지향을 엿볼 수 있다. 또한 그는 이들이 사회적 공리(公利)를 실현하기 위해 상호 경쟁이 아니라 구성원 모두의 자기수양과 공부를 강조했던 점도 눈여겨볼 필요가 있다고 본다.

김호는 「다산 정약용의 '민주(民主)' 기획」에서 다산 정약용이 향촌의 자율적 도덕공동체를 재건하기 위해, 사족(士族)과 토족(土族) 그리고 소민(小民)들의 도덕성 회복을 필수 요건으로 생각했음을 보여준다. 그는 다산 사상의 '민주' 기획의 특성을 다음 세 가지 측면에서 입증하고자 한다. 다산은 첫째, 토족들에게 절욕(折辱)을 요구하는 한편 그들이 장악한 향교를 예악 실천의 장으로 변화시키고자 했다. 둘째, 사족들에게는 명분 없는 변등(辨等)만을 강조하기보다 책임 있는 행위를 통해 명실상부한 지위를 누리도록 당부했다. 마지막으로 소민들에게는 교화에 앞서 기본적인 항산을 제공해야 한다고 강조했다. 사족과 토족에 대해서는 적극적으로 교화의 대상으로 포섭했으면서도, 소민(小民)들의 경우에는 교화에 앞선 항산의 필요성을 주장했던 것이다. 소민의 도덕성 회복에 대한 다산의 '유예'적 태도는 항산 없는 민중의 불완전한 덕성에 대한 깊은 우려에서 기인한 것이었음을 김호는 강조한다.

이 책의 3부 '유교와 타자'는 유교가 타자의 문제에 대해 어떤 감수성과 성찰성을 보여주는지를 살펴보는 글을 모았다. 타지리 유이치로의 「도쿠가와(德川) 유교와 '타자(他者)'의 문제」는 도쿠가와 시대의 이토 진사이(伊藤仁齋, 1627~1705)를 다룬다. 이토 진사이의 사상에서 '타자의 발견'이라는 것에 초점을 맞춰 공공성을 재해석하려는 것이다. 그의 주장의 핵심은 다음과 같다. '리(理)'를 윤리의 근거로 삼는 주자학은 상대에 대해 도덕적 교화라는 명분으로 지배의 욕망을 배태한다. 때문에 이토 진사이는 '리'를 대신하여 공자와 맹자의 '서(恕)'의 도덕을 역설하였다. 그 바탕에는 자기 자신과는 이질적인 존재로서의 '타자'를 이해하고자 한 시각이 드리워져 있다고 보았다. '타자의 발견'이라는 이토 진사이의 문제의식은 아직도 만장일치나 계서적 전통이 강하게 남아 있는 21세기 동아시아에서 자기반성의 계기를 마련해줄 수 있는 매우 중요한 사상적 유산이라 할 수 있다.

이숙인은 「공공성(公共性)의 타자들−실행(失行) 부녀의 배제와 감시, 공론(公論)의 이름으로」에서 조선사회에서 공(公)의 개념이 함축하는 공도(公道)·공의(公義)·공론(公論) 등이 현실에서 어떻게 이해되고 실천되었는가를 두 사례를 통해 살펴본다. 먼저 사족 여성 김씨의 행실을 빌미로 그 자손들을 관직에서 배제시키는 사대부 관료들의 '공론'과 그 성격에 주목하였다. 여기서 '음란 여성' 김씨는 '구성되는' 타자로써 주요 관직을 놓고 '경쟁자'를 배제하기 위한 논리에 활용되었음을 논증했다. 다음은 과부가 된 한 사족 여성 이씨의 규방을 감시·감독하는 사림들의 의리정신과 그 사회적 실천이 갖는 문제를 살펴보았다. 이 작업은 유교적 공(公)의 개념에 내포된 다양한 갈등과 타자성을 드러냄으로써 오늘날 공공성의 조건을 확보하기 위한 성찰에서 타자의 문제를 사유해야 할 필요성을 보여주고 있다.

김상준의 글 「"아내는 남편의 스승" : 유교 문명화의 빛과 그늘」은 유교 문명화와 여성화 사이의 깊은 연관성에 주목한다. 문명화는 무(武)의 문화에서 문(文)의 문화로의 전환을 포함한다. 이런 점에서 유교 문명은 분명 일찍이 문명화의 도정에 접어들었다. 문화적 기호로 이해할 때 무(武)는 남성성과, 문(文)은 여성성과 분명 친화적이다. 유가가 시초부터 강조한 시, 예, 악 역시 여성적 취향과 가깝다. 문명화와 여성화의 이러한 연관성은 유럽의 '문명화과정(civilizing process)'을 분석한 노베르트 엘리아스에 의해서도 강조된 바 있다. 따라서 '유교 문명화'에 대한 고찰은 동시에 '여성화 과정으로서 유교화'

에 대한 고찰이기도 하다.

이 책의 구체적인 편집은 '민주적 공공성, 실학 그리고 동아시아' 연구그룹이 담당했다. 그리고 이 저서에 대한 전반적인 소개 글은 나종석 HK교수가 연구그룹을 대표하여 작성했다.

끝으로 이 책을 출판하는 과정에서 도움을 주신 분들에게 감사를 표하고 싶다. 특히 연세대학교 사학과 박사과정에 있는 권기하는 책을 편집하고 출판하는 과정에서 귀찮은 내색도 없이 여러 도움을 주었다. 그에게 진심으로 감사의 마음을 전한다. 그리고 한국 학계에 새로운 방향을 제시하는 사회인문학의 정신과 취지에 동의하여 연세대학교 국학연구원 HK사업단의 성과물의 출판을 기꺼이 맡아주신 혜안출판사에 감사드린다.

2014년 4월
'민주적 공공성, 실학 그리고 동아시아' 연구그룹

차 례

사회인문학총서 발간에 부쳐 5

책을 내면서 7

1부 공공성의 성리학적 재구성

주권의 역설과 유교적 공공성 : 그 문법과 동학(動學) | 박영도 19

   Ⅰ. 들어가는 말 19

   Ⅱ. 주권의 역설과 유법(儒法) 결합 21

   Ⅲ. 유교적 법치와 유교적 공공성의 문법 26

   Ⅳ. 정치와 도덕의 변증법과 천리의 공공성 29

   Ⅴ. 천리와 민생의 변증법과 민본적 공공성 36

   Ⅵ. 유교적 공론의 숙의적 공공성 : 천리와 민의의 만남 40

   Ⅶ. 맺음말 44

공(公)과 사(私)에 대한 주희(朱熹)의 인식과 공공성 교육 | 황금중 47

   Ⅰ. 들어가는 말 47

   Ⅱ. 공(公)과 사(私)에 대한 주희의 인식 53

   Ⅲ. 공(公)과 인(仁)에서 예(禮)로 옮아갈 때 : 노자의 관점에서 본 유가 예론 63

Ⅳ. 공(公)과 사(私), 그리고 개체성 70

Ⅴ. 주희의 공/사관을 통해 본 공공성 교육 77

성리학적 공공성의 민주적 재구성 가능성 | 나종석 83

Ⅰ. 들어가는 말 83

Ⅱ. 주희의 공생적·연계적 공공성 이론과 공(公) 이론의 창신 87

Ⅲ. 주희의 유교적 공론(公論) 정치이론 98

Ⅳ. 공생적·연계적 공공성이론과 민주주의 103

2부 실학의 새로운 이해와 공공성

다산(茶山)의 실학적 공공성의 구조와 성격 : 몇 가지 비판적 고찰
     | 박영도 113

Ⅰ. 들어가는 말 113

Ⅱ. 유교적 공공성에서 실학적 공공성으로 114

Ⅲ. 천리에서 상제로의 이행과 그 함의 118

Ⅳ. 민본적 공공성의 이념과 그 분화 126

Ⅴ. 국가적 공공성의 강화와 숙의적 공공성의 축소 : 공공성의 탈언어화 136

Ⅵ. 맺음말 142

유교 지식인의 공(公) 관념과 공공(公共) 의식 ─ 이익, 정약용, 심대윤의 경우를
     중심으로 | 백민정 145

Ⅰ. 들어가는 말 145

Ⅱ. 이익 : '천하공(天下公)' 관념과 사(私), 욕(欲), 이(利) 개념 152

Ⅲ. 정약용 : 본성[性]의 욕망[嗜好]과 도심(道心)의 공적 의미   161

Ⅳ. 심대윤 : '호리오해(好利惡害)'의 본성 개념과 '천하동리(天下同利)' 관념   171

Ⅴ. 공사론과 관련된 반성적 쟁점들   178

다산 정약용의 '민주(民主)' 기획 | 김 호   183

Ⅰ. 머리말   183

Ⅱ. 변등(辨等)의 정치학   188

Ⅲ. 토족(土族)의 교화   191

Ⅳ. 사족(士族)의 도덕성 회복   198

Ⅴ. 권분(勸分)의 책임과 공론(公論)   201

Ⅵ. '유보'된 소민(小民) 교화   208

Ⅶ. 맺음말   213

3부 유교와 타자

도쿠가와(德川) 유교와 '타자(他者)'의 문제 | 타지리 유이치로(田尻祐一郎)   219

Ⅰ. 머리말 : 과거제도·예악 부재의 역설   219

Ⅱ. 이토 진사이와 '타자의 발견'   221

Ⅲ. 지배의 도덕에서 공감의 도덕으로   222

Ⅳ. 맺음말 : 동아시아의 정신세계와 '타자의 발견'   226

공공성(公共性)의 타자들－실행(失行) 부녀의 배제와 감시, 공론(公論)의 이름으로
　　| 이숙인   229

Ⅰ. 들어가며   229

Ⅱ. 실행(失行) 여성과 그 자손 231

Ⅲ. 과부 여성의 규방 239

Ⅳ. 결론을 대신하며 251

"아내는 남편의 스승": 유교 문명화의 빛과 그늘 | 김상준 254

Ⅰ. 문명화와 여성화 254

Ⅱ. 루크레시아 : 공화국 로마의 어머니 257

Ⅲ. 죽음 앞에서 지키고자 하는 것을 바꾸지 않는다(見死不更其守) 260

Ⅳ. "아내는 남편의 스승" 265

Ⅴ. 다시 루크레시아 – 자살과 열녀 270

Ⅵ. 문명화 과정과 도덕성의 에너지 전환 273

찾아보기 281

필자소개 285

1부

공공성의 성리학적 재구성

주권의 역설과 유교적 공공성 : 그 문법과 동학(動學)

박 영 도

I. 들어가는 말

최근 유교 및 실학의 공공성에 대한 관심이 높아지고 있다. 한편으로 신자유주의적 세계화의 격랑 속에서 공공성의 파괴가 두드러지면서 공공성에 대한 관심이 높아졌기 때문이고, 다른 한편 글로벌 정치에서 중국을 중심으로 동아시아의 위상이 높아지면서 동아시아 전통사상에 대한 관심도 함께 높아지고, 이와 함께 공공성에 대한 유교적, 혹은 실학적 사유의 잠재력을 포착하려는 관심이 함께 높아졌기 때문일 것이다.

그러나 유교적 공공성에 대한 기존의 연구는 대부분 개념사와 의미론적 차원에서 이루어지고 있는 것 같다.[1] 이런 의미론적 연구가 중요하다는 것은 두말한 나위가 없다. 그러나 공공성의 의미에 대한 연구가 유교적

---

* 이 글은 연세대 국학연구원 사회인문학 포럼, "동아시아 공공성의 비판적 재구성"(2012. 5)에서 발표했던 글이다. 이 글의 수정본이 『사회와 철학』 27집(2014. 4)에 실려 있다.

1) 의미론적 연구의 대표적 사례로는 미조구치 유조, 『중국의 공과 사』, 신서원, 2004 ; 이승환, 「한국 전통의 공(公)담론과 근대적 변용」, 『유교담론의 지형학』, 푸른숲, 161~196쪽 ; 백민정, 「유교적 지식인의 공관념과 공공의식」, 『동방학지』 160집, 2012, 1~45쪽.

주권의 역설과 유교적 공공성 : 그 문법과 동학(動學) 19

정치의 문법과 분리된 채 개념사 차원에 국한되어 진행될 경우, 상당히 주의 깊게 구분된 공공성의 의미론적 요소들이 구조적으로 어떤 연관관계에 있으며, 또 어떤 정치적 문법과 연동하여 작동하는지가 잘 드러나지 않을 수 있다. 또한 연구가 개념사에 한정될 경우, 유교적 공공성이 당시의 맥락에서 갖는 실천적, 정치적 함의는 물론이고 그것이 오늘의 맥락에서 갖는 정치적 함의도 제대로 포착하지 못할 위험이 생긴다.

이런 문제의식에서 출발하여 이 글은 주권의 역설이라는 문제를 해결하는 과제와 관련하여 유교적 공공성의 문법과 동학을 송대 이래의 신유학을 중심으로 재구성하고자 한다. 여기서 주권의 역설은 정치체계의 최정점에 자리잡은 자의를 어떻게 해결할 것인가 하는 보편적 문제와 관련된다. 이 문제에서 출발하는 이유는, 그런 보편적 문제에 대한 유교정치적 해결이라는 관점에서 접근할 때 비로소 유교적 공공성의 문제를 역사적 맥락속에 가두지 않고 그 현재적 함의를 포착할 수 있는 길이 열릴 것이기 때문이다.[2]

먼저 II장에선 주권의 역설이라는 문제에서 출발하여 이 문제의 해결방식과 관련한 유가와 법가의 차이를 비교하면서 유교적 정치의 기본방향인 유법결합의 구조를 밝힐 것이다. 이어서 III장에선 유교적 정치가 주권의 역설을 해결하는 논리를 살펴보면서 유교적 공공성의 상이한 측면들을 구별하고, 이들 간의 구조적 연관을 개괄할 것이다. 이어서 유교적 공공성의 각 측면을 그 내적 역동성에 주목하면서 해명할텐데, 우선 IV장에선 주권의 역설에 대한 유교적 해결책의 중심이라고 할 수 있는 천리의 공공성을 송대 신유학의 출현을 배경으로 살펴볼 것이다. 여기선 그 출현과정을 도덕과 정치의 변증법으로 재구성하면서, 이 변증법과 관련하여 천리의

---

2) 주권의 역설이라는 문제의식에서 출발하여 유교의 정치도덕적 질서를 분석한 글로는, 김상준, 『맹자의 땀, 성왕의 피』, 아카넷, 2011 ; 박영도, 「세종의 유교적 법치」, 정윤재 외, 『세종의 국가경영』, 지식산업사, 2006, 279~314쪽 ; 이 책 2부에 있는 박영도, 「다산의 실학적 공공성의 구조와 성격」.

공공성의 성격과 유교적 정치의 기본 특징을 살펴볼 것이다. 유교적 정치의 기본 이념은 천리의 공공성을 사회적으로 실현하는 데 있다고 할 수 있다. 이것은 두 가지 방향으로 실현되는데 그것이 민본적 공공성과 공론정치에서 구현되는 숙의적공공성이다. 이 공공성의 의미와 동학을 V장과 VI장에서 살펴볼 것이다. 마지막 결론에서는 이상의 논의를 바탕으로 유교적 공공성의 현재적 함의를 간략하게 제시하겠다.

II. 주권의 역설과 유법(儒法) 결합

최근 아감벤의 『예외상태』나 슈미트의 『정치신학』을 통해 정치체제의 안과 바깥에 동시에 위치하는 주권의 역설이 새삼스럽게 부각되고 있다.[3] 그러나 사실 이 역설은 정치체제의 정점에 자리 잡은 순수 결정 및 자의의 문제와 관련된 것으로서, 하나의 통일체로서 법-정치체계가 등장하는 곳에선 항상 제기되는 문제라고 할 수 있다.[4] 유교적 정치와 공공성의 문법도 바로 이 주권의 역설과 긴밀히 연결되어 있다. 우선 이 역설을 일반적 수준에 살펴보자.[5]

간단하게 말해서 하나의 통일체로서 법-정치질서는 법과 정치권력의 상호전제와 상호구성의 원환관계라고 요약해 볼 수 있다. 먼저, 주지하다시피 법은 권력이 행사되는 형식을 제공하고, 권력은 법에 요구되는 강제력을 제공한다. 이런 점에서 법과 정치권력은 서로를 전제한다고 할 수 있다. 그러나 이 전제관계는 이미 독립적으로 존재하는 두 요소가 서로를 하나의 조건으로서 필요로 하는 그런 단순한 관계가 아니다. 두 계기 자체가

---

3) G. Agamben, 김항 옮김, 『예외상태』, 새물결, 2009 ; C. Schmitt, 김항 옮김, 『정치신학』, 그린비, 2010.
4) 이런 의미의 주권의 역설에 대한 논의로는 N. Luhmann, *Politik der Gesellschaft*, Suhrkamp, 2000, pp.314~352.
5) 이에 대한 좀 더 상세한 논의로는 박영도, 앞의 글, 2006, 281~287쪽 참조.

이 상호 전제를 통해 비로소 구성되기도 하기 때문이다. 법은 단순한 폭력에 지나지 않는 것을 국가의 위세가 당당한 정치권력으로 정립시켜 준다. 법적 형식이 부여됨으로써 비로소 폭력이 권력으로 정립되는 것이다. 또한 도덕과 비교할 때 법적 기대의 구성적 특징은 강제력의 뒷받침을 받는다는 데에 있다. 따라서 정치권력에 의해 법이 강제력을 갖춤으로써 비로소 법이 법으로 정립된다고 할 수 있다. 이런 점에서 법-정치질서는 법과 권력이 서로를 전제하면서 정립하는 원환관계를 통해 형성한다고 할 수 있다.

문제는 이렇게 형성된 이 질서의 중심에 빈터가 있다는 것이다. 그 빈터는 우선은 법적으로 규제된 결정체계로서의 법치의 최상위 지점에 법적으로 규제되지 않는 임의성, 자의라는 요소가 불가피하게 존재한다는 것을 말한다. 이것은 법과 권력의 상호 정립과 전제가 결코 완결된 법-정치질서를 만들어낼 수 없으며, 폭력이 결코 법적 권력으로 완전히 변형될 수 없으며, 정치적 결정의 네트워크를 규제하는 법적 형식이 결코 정치적 결정의 우연성, 자의성을 완전히 순치시키지 못한다는 것을 뜻한다.[6]

이 빈터는 우연의 산물도 아니고 단순한 결함도 아니다. 곳곳에 흩어져 있던 폭력이 독점되어 법적 형태로 지배의 통일성이 형성되면, 곳곳에 흩어져 있던 자의도 함께 조직되어 지배의 정점과 중앙으로 집중된다. 그러니까 권력행사의 자의도 주권자의 자의로 집중되고, 여타의 자의는 법적 처벌의 대상으로 전락한다. 여타의 자의는 법-정치질서 속에서 순치되는데, 주권자의 자의는 그렇지 않은 것이다. 오히려 이 법치의 통일성은 주권의 자의를 통해 비로소 완결된다고 할 수 있다. 그런 점에서, 법치의 통일성 한 가운데 뚫린 빈터는 바로 그 통일성 자체를 설립하고 가능하게

---

6) 각도를 달리해서 보면, 이 빈터는 법-정치체계를 설립한 근원적 폭력이 자신이 설립한 법-정치체계에 남긴 흔적이라고 할 수 있다. 이 설립적 폭력이 법체계 속에선 빈터라는 형태로 흔적을 남기는데, 이 빈터의 의미를 아감벤은 주권과 호모사케르의 연계를 통해 해명한 것이라고 하겠다. 유교 정치질서를 설립적 폭력의 관점에서 논한 뛰어난 글로는 김상준, 앞의 책, 2011, 123~171쪽.

만든 빈터라고 할 수 있다. 그러므로 그것은 법치의 통일성에 필연적으로 수반되는 것이라고 할 수 있다. 이 때문에 자의에 대한 법적 규제가 한편으로는 필수적이지만, 다른 한편으로는 불가능하다는 결론이 나온다. 주권의 역설은 여기에 있다.[7] 그런 이 역설을 어떻게 해결할 것인가? 이 불가능성과 불가피성을 어떻게 매개할 것인가?

필자는 유교적 정치의 문법과 공공성은 바로 이 문제의 해결과 관련하여 이해할 필요가 있다고 본다. 하지만 이 관점에서 유교적 정치의 문법을 다루기 전에 법가사상과 유가 정치사상의 역사적 발생맥락에 대한 비교를 통해 유교 정치의 일반적 특징을 살펴보도록 하겠다. 이를 통해 유교 정치가 풀어야 할 주권의 역설의 역사적 특징 뿐 아니라 서구와의 차이도 확인할 수 있을 것이다.

주지하다시피 중국에서 유가나 법가는 모두 봉건적 예치체제의 몰락에 대한 대응으로서 출현했다.[8] 예치체제에서 사회는 동일한 조직형태를 지닌 가문들의 병렬 내지 피라미드식 누적을 통해 구성되어 있고, 이 가문들 사이의 분쟁을 조절하는 장치로서 정치적 공간이 가문들 바깥에 그리고 그 상부에 위치했다. 그리고 이 정치적 공간 역시 종법적 예의 질서에 따라 조직되었다. 그런 점에서 이 정치영역은 일종의 확대 가족 같은 것으로 간주되었다. 다시 말해서 정치는 사회로부터, 더 정확히는 가족체계로부터 분화되어 나오지 못하고 오히려 그 속에 깊이 묻혀 있었다.

춘추전국시대에 이 예치제제가 무너지고 일종의 정치적 자연상태가 등장했다. 이것은 가족 바깥의 정치공간이 더 이상 종법원리만으로 규제될

---

7) 이 역설과 그 뒤에 자리하는 질문, 즉 법이 정치적으로 제정되는 경우 제정의 자의를 어떻게 규제할 것인가 하는 질문이 오늘의 민주주의 문제에서 어떤 의미를 갖는지에 대해선, 박영도, 「민주주의의 역설과 경계의 사유」, 『사회와 철학』 18호, 2009 참조.
8) 프랜시스 후쿠야마, 함규진 옮김, 『정치질서의 기원』, 웅진, 2012. 중국에서 국가형성에 관한 후쿠야마의 설명 자체는 새로운 것이 없지만, 다른 문명권에서의 국가형성과의 비교는 흥미롭다.

수 없고, 새로운 조직방식이 필요하다는 것을 의미했다. 법가적 법치는 이러한 시대상황에 대한 하나의 대답으로 등장했다. 법가는 열국의 경쟁 속에서 국가의 생존을 보장하고 번영을 구가하기 위해선 여러 가문들에로 분산된 폭력을 군주에게 집중시키고, 이 독점된 폭력을 효율적으로 조직하는 것이 급선무라고 보았다. 그리고 이를 위해선 예가 아니라 엄격한 법이 요구된다고 보았다.

법가적 법치의 이러한 발생맥락은 서구 근대적 법치가 형성되는 과정과 비교해보면 중요한 차이점을 보여준다. 서구에서 법은 국가 영역이 아니라 민간 부문에서 이미 형성되어 있었다. 오랜 역사를 가진 이 법이 근대 초에 폭력의 독점을 이룩한 근대국가라는 정치조직과 결합하여 이른바 법치체제를 형성하게 된다. 이 때문에 서구의 근대법치에서 법은 애당초 국가권력에 대항해 개인의 권리를 보호하는 역할을 담당했다. 이런 발생맥락 때문에, 서구적 의미의 근대적 법치에서, 법과 정치권력은 단순히 서로를 전제할 뿐 아니라 서로 긴장관계를 맺기고 한다.

이에 비해 법가적 법치는 서구처럼 사회의 품안에서 이미 성장한 법이 권력과 만나는 방식으로 출현한 것이 아니었다. 중국에선 법치를 구성하는 정치권력과 법이 사회(가족)로부터 동시에 외부화되었다고 볼 수 있다. 따라서 법치의 형성에서 정치권력과 법이 보여주는 상호 정립과 전제의 강도가 매우 강했다. 정치권력과 법 자체가 법치를 통해 구성되었고, 따라서 정치와 법 사이에 긴장은 상대적으로 약했다. 다시 말해서, 지금도 그런 경향이 강하게 남아 있지만, 법은 정치권력을 견제하는 장치라기보다는 성치권력의 효율적 수단으로 간주되었다. 중국 문화권에서 법이 형사법과 행정법 중심으로 발전한 것도 같은 맥락에서 이해할 수 있다. 이것은 해결해야 할 주권의 자의라는 문제가 더 심각했다는 것을 의미하기도 한다.

그럼 유가는 어떠했는가? 예치의 몰락이라는 상황에서 유가는 예치의 재구성을 주된 과제로 설정하였다. 그렇다고 이 재구성이 단순히 주례(周禮)

로 돌아가자는 복고주의로 끝나는 것은 아니었다. 공자도 가족 영역 너머에서 펼쳐지는 새로운 공적 영역의 등장을 잘 알고 있었고, 거기엔 기존의 예와는 다른 조직원리가 필요하다는 것을 알고 있었다. 하지만 법은 대답이 아니었다. 오히려 그때까지 구체적 형태로 존재하던 예질서의 구성원리를 제시했다. 그것이 '인'(仁)이었다. 어떤 점에선, 예치체제가 무너지면서 동일한 예(禮)로부터 법과 도덕(仁)이 각기 법가와 유가의 손을 통해 분화되어 나왔다고 할 수 있다. 이때 공자가 '법'이 아니라 '인'이라는 도덕원리로 방향을 잡은 것은 정치영역의 구조변화를 인정하면서도, 그 정치영역을 여전히 사회로부터 자립화시키지 않고 사회의 조직원리를 통해 제어하려고 했기 때문이다.9) 이런 역사적 맥락 때문에 동아시아에서 국가와 사회 간의 긴장은 서구처럼 정치권력과 법 사이의 긴장이라는 형태보다는 오히려 법-정치체계와 예의 대립이라는 형태로 나타나곤 했다.

이런 기본 입장이 처음엔 약한 형태의 유법(儒法) 결합으로 나타난다. 예컨대 공자는 예와 구별되는 법의 작용을 알고 있었기에, 정치에서는 예를 기본으로 하되 예와 법이 병용되어야 한다고 보았다. "정치가 너무 너그러우면 백성이 태만해지고, 너무 태만해질 때는 사나움으로 바로잡아야 한다. 그러나 정치가 너무 사나워지면 백성이 쇠잔해진다. 백성이 쇠잔해지면 너그러움으로 베풀어야 한다. 너그러움으로 사나움을 바로잡고, 사나움으로 너그러움을 바로잡는다. 정치는 이렇게 조화로 해야 한다."10) 맹자도 "오직 선만 있고 법이 없으면 바른 정치를 할 수 없으며, 법만 있고 선이 없어도 그 법을 실현할 수 없다"11)는 말로써 유법 결합의 기본관점을 미리 보여준다. 하지만 이것은 아직 우리가 파악하려는 유교적 정치의 패러다임은 아니다.

---

9) 김상준은 이 전환을 폭력의 순치라는 시각에서 '군사적 종법'에서 '윤리적 종법'으로의 이행으로 본다. 김상준, 앞의 책, 2011, 151~158쪽.
10) 『春秋左傳』, 昭公 20년.
11) 『孟子』, 離婁上.

유법 결합의 전형을 보여주는, 유교적 법치라는 형태의 유교적 정치는 엄밀히 말하면 진(秦)의 법치체제 이후의 유교적 정치운영에 대해서만 타당하게 적용될 수 있을 것이다. 진의 법치는 유교적 정치의 문법이 형성되는데 이중으로 기여하였다. 한편으로 그것은 중앙집권체제라는 정치적 유산을 남겼으며, 그 이후 법치는 중국의 제국적 정치체제의 부정할 수 없는 운영토대로서 자리를 잡았다. 다른 한편 그것은 규제되지 않은 주권자의 자의라는 일종의 정치적 트라우마를 유산으로 남겼다. 이런 점에서 진 이후 중국의 정치사는 진의 법치가 남긴 두 유산을 각기 상이한 비율로 가공하여 상속해 간 역사라고 할 수도 있을 것이다. 특히 법치체제가 사회로부터 자립화되는 것을 인이라는 도덕원리를 통해 제어하려는 기본입장에서 출발하는 유교적 정치의 경우엔 더더욱 그러했다. 그럼 유교적 정치는 법가적 법치가 드러낸 주권의 역설을 어떤 방식으로 해결하였고, 유교적 공공성은 이와 어떤 관계에 있는가?

III. 유교적 법치와 유교적 공공성의 문법

동아시아의 공공성 개념에서 4가지 의미론적 요소를 구별해 볼 수 있을 것 같다.[12] 그 첫째는 공동체의 자기지배 체계로서의 국가와 그 기구를 가리키는 것으로서, 국가적 공공성이라고 부를 것이다. 그런데 법-정치체계의 빈터와 관련해 주권의 역설을 설명하면서 이미 이 국가적 공공성에 대해선 검토한 셈이다. 그러니까 우리의 맥락에서 법치의 빈터는 곧 국가적 공공성의 빈터인 셈이다. 이에 비하면 나머지 3가지 공공성은 이 역설의 해결책들과 관련된 것들인데, 이것을 천리의 공공성, 민본적 공공성, 숙의적

---

12) 이중 3가지 요소는 미조구치 유조, 앞의 책, 2004, 13~97쪽에서 확인할 수 있다. 그러나 앞서 말했듯이 미조구치 유조의 연구는 개념사 연구에 한정되었을 뿐 아니라, 유교적 공론장의 숙의적 공공성은 논의되지 않고 있다.

공공성이라고 부를 것이다.

주권의 역설을 해소하는 다양한 해결책들이 있을 수 있다. 가장 쉽게 생각할 수 있는 것이 군주도 법을 따라야 한다고 요구하는 것이다. 그러나 이것은 결코 해결책이 되지 못한다. 이 요구가 군주의 통상적 권력행사에는 적용될 수 있겠지만, 우리의 논의 대상이 되는 국가적 공공성의 빈터에서 드러나는 군주의 자의에는 적용될 수 없다. 군주에게 그런 요구를 한다고 할 때, 누가 어떤 방식으로 그것을 강제할 수 있는가? 만약 누군가가 주권자에게 그런 요구를 강제할 수 있다면, 주권자의 위치는 그것을 강제하는 사람에게로 넘어갈 것이다. 또한 그 요구를 강제할 자가 없다면, 그런 요구를 받아들일지 여부는 주권자의 의지에 달린 셈이 되며, 이것은 자의의 망을 한 번 더 연장한 것에 그친다. 주권자의 명령에 따라 제정되는 실정법으로는 주권자의 자의를 해결할 수 없는 것이다.

유가는 이 문제에 대해 법질서와 도덕의 구별을 통해 접근한다. 역설을 해결하는 일반적 전략은 뒤엉킨 차원들을 구별하는 것인데, 그것이 여기선 법과 도덕의 구별이라는 형태로 나타난 셈이다. 이것은 지배의 법적 공간 한 가운데 뚫려 있는 순수 결정의 빈터를 도덕적 원리로 채우는 방식으로 문제를 해결하는 전략이다. 사실 이것은 애초에 유교정치의 기본기획, 즉 법치라는 형태로 국가적 공공성이 사회로부터 자립화되는 것을 사회의 논리를 통해 방지하려는 기획과 일치하는 해결책이라고 할 수 있다.

이 해결책은 국가적 공공성과 분리되는 포괄적 공공성을 상정한다. 흔히 유교의 정치원리를 '인정'(仁政)이라고 부른다. 이것은 주권자의 자의를 '인'(仁)이라는 도덕원리로 규제하려는 기획이라고 할 수 있다. 인(仁)이 바로 국가적 공공성의 빈터에 자리 잡은 자의를 대체하는 도덕원리인 것이다. 이 원리에 균분, 소통, 확연대공 같은 개념이 내포되는데, 이것이 함축하는 포괄적 공공성을 우린 천리의 공공성이라고 부를 것이다.

또한 "인정"의 이념엔 인의 원리에 따라 국가권력을 사용함으로써 구현하려는 사회적 텔로스가 포함되어 있다. 흔히 대동사상이나 또는 박시제중(博施濟衆) 같은 개념을 통해 제시되는 것이 그것인데, 이것은 천리의 공공성이 민생의 측면에서 사회적으로 실현되었을 때의 공공성을 가리킨다. 이것을 우리는 천리의 공공성과 구별하여 민본적 공공성이라고 부를 것이다.

그러나 법-정치과 도덕의 분리가 유교적 정치에서 주권의 역설을 해소하는 유일한 장치는 아니다. 그것은 주권의 자의를 비판하기 위한 기본적인 규범적 전략이긴 하다. 그러나 주권의 현실적 제한을 위해선 정치 엘리트 내부의 세력관계와 이를 반영하는 제도적 장치가 필요하다. 법-정치와 도덕의 분리는 이 세력관계 및 제도적 장치와 맞물릴 때 비로소 힘을 발휘한다. 우리가 주목하는 송대 이래 유교적 정치에서 주권의 현실적 제한을 가져오는 세력관계는 결국 왕과 사대부 간의 힘의 관계이다. 이미 말했듯이, 유교정치의 기본 발상은 사회적 외재화의 길을 가는 정치적 지배체계를 여전히 사회의 조직원리로 규제하는 것에 있다. 그런 한 유교정치의 문법엔 왕과 사대부의 긴장이 포함되어 있다. 여기서 '인'의 또 다른 의미가 나타난다. 앞서 인정의 '인'이 천리의 규범의 사회적 실현상태인 민본적 공공성을 가리킨다고 했다. 이제 군주와 사대부의 긴장관계 속에서 '인'은 사대부의 규범적 요구와 기대를, 그리고 사대부가 대변하는 신분질서를 반영하게 된다.

군주와 사대부의 이 긴장관계는 국가적 공공성 내부에도 반영된다. 그것의 표현이 재상권과 언관권이다. 이것은 유교정치에서 군주의 자의를 규제하기 위해 국가적 공공성 내에 설립된 제도적 장치라고 할 수 있다. 이를 통해 이루어지는 군신공치는, 한편으로는 법/정치 도덕의 구별과 제휴하고 다른 한편으로는 군주와 사대부의 긴장을 반영하면서 주권자의 자의를 제약하는, 국가적 공공성 내부의 권력분립 장치라고 할 수 있을 것이다. 이것도 유교적 공공성의 특징을 형성하지만, 이 글에선 공론정치의 맥락에서 이 특징을 살펴볼 것이다. 공론정치는 주권의 역설의 또 다른 해결방식인데, 이것은 민의 소리가 곧 하늘의 소리라는 민본주의 사상에 함축된 해결책의 전개이다. 이때 공론은 천리의 공공성이 구체적 현실에서 민의와 만나는 장이라고 할 수 있는데, 여기에 상응하는 공공성을 우리는 숙의적 공공성이라고 부를 것이다. 이상의 논의를 요약하면 아래의 그림과 같다.

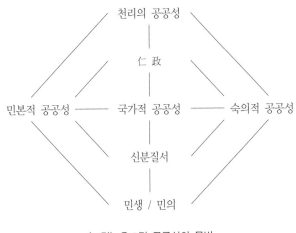

<그림> 유교적 공공성의 문법

IV. 정치와 도덕의 변증법과 천리의 공공성

주지하다시피 당송 변혁기는 우리가 익숙하게 알고 있는 유교정치의 문법이 형성된 시대이다. 이 시기는 정치, 경제, 사회적 변화로 기존의 한당 제국체제가 더 이상 유지될 수 없게 되면서 사회 전체를 조직하는 새로운 공공성의 원리를 모색하려는 다양한 흐름이 나타났던 시기였다.[13]

---

13) 피터 볼에 의하면 당송변혁기에 새로운 공공성의 모색이 3가지 방향에서 이루어졌다고 한다. 첫째는 경제부문에서 국가역할을 증대시키려는 왕안석의 개혁시도이고, 둘째는 민영부문에 의해 주도되는 경제성장을 촉진할 것을 주장한 시장중심형 제한정부론이고, 셋째가 지방 공동체의 자발주의와 제한정부론을 결합한 신유가

우리의 맥락에서 이것은 주권의 역설에 대한 유교적 해결의 패러다임을 이 시대에서 확인할 수 있다는 뜻이기도 하다. 흥미로운 것은 이 과정이 정치와 도덕의 변증법이라고 부를만한 독특한 양상을 보여준다는 점이다. 여기선 이 양상을 천리의 공공성의 출현과 관련하여 살펴보겠다.

어떤 점에선 **유교적 계몽**의 기획이라고 할 수도 있을 이 정치와 도덕의 변증법은 두 개의 계기, 즉 정치로부터 도덕이 벗어나는 분리의 계기와 역으로 (분리된) 도덕이 다시 정치로 향해가는 새로운 매개라는 계기로 구성되어 있다. 정치에서 도덕으로 향하는 분리의 내용은 정주학의 출현과 함께 확립된 왕통과 도통의 분리, 천명에서 천리로의 이행, 학문에 대한 새로운 정체성을 통해 확인해볼 수 있을 것이다.

주지하다시피 중국 문명의 기원에서 성왕들은 자연의 패턴을 관찰하여 문명과 사회조직의 원리로 삼았다. 이것은 문명과 정치조직을 설립한 성왕이 왕권만 아니라 그 정당성의 근거까지 장악하고 있었다는 것을 뜻한다. 유교문명의 중요한 변동기마다 그 정당성의 근거인 도가 상실되었다는 진단과 함께 그것을 회복하려는 기획이 등장한다. 송대 정주학도 마찬가지였다. 그 전에 한유가 이미 공맹 이후 성인의 도가 망실되었다고 비판한 바 있다. 그러나 송대의 정주학은 여기서 더 나아가 성인의 도만이 아니라 성인의 학도 망실되었다고 주장한다.

> 주공이 돌아가시자 성인의 도가 행해지지 않았고, 맹자가 돌아가시자 성인의 학이 전해지지 않았다. 도가 행해지지 않자 백 세대 동안 좋은 통치가 없었고, 학이 전해지지 않자 천년 동안 진정한 유학자가 없었다. 좋은 통치가 없어도 선비는 사숙을 통해 좋은 통치의 도를 얻어 후세에 전할 수 있지만, 진정한 유학자가 없으면 사람들은 방황하여 갈 곳을 모르게 되고, 인욕이 날뛰어 천리가 사멸하게 될 것이다.[14]

적 흐름이다. Peter K. Bol, 『역사 속의 성리학』, 예문서원, 2010, 59~60쪽 참조.
14) 「明道先生墓表」, 『二程集』, 文集, 11권, 640 : Peter K. Bol, 2010, p.141.

주희는 이 주장을 이어받아 권력의 계보와 그 정당성의 원천인 도의 계보를 분리하게 된다. 이로써 성왕 이후의 통치자들은 비록 정치권력은 소유하지만 정당한 권위는 없었던 것으로 간주된다. 그럼 이 분리는 무엇을 의미하는가? 이미 말했지만, 근대 서구와는 달리 중국의 경우 법은 기본적으로 통치 수단으로서 등장했기 때문에 주권자의 결정은 궁극에는 법을 통해 규제될 수 없다. 한당 때까지 이 문제는 성왕의 도라는 관념 속에서 해결되었다. 왕에겐 단순히 정치적 주권만이 아니라 그 정당성의 원천인 도까지 집중되었다. 이런 경우엔 설령 도가 망실되어도 도는 결국 왕을 통해 왕의 수중으로 되돌아올 것이다. 그러나 이제 통치의 도의 근원은 단순히 우연한 망실을 통해서가 아니라 구조적으로 왕권의 영역 바깥으로 자리를 옮기게 된다. 이것은 주권자의 자의를 규제하고 정치를 정당화하는 방식에 중요한 변화가 발생했다는 것을 뜻한다.

이것을 정치와 도덕의 분리를 보여주는 또 다른 중요한 변화에서도 확인할 수 있는데, 그것이 천명에서 천리(天理)로의 이행이다. 주대 이래 권력의 정당성 원천이 천명에 있다는 것은 주지의 사실이다. 천명도 정당성의 원천이 정치 바깥에 있음을 뜻한다. 그러나 천명은 비합리적인 것이어서 군주의 자의를 규제하기에 적합하지 않았다. 게다가 천명의 수신자는 여전히 왕이었고, 그런 점에서 천명은 실은 정치권을 벗어나지 않았다. 그러나 송대에 오면 천명의 수신자는 왕에서 모든 인간에로 확장된다. 이제 천명은 역성혁명의 근거로서 왕조의 시조에 내려 왕통을 통해 계승되는 것이 아니다. 오히려 천명은 끊임없는 "낳고 낳음"(生生)의 천리가 모든 인간에게 본래적으로 주어져 있는 것을 가리킨다. 이런 점에서 "천명을 가리켜 성이라 한다"는 『중용』의 구절이 각별한 의미를 갖는다. 천리가 개인에게 품수된 것이 성인데, 그것이 바로 천명이다. 이제 정당성의 원천은 천명에서 천리로 바뀐다. 왕조의 설립자에게 내리는 천명이 아니라 모든 개개인에게 내재된 천리(혹은 천리로서의 천명)가 주권자의 자의를 규제하는 새로운 근거로, 정당성의 새로운 원천으로 등장하게 된 것이다.[15]

왕통과 도통의 분리, 천명에서 천리로의 이행의 이면에는 학문에 대한 새로운 이해방식이 깔려 있다. 성인의 도만이 아니라 성인의 학까지 상실되었다는 명제는 단순히 왕권만이 아니라 기존의 유학에 대한 비판도 포함한다. 그리고 이 비판은 성인의 학으로서의 도학이라는 새로운 학문 정체성으로 이어졌다. 성인의 학은 성인의 통치의 근원에 대한 학문이다. 그러나 이제 그 근원은 고대 성왕의 문물 속에 역사적 형태로 존재한다기보다는 역사에 구애받지 않은 채 천리 속에 있고, 이 천리는 모든 인간의 마음속에 '본연지성'이라는 형태로 담겨 있다. 따라서 송대 유가 지식인들에게 문명의 근원으로 돌아간다는 것은 단순히 고대의 성왕들의 문물로 되돌아가 그것을 모델로 삼는다는 것을 뜻하지 않는다. 오히려 도의 공부는 성왕들이 문명을 창조할 때 원리로 삼았던 것을 마음속에서 실현하는 것에 있다. 그것이 바로 요가 순에게 그리고 순이 우에게 전한 원리, 즉 "인심은 위태롭고 도심은 은미하니, 정히 하고 한결같이 해야 진실로 그중을 잡을 수 있다"(人心惟危 道心惟微, 惟精惟一, 允執厥中)라는 중용의 원리다.

이제 문명의 근원으로 돌아간다는 것은 다름 아니라 위태로운 인심 속에 은미하게 자리잡은 천리의 희미한 싹을 잡아서 잃어버리지 않고 완성시켜나가는 것을 의미한다. 그러므로 신유가에서 학은 더 이상 고대의 역사적 모델을 학습하는 것이 아니라 오히려 스스로 자기 마음속의 도심, 천리를 깨치고 구현해나가는 것을 의미한다. 이런 의미에서 위기지학(爲己之學)은 더 이상 과거시험을 위한 공부가 아니라 도의 근원을 파악하는 공부이다. 그러기에 위기지학으로서의 학은 더 이상 관료로서 통치자를 위한 교화나 소통을 돕기 위한 도구가 아니다. 오히려 그것은 정치권력으로부터 상대적

---

15) 천명에서 천리로의 이행은 정치에 있어서 실천적-규범적 합리주의로의 이행을 의미한다. 일본의 오규 소라이는 이 행보를 되돌려 정치의 근원을 성왕에게로, 궁극에는 천명에 귀속시켰다. 이로써 천리를 통해 규제되던 군주의 자의가 다시 해방된다. 이것을 이른바 근대적 '정치의 발견'이라고 할 수도 있겠지만(마루야마 마사오, 『일본정치사상사』, 한국사상사 연구소, 1995, 198쪽), 우리의 맥락에서 보면 유교적 정치가 극복하고자 했던 법가적 법치로의 회귀이다.

자율성을 확보한 신유가적 지식인이 통치자의 자의를 규제하고 통치의 규범적 방향을 일깨우고 비판하는 무기가 된다. 이 지점에서 정치와 도덕의 변증법은 방향을 바꾸게 된다. 정치로부터 분리되어 내면으로 향했던 도덕이 이제 자신의 요구를 관철하기 위하여 방향을 바꾸어 정치권력을 향하게 된다. 내면에서 수신의 위기지학으로 갈고 닦은 도덕이라는 비판의 무기가 이제 정치권력을 향해 바깥으로 발걸음을 내딛기 시작한 것이다.

이러한 비판의 무기를 뒷받침하는 정치윤리적 중핵이 천리의 공공성이다. 이것이 국가적 공공성을 근거 짓고 비판하는 더 포괄적인 공공성으로서 자리잡고 있었기에 정치와 도덕의 신유가적 변증법이 가능해진 것이다. 그럼 이 공공성의 의미론적 특징은 무엇인가?

먼저, 그것은 인심의 가림, 기울어짐, 닫힘과 대비되는 무심과 무정의 탁트임, 공평함, 열림이라는 의미소를 갖고 있다. 정명도에 의하면, "대저 천지의 일정한 도는 그 마음으로 만물에 보편적으로 대하기에 무심하다. 성인의 일정한 도는 그 정으로 모든 일에 순응하기에 무정하다. 그러므로 군자의 학문은 마음이 확 트여 크게 공정해서 사물이 오면 순순히 응하는 것보다 나은 것이 없다." 이에 비해 "사람의 정에는 각각 가리운 점이 있기 때문에 도에 나아갈 수 없다. 대체로 병통은 사사롭게 자신을 위하는 것과 지략을 쓰는 것에 있다. 사사롭게 자신을 위하면 행동하는 것이 외물에 응하는 것이 될 수 없고, 지략을 쓰면 밝게 깨닫는 것이 자연스럽게 될 수 없다."[16]

둘째, 천리의 공공성은 천지가 끊임없이 만물을 낳고 낳는 마음인 인의 물아일체의 소통성을 특징으로 한다. "천지만물은 나와 한 몸이므로 마음에 사사로운 가림이 없으면 자연스럽게 사랑하고 공평하게 되니, 이것을 인(仁)이라고 한다. 만약 이러한 이치에 밝지 못하여 사사로운 생각에 의해 막히고 끊어지게 되면 너와 내가 형체로 나뉘게 되어 교섭이 없게

---

16) 주희, 여조겸 편저, 이광호 역주, 『근사록 집해1』, 아카넷, 2004, 180~181, 182쪽.

된다. 비유하자면 수족이 마비되어 기운이 서로 관통하지 않게 되어 아프고 가려워도 상관하지 않게 되는 것과 같다. 이것은 사지를 가진 몸의 불인이다."[17] 일단 무심과 무정이라는 불교와 도교의 뉘앙스가 강한 소극적 개념을 통해 빼기의 방식으로 제시된 공정함과 공평성이라는 의미의 공공성이 이제 만물을 낳는 마음을 통해 적극적으로 규정된다.

셋째, 이 낳고 낳음의 원리에 따른 우주론적 공공성은 전체와 부분의 관계라는 측면에서 다양성을 포괄하는 일자(一者)라는 의미의 공공성이다. 부분이 사적인 것으로, 부분을 포괄하는 것이 공적인 것으로 간주되는 상대적인 공/사 구별의 의미론적 요소가 여기에 포함된다.

신유가적 지식인은 이 천리의 공공성을 근거로 국가적 공공성을 비판적으로 개혁하려는 계몽의 정치기획을 전개한다. 그러나 이 도덕과 정치의 변증법의 배후엔 천리의 공공성만 있는 것이 아니라, 그것을 가능케 한 사회경제적 조건도 있었다. 도덕이 정치로부터 분리되어 정치를 비판하는 무기가 되기 위해선 이 도덕의 사회적 운반층이 상대적으로 국가로부터 자유로울 수 있어야 한다. 요컨대 사대부들이 국가로부터 상대적으로 자유로울 수 있는 사회적 조건이 형성되어야 한다.[18]

이 조건은 일차적으로는 과거제도와 관련이 있다. 송대에 오면 과거제도가 관직 진출의 중심 통로로 자리잡는다. 그러나 이와 동시에 과거시험으로 관직에 진출하려는 사람들의 수가 늘어났지만 실제로 제공될 수 있는 관직의 수는 턱없이 부족했다. 요컨대 과거시험을 통한 관직의 수요와 공급 사이에 심각한 불균형이 발생한 것이다. 둘째, 특히 중국 남부지역을 중심으로 토지의 사적 소유가 광범위하게 전개되어, 사대부층이 봉록을 통하지 않고서도 자신의 사회적 지위를 재생산할 수 있는 사회경제적 조건들이 일정 정도 구비되었다. 사실 이 두 가지 조건은 위기지학으로서의 도학이라는 새로운 학문 정체성이 사대부층에 확산될 수 있었던 사회적

---

17) 주희, 여조겸 편저, 위의 책, 116쪽.
18) Peter K. Bol, 2010.

배경이기도 했다. 셋째, 새로운 학문적 정체성 속에서 통치의 근원을 공부한 사대부층은 이제 공직에 있지 않더라도 공적 문제에 대해 의견을 개진하고 지역 공동체 수준에서 공적 활동을 전개하는 것을 하나의 사회적 책무로 간주했다. 그리하여 사족들은 한편으로는 지역 공동체를 기반으로 공공선을 도모하는 다양한 공적 활동들을 벌였고, 다른 한편으로 전국적 차원에서의 네트워크를 형성하여 국가와 지역의 공적 문제에 대해 다양한 층위에서 공론을 형성해가는 주도적인 층위가 된다.

이러한 사회경제적 배경과 천리의 공공성이라는 도덕적 근거 위에서 송대의 신유가적 지식인들은 내면의 수신을 통해 획득한 통찰을 현실 속에서 관철하기 위하여 발걸음을 바깥으로 돌렸다. 위기지학의 학문적 정체성은 관직에 있지 않아도 공적 문제에 광범위하게 개입할 수 있는 근거를 제공해주었다. 이 점은 신유가의 정치적 활동을 방어하는 주희의 논증에서 명료하게 드러난다.

> 이제 치국평천하가 임금과 대신의 일이어서 학자는 간여할 수 없다고 한다면, 안과 밖의 도리를 분리시켜 여러 갈래로 만드는 것이니 경전의 본뜻과는 정반대가 될 것입니다. 우임금, 직, 안회는 모두 도를 함께 했습니다. 정치를 하기 위하여 어찌 반드시 관직에 있을 필요가 있겠습니까? ⋯『대학』이 논하는 바는 한 개인에서 시작하여 천하로 뻗어갑니다.[19]

그러나 수신의 내면 영역으로부터 "천하로 뻗어가는" 이 정치적 발걸음은 단순히 앞서 떠나왔던 국가영역으로 되돌아가는 것만이 아니라 새로운 공적 공간, 새로운 정치 영역의 개창으로 이어졌다. 송대 신지식인들은 공공선을 증진시키기 위해 관료체제 밖에서 무엇을 할 수 있을지에 주목했다. 어떤 점에선 부와 권력과 도덕이라는 사회적 자원이 새로운 균형을 모색하던 시대에, 신유가는 도덕과 공동체 자발주의라는 자원을 무기로 새로운 공공성

---

19) 주희, 『주자대전 9』 권44, 575쪽(번역은 부분 수정).

을 모색하려고 했다. 그러나 그것이 국가의 역할을 제한하려는 소극적 의미에 그치는 것은 아니었다. 오히려 그것은 국가 밖의 공동체와 국가 간의 협동을 모색했다고 할 수 있을 것이다. 신유가들은 국가적 공공성 내부에서 군신협치 내지 공치를 요구하는 것에 그치지 않고, 전체 사회적 차원에서 국가적 공공성과 국가 밖의 공동체적-윤리적 공공성 간의 협치를 추구했던 것이다.

V. 천리와 민생의 변증법과 민본적 공공성

앞장에서 확인한 천리의 공공성은 그 자체로 존재하지 않는다. 천리가 생생의 원리인 이상 그것은 민의 삶으로부터 분리되어 존재하는 것이 아니라, 바로 민의 삶을 구성하는 원리로 작동한다. 실재로 천과 민, 양축에서 끊임없이 군주의 통치를 민생을 살리는 쪽으로 규제하는 것이 바로 오랜 전통을 지닌 유교적 민본주의의 기본방향이다. 그런 점에서 유교적 민본주의는 민생과 천리의 공공성의 만남을 함축하는데, 이 만남에서 형성되는 사회적 삶의 공공성을 민본적 공공성이라고 부를 수 있을 것이다. 물론 여기서 민본적 공공성은 유교적 공공성 전체를 칭하는 넓은 의미의 민본적 공공성이라기보다는 사회경제적 차원에서 구현되는 좁은 의미의 민본적 공공성이다.

주지하다시피 이 민본적 공공성의 이념형은 『예기』「예운」편에 나오는 대동사상에서 잘 나타난다. "대도가 행해질 때 천하가 공적인 것이 된다. 현자를 뽑고 능력 있는 사람에게 (관직을) 수여하며 신의와 화목을 가르친다. 그러므로 사람들은 자신의 어버이만 어버이로 여기지 않고, 자기 자식만 자식으로 여기지 않는다. 노인이 (편안한) 여생을 보내게 하며, 장년에게는 일할 여건이 보장되고, 어린이는 길러주는 사람이 있으며, (의지할 곳이 없는) 과부와 홀아비를 돌보며, 병든 자도 모두 부양받는다. … 재화가 땅에 버려지는 것을 싫어하지만 반드시 자기가 (사적으로) 저장할 필요가 없다. 스스로 노동하는 것을 싫어하지만 반드시 자기만을 위해서 일하지도 않는다. 그러므로 (남을 해치려는) 음모가 생기지도 않고 도적이나 난적도 발생하지 않는다. 그러므로 (집집마다) 바깥문을 닫을 필요가 없다. 이런 상태를 대동이라고 한다."

대동사상의 공동호혜의 이미지에서는 공평성, 공동체 성원들 간의 공평한 분배라는 의미의 평분 같은 규범적 요소가 강하게 나타난다. 이 규범적 원리와 역사적 상황 속의 민생이 만나면서 민본적 공공성 관념이 형성된다. 그러므로 민본적 공공성과 천리의 공공성 사이에 복잡한 상호작용이 전개된다. 특히 이 상호작용은 이익과 욕망의 문제를 어떻게 다룰 것인가 하는 문제와 함께 전개된다. 넓은 의미에서 이 상호작용도 정치와 도덕의 변증법이라고 할 수 있겠지만, 이것은 송대 유교적 계몽의 정치의 문법을 설립했던 그 변증법과는 다른 방향으로 움직인다고 할 수 있다.

이 변증법을 구성하는 요소는 3가지이다. 첫째는 사회적 삶을 구성하는 생존 및 소유의 욕망들과 그 충돌이다. 둘째는 이들의 충돌을 규제하고 조절하는 천리의 이념이다. 셋째는 욕망의 사와 천리의 공공성 간의 긴장에 역사적 틀을 부여하는 사회질서, 즉 신분질서이다. 이 신분질서의 프레임 안에서 민생과 천리의 동학이 펼쳐진 것이다.

공자는 민본적 공공성을 균(均)과 안(安)으로 규정한 바 있다. "내가 들으니 나라와 집을 가진 사람은 적은 것을 근심하지 않고 고르지 못한 것을 걱정하며, 가난한 것을 걱정하지 않고 안정되지 못한 것을 걱정한다. 고르면 가난함이 없고, 조화로우면 적음이 없고, 안정되면 기울지 않는다." (『論語』,「季氏1」) 주희는 공자가 말하는 균(均)을 "각기 그 분을 얻는 것"으로, 안(安)을 '상하가 서로 편안한 것'으로 해석한다. 신분질서에서 지위가 다른 사람들이 각기 상이한 몫을 갖고 그것에 편안한 것이 균이고 안이다. 그러므로 균과 안은 신분적 불평등을 전제로 한 것이다.

주희에게 민본적 공공성은 천리와 민생의 교차 속에서 이해되지만, 이미 천리 자체가 신분질서의 우주론적 반영이라는 의미를 갖고 있었다.

그러기에 민본적 공공성은 신분적 안분의 공공성으로 파악될 수밖에 없었다. 주희의 민본적 공공성에선, 개개인에게 자연적으로 존재하는 욕망이 천리의 공공성에 포섭됨으로써 "천리자연의 편안함"으로 돌아가는 것인데, 이때 천리자연의 편안함이 바로 신분적 안분의 질서이다. 신분적 상하질서가 천리라는 형태로 자연 속으로 투사되면서, 사적 욕망과 신분질서 간의 관계가 사적 욕망과 천리 간의 관계로 전치된 것이다.

하지만 사회경제적 변화에 따라 신분질서에 동요가 생기면서 사적 욕망과 천리 간의 대립구도에도 변화가 생기기 시작한다. 명말청초 이래의 사회사상에서 이 변화를 확인할 수 있다.[20] 먼저 그것은 사(私)의 긍정이라는 형태로 나타나는데, 이탁오가 이것을 잘 보여준다. 그에 의하면 "무릇 사(私)는 인간의 마음이다. 인간은 반드시 사(私)가 있어야 그 마음이 나타난다. … 토지에 복무하는 자는 사적으로 가을에 수확이 있어야 밭을 일구는데 힘쓴다." 사에 대한 이러한 긍정은 황종희로 이어진다. "만일 군주가 없었다면 사람은 각각 스스로 사사로이 할 수 있으며(自私), 각각 스스로 이득을 얻을 수 있을 것이다(自利)".[21] 이렇게 사적 소유욕으로서의 사가 긍정되면서 군주의 지배를 "커다란 사(私)"로 간주하는 새로운 공공성 개념이 등장하게 되고, 이윽고 고염무에 이르러 천하의 사를 합하여 천하의 공을 이룬다는 사상이 등장한다.[22] 공공성이 사의 배제가 아니라 사의 결집을 통해 구성된다는 관념이 등장한 것이다. 요컨대, 비록 헤겔이 말하는 욕구의 체계 같은 것이 새로운 독립적 사회영역으로서 국가와 가족 사이에 성립한 것은 아니지만, 상호 욕구충족의 망이 확장되면서 이에 상응하여 천리의 공공성을 수정하려는 시도가 꾸준히 진행된 것이다.

사의 결집으로서의 공은 사회적 욕망들의 망이 욕구의 체계로 자립화되

---

20) 이에 대해선 미조구치 유조, 김용천 옮김, 『중국 전근대 사상의 굴절과 전개』, 동과서, 2007.
21) 미조구치 유조, 앞의 책, 2004, 30쪽.
22) 미조구치 유조, 앞의 책, 2007, 19~24쪽.

는 것을 허용하지 않고, 욕망의 상호충족 관계에서도 사사로움을 억제하고 균평으로서의 공공성을 여전히 추구한다는 것을 뜻한다. 이것은 민본적 공공성을 구성하는 민생과 규범적 천리 간의 관계에서 개념적 반전이 일어났다는 것을 보여준다. 이제 천리에서 출발하여 민생을 규율하는 것이 아니라, 민생의 논리에서 출발하여 천리를 재구성하려는 방향이 열리게 된다. 그리하여 욕망의 사회적 차원이 인정되는 가운데 욕망의 상호충족을 가능하게 하는 조직원리 내지 조절원리를 천리로 파악하려는 경향이 나타나기에 이른다. 그리하여 이제 대진(戴震)에 오면 물아일체의 천리인 인(仁)이 자아와 타자 간의 물질적 삶의 사회적 관계 속에서 이해된다. "자기의 삶을 이루고자 하면서 또한 남의 삶까지 이루어주는 것이 인(仁)이다. 자기의 삶을 이루고자 하여 남의 삶을 해치고도 아무렇지도 않게 생각하는 것이 불인이다."[23] 이제 대진에게 천하위공의 민본적 공공성은 욕망의 상호관계 속에서 각자의 삶의 욕망이 제자리를 갖고 서로 충족되는 상태를 가리키게 된다.

민본적 공공성 관념과 인(仁) 개념에서의 이러한 변화를 우리는 천리가 삶의 사회적 지평으로 내려온 것으로 이해할 수 있을 것이다. 그리고 이것은 균평이라는 의미의 규범적 공공성 개념이 더 이상 인간/우주의 틀에 갇힐 수 없다는 것을 보여준다. 인간/우주의 구도는 실은 인간과 우주(자연)의 관계를 매개하는 사회적 차원이 환원되면서 나타나는 구도이다. 이때 환원된 사회적 차원이 인간이나 우주에 투사되어 인간의 이중화나 자연의 이중화가 발생한다. 예컨대 근대 서구에선 그 사회적 차원이 인간에로 투사되어 인간의 이중화가 근대적 사유를 조직하는 구성적 틀로 등장했었다. 이에 비해 특히 송대 이래 동아시아에선 그 사회적 차원이 자연 쪽으로 투사되어 자연의 이중화가 일어났다. 그리하여 자연은 한편으로는 물리적 자연 내지 인욕의 자연으로서, 다른 한편 천리라는 자연법적 규범으

---

23) 戴震, 임옥균 옮김, 『맹자자의소증』, 홍익출판사, 1998, 47쪽.

로 존재하게 된다. 인간의 성이 본연지성과 기질지성으로 이중화되는 것도 이 자연의 이중화를 인간에 적용한 결과인 셈이다. 따라서 이 이중화의 산물인 천리가 욕망의 사회적 조절의 공적 원리로 파악된다는 것은, 자연으로 투사되었던 사회적 차원이 복구되는 경향을 보여준다고 하겠다.

특히 대진(戴震)의 인 개념이 이것을 잘 보여준다. 원래 인은 공자에서 사회적 소통의 원리로 제시되었다. 그런데 정주학이 불교와 도교의 사상적 도전에 대응하여 인 개념을 사회의 공적 조직의 원리로 재구성하는 과정에서 인간/우주 모델에 입각하여 인을 자연에로 투사하여 천리로 개념화했던 것이다. 이제 그것이 "자기의 삶을 이루고자 하면서 또한 남의 삶까지 이루어주는 것이 곧 인이다"는 형태로 되돌아온 셈이다. 이 사회경제적 차원의 민본적 공공성의 원리가 사회주의 사상과 별 어려움 없이 연결될 수 있으리라는 것은 쉽게 알 수 있다. 천리 개념과 민생의 만남으로서의 민본적 공공성이 그 내적 긴장을 통해 펼친 역동적 변화를 통해 봉건적 사유의 중심이었던 인(仁) 개념이 오늘의 우리 시대의 정치적 실천까지 이끌어갈 수 있는 역량을 지닌 사유로 다시 태어난 셈이다. 이것은 생명의 원리인 리(理)가 오히려 사람을 잡는다는 이른바 신유가적 계몽의 변증법이 반드시 우울한 결말로만 끝나지않을 수도 있음을 보여준다. 그러나 만약 유교적 공공성이 이 민본적 공공성으로만 끝난다면 그 계몽의 변증법은 우울한 결말을 피하기 어려울 것이다.

VI. 유교적 공론의 숙의적 공공성 : 천리와 민의의 만남

천리의 공공성과 민의 결합을 통해 주권자의 자의를 규제하면서 천리의 공공성을 사회적으로 실현하는 것이 유교적 정치의 기본 방향이라고 했다. 민본적 공공성은 천리의 공공성이 민생의 사회적 차원에서 드러나는 형태이다. 하지만 천리의 공공성이 민과 만나는 다른 경로가 있다. 그것이 바로 민의의 경로이다. 천리의 공공성이 민의와 만나면서 존재하는 형태가 유교적 의미에서의 공론인데, 여기서 나타나는 공공성을 숙의적 공공성이라고 부를 수 있을 것이다. 천리의 공공성이 사회존재론적으로는 민본적 공공성이라는 형태로 구현되지만, 사회인식론적으로는 공론의 숙의적 공공성이라는 형태로 나타난다고 할 수 있다.

천리의 공공성을 사회적으로 구현하는 것이 유교 정치의 기본방향이지만, 천리의 공공성은 비어 있어 확인할 수 없다. 이것을 확인하는 경로가 바로 민심을 통하는 길이다. "하늘은 민의 눈으로 보고, 민의 귀로 듣는다." 그러니까 민심/민의는 사회정치적 현실에서 천리의 공공성을 확인하는 기제이고 또한 그 공공성이 구현되고 있는지를 확인할 수 있는 장이라고 할 수 있을 것이다. 이 때문에 민심/민의를 제대로 수렴하는지 여부가 국가의 흥망성쇠를 좌우하는 열쇠로 간주되기도 한다.

하지만 모든 민심/민의가 다 천리를 따르는 것은 아니다. 민심은 또한 위태로운 것이기도 하기 때문이다. 이 때문에 공자도 "여러 사람이 다 싫다고 하더라도 반드시 살피고, 여러 사람이 다 좋다고 하더라도 반드시 살펴야 한다"(『논어』「위령공」)고 한다. 그리고 "마을 사람들이 다 좋아하는 것"이나 "다 싫어하는 것"보다는 "마을 사람 가운데 선한 자가 좋아하고 선한 자가 싫어하는 것"을 택하겠다고 말한다(『논어』「자로」).

요컨대 천리의 공공성은 분명 민의 목소리라는 형태로 드러나지만, 민의 목소리가 모두 천리의 표현인 것은 아니다. 따라서 유교정치뿐 아니라 오늘날까지도 결정적 의미를 갖는 하나의 과제가 제기된다. 즉 위태로운 민의 목소리로부터 천리에 일치하는 합리적 핵심을 포착해내는 과제가 그것이다. 천리와 민의가 중첩되는 이 합리적 핵심이 바로 공론이다. 주희도 정확히 이런 의미에서 공론을 "천리에 따르고 인심에 부합하여 천하 사람들이 모두 함께 옳다고 여기는 것"[24]이라고 규정한다. 공론은 첫째, 천리를

---

24) 주희, 『주자대전 5』 권24, 444~445쪽.

따르고, 둘째, 민심에 부합하여, 셋째, 모든 사람들이 함께 옳다고 여기는 의견이다. 요컨대 천리에 어긋나지 않는, 민의 공통된 의견이 공론인 것이다. 신유가적 정치의 요체는 위태로운 인심 속에서 은미한 도심을 포착하여 그것을 실현하는 중용의 정치에 있다. 따라서 천리와 민의의 교차점인 공론의 공공성을 실현하는 것이 바로 중용의 정치의 핵심을 형성한다고 할 수 있다. 다름 아니라 공론의 공공성을 통해 천리의 공공성을 정치적으로 실현하는 것이 바로 중용의 정치인 것이다.

이런 의미의 공론의 정치는 국가적 공공성 속에서 공론의 공공성이 관철되도록 함으로써 군주의 자의를 규제한다. 즉 공론의 공공성을 원리로 삼아서 정책을 입안하고 결정을 내림으로써 천리를 정치적으로 실현하는 것이다.

> 군주가 비록 명령을 제정하는 것을 직무로 한다고 해도, 반드시 대신들과 의논하고 간관의 의견을 참고해야 합니다. 그들로 하여금 충분히 의논하게 하여 공론의 소재가 어디에 있는지를 알아 본 뒤에 '왕정에 공개하고' 분명하게 명령을 내려 공개적으로 실행해야 합니다. 이 때문에 조정은 존엄해지고 명령은 상세하고 분명해져서 부당한 경우가 있더라도 천하 사람들 역시 그 잘못이 어떤 사람으로부터 나온 것인지를 모두 분명하게 알게 되어 군주만이 홀로 그 책임을 지지 않게 되고, 신하들 가운데 논의하고 자 하는 이들도 거리낌 없이 모든 생각을 다 말할 수 있을 것입니다. 이것이 고금의 상리이며 또한 조종의 가법입니다.[25]

그러나 이 공론정치가 국가적 공공성의 차원에 한정되는 것은 아니다. 송대 이래 신유가의 지식인들은 공직에 있지 않더라도 공적 문제에 대한 의견을 개진할 수 있었을 뿐 아니라 그것을 하나의 소임으로 생각하기도 했다. 따라서 공론의 정치는 국가 바깥에서도 작동한다. 공론정치는 국가

---

25) 주희, 주자사상연구회 역, 『주자봉사』, 혜안, 2011, 302쪽.

안팎을 관통하여 작동하는 구조를 갖는다는 말이다. 그러니까 국가적 공공성의 안과 바깥에 동시에 존재하는 것은 주권자의 자의가 아니라 오히려 천리의 공공성이다. 이것이 숙의적 공공성이라는 형태로 국가 안과 바깥에 동시에 존재하는 것이다. 또한 공론장의 숙의적 공공성은 천리의 공공성과의 내적 연관 덕분에 국가적 공공성에 포섭되지 않고 그것에 대한 비판적 기능을 유지할 수 있다. 이렇게 국가 바깥의 영역에서 토론과 도덕적 옳음이라는 비판의 무기를 갖고서 국가적 공공성을 천리의 공공성으로 규제하는 것이야말로 유교 정치의 고유한 문법에 속한다. 물론 유교적 공론의 숙의적 공공성이 궁극적으로 사대부의 공공성으로 폐쇄되었다는 점에서 전근대 신분질서의 한계를 벗어나진 못한다. 하지만 그 역사적 한계를 인정한다고 해서 그 문법이 갖는 의의를 부정할 필요는 없다. 어떤 점에선 그러한 문법이야말로 오늘날의 민주적 공론의 숙의적 공공성에 요구되는 것이기도 하기 때문이다.

하지만 이 문법적 측면에서도 한 가지 짚고 넘어가야 할 문제점이 있다. 그것은 유교적 공론 및 그 숙의적 공공성을 구성하는 천리와 민의 간의 긴장에 관한 것이다. 민의는 사적 의견들의 경험적 결집의 결과라고 할 수 있다. 이런 의미의 민의는 다수의 사람들 간의 구체적 소통과정을 통해 형성된다. 그런데 천리와 이 구체적 소통과정 사이에 긴장이 있다. 이 긴장은 민본적 공공성에서 등장했던 내적 긴장, 즉 사적 욕망의 상호충족 이라는 요소와 그것을 배제하는 천리 간의 긴장과 유사하다. 민본적 공공성 의 경우 이 긴장의 결과 천리 개념 자체가 사회적 삶의 차원에서 재구성되는 방향으로 변화가 일어났고, 이렇게 재구성된 천리는 오늘의 맥락에서도 민본적 공공성의 원리로서 손색 없이 기능할 수 있는 것이었다. 하지만 숙의적 공공성의 차원에서는 이런 지적 역동성이 나타나지 않았다. 혹은 차단되었다고 할 수도 있다.

그러나 만약 이런 방향의 변화가 이루어진다면, 여기서도 천리가 구체적 인 언어적 소통과정의 차원으로 내려와 이 사회적 차원에서 재구성되는 형태를 취할 수 있을 것이다. 다시 말해서 천리는 사적 의견들이 모여서 공적 의견을 형성해가는 언어적 소통과정을 관통하는 원리로서 재구성될 수 있을 것이다. 그리고 이 재구성은 공자의 인 개념을 언어적 소통의 차원에서 재구성하는 형태로 진행될 수 있을 것이다. 공자가 원래 사회적 소통의 원리로 제시했던 인 개념이 정주학에 의해 자연/우주의 틀 속에서 생생의 이치로 재구성되었다. 이제 자연으로 투사되었던 인의 사회적 맥락을 되살려 언어적 소통을 관통하는 원리로 재구성할 수 있는 것이다. 이것이 가능하다면, 민본적 공공성의 차원에서 천리 개념이 근대적 통찰로 전화될 가능성이 열렸듯이, 유교의 숙의적 공공성 차원에서도 천리 개념이 언어적 소통의 공공성을 구성하는 원리로 재구성될 수 있을 것이다. 그리고 이것이 이루어진다면, 유교의 숙의적 공공성을 명실상부한 민주적 공공성으로 재구성할 수 있는 이론적 징검다리를 마련할 수 있을 것이다.

VII. 맺음말

이 글에선 주권의 역설에 대한 해결책과 유기적으로 연결하여 유교적 공공성을 구성하는 몇 가지 측면들을 구별하고 이들의 구조적 연관을 제시했다. 천리의 공공성이 민본적 공공성과 공론의 공공성을 양 날개로 삼아, 국가적 공공성에 내재한 군주의 자의를 규제하면서, 자신의 규범적 요구를 사회적으로 관철해가는 구조가 나타나는데, 이것이 유교적 정치의 문법을 구성한다고 할 수 있다.

천리의 공공성을 통해 주권의 역설을 해결하려는 시도 속에서 정치와 도덕의 변증법이 전개되고 유교적 계몽의 정치가 추진되었다. 이것은 비록 봉건적 신분질서라는 역사적 배경 위에서 전개된 것이었지만, 그 변증법을 추진한 정치-윤리적 동학은 우리 시대에도 여전히 유효할 수 있는 면모를 갖고 있었다. 이렇게 본다면, 유사 절대주의 체제 같은 것을 향한 동아시아적 발전의 단서를 마치 근대로 향하는 경향과 같은 것으로 여기는 것은 당송교체기에 형성된 유교적 정치의 문법이 갖는 함축을 도외시한 결과라고 할 수 있을 것이다. 왜냐하면 유교적 정치의 문법과 공공성의 구조는 절대주의 체제에서 전형적으로 등장한 주권의 역설을 해결하려는 중요한, 그리고 여전히 유효한 시도였기 때문이다. 이 점을 고려할 때, 신분질서에서 비롯된 역사적 내용상의 한계보다는 그 역사적 한계 위에서 거둔 문법적 차원의 성과에 좀 더 주목할 필요가 있을 것이다.

이 맥락에서 민본적 공공성의 함의가 각별하다. 욕망의 상호충족의 관점에서 재해석된 '인' 개념은 내용의 차원에서 근대성의 단초를 훌쩍 뛰어넘어 우리에게도 생생한 규범적 통찰을 제공하고 있다. 뿐만 아니라 그것은 인간/우주의 사유틀 속으로 사라졌던 사회적 차원을 복구하여 그 위에서 전통적 이성 개념을 재구성할 수 있는 길을 열어주었다는 점에서도 주목할 만하다. 그 길은 언어적 소통과정의 경로에서 천리의 개념을 재구성할 수 가능성을 시사해주기도 한다. 이것이 가능해진다면 유교적 공론의 숙의적 공공성이 갖는 민주적 함의를 더 이상 은유의 수준이 아닌 수준에서 말할 수 있을 것이다.

민본적 공공성의 함의가 매우 크다고 해도, 그것이 단독으로 추구될 경우 국가적 공공성의 틀 속으로 포섭될 위험은 항존한다. 바로 이 때문에 앞서 우리는 유교적 공공성이 민본적 공공성으로 끝난다면, 유교적 계몽의 변증법이 우울한 결말로 끝날 공산이 있다고 말한 것이다. 이런 우울한 결말은 현실 사회주의의 실패, 혹은 현실 사회주의에서 발생한 자유의 역설 속에서 확인할 수 있다. 그 실패는 사실 공론장의 숙의적 공공성이 부재하는 가운데 민본적 공공성이 국가적 공공성으로 흡수되면서 발생한 것으로 이해할 수 있다. 물론 현실 사회주의 붕괴 이후 급속도로 전개된 세계화 과정은 반대로 민본적 공공성의 추구가 여전히 민주주의에서 얼마나 중요한 과제인지를 보여주고 있다. 정치적 차원에서 아무리 숙의적 공공성이 유지된다 하더라도 민본적 공공성이 확보되지 않을 경우 민주주의의 내실이 크게 훼손된다는 것을 오늘날 우리는 맨 눈으로 확인하고 있다. 민본이 숙의에 의해 매개되지 않을 때 민본의 과제 자체가 위험에 빠진다. 그리고 민본을 자신의 과제로 설정하지 않을 때엔 숙의적 공공성이 위험해 질 수 있다. 이 두 가지 위험을 모두 피하기 위해선 민본적 공공성이 숙의적 공공성과 결합되어야 할 것이다.

　송대 이후 유교정치는 비록 사대부의 계급적 한계가 분명함에도 불구하고 천리의 공공성을 중심으로 민본적 공공성과 숙의적 공공성을 결합하는 구조를 보여주었다. 오늘의 맥락으로 옮겨보면, 그 결합은 시민사회의 합리적 토론 및 그 도덕적 자원을 무기로 공론장의 숙의적 공공성이 국가적 공공성을 규제하고, 다시 이 국가적 공공성을 경유하여 시장의 논리를 규제함으로써 민본적 공공성을 추구한다는 형태로 나타날 수 있다. 이에 비해 오늘의 신자유주의적 질서는 시장이 국가를 제어하고, 국가가 시민사회를 통제하려는 반대의 권력순환 방향을 보여주고 있다. 이런 점에서 유교정치의 문법은 우리 시대의 신자유주의가 보여주는 반민주적 권력순환에 대항하는 민주적 권력순환의 방향을 함축하고 있다고 하겠다. 유교적 공공성이 역사적 내용의 차원이 아니라 그 문법적 측면에서 우리 시대에 던지는 가장 중요한 교훈이 여기에 있지 않나 싶다.

공(公)과 사(私)에 대한
주희(朱熹)의 인식과 공공성 교육

황금중

I. 들어가는 말

이 글은 공(公)과 사(私)에 대한 주희의 인식을 중심으로 공공성 교육의 문제를 숙고해 보는데 목적이 있다. 이를 위해 먼저 '공공성(publicness)', 그리고 '공공성 교육'이 의미하는 바를 먼저 개괄할 필요가 있다.

현대 한국사회에서는 '공공성'에 대한 다각도의 논의가 진행되어 왔다. 그만큼 사회, 정치, 법, 경제, 그리고 교육의 제 분야에서 공공성의 가치를 구현하는 것이 현대 한국사회의 중요한 과제였다. 그런데 이런 공공성 논의의 철학적 기반은 주로 서양의 지성사에 두고 있다. 공공성 논의에 거론되는 철학자로는 아렌트, 하버마스, 롤즈, 듀이, 맥킨타이어, 칸트 등이 꼽힌다. 이들의 사유를 근간으로 공공성의 철학적 성격에 대한 다양한 견해가 제기되어 왔는데, 대체의 입장은 결국 모종의 제약으로부터 공동체 구성원의 자유 및 자율성, 평등성, 복수성의 가치까지도 지켜내는 공익 장치의 확보, 구성원 간에 공통의 관심사를 원활하게 창출하고 구현하는 공동체를 지향한다. 구성원 개인의 자유와 복수성을 제약하거나 해치는

---

* 이 글은 『교육사상연구』 26권 3호(2012)에 실린 논문을 재수록한 것이다.

주체는 국가가 될 수도 있고 시장사회가 될 수도 있고 대중문화가 될 수도 있다. 국가, 시장사회, 대중문화 등의 폭력으로부터 개인의 자유와 권리를 지켜주는 일, 동시에 자유와 권리를 지닌 개인들 간의 온전한 소통에 입각해 공공선을 창출해 내는 일이 공공성 담론의 초점이 되어 온 것으로 보인다.

그런데 서구의 지성사에서 '공공'의 개념이 처음부터 이처럼 긍정적, 적극적 의미를 담고 있었던 것은 아니다. 공공은 19세기 중반 이후 약 1세기 가량 부정적으로 인식되어 왔으니, 이 때 공공은 먼저 인간의 개체성을 위압하는 획일주의의 힘 혹은 공개성 및 토의가 빈껍데기가 된 '환영' 같은 것으로 이미지를 지니는 것이었다.[1] 이런 상황에서 공공성 논의의 자장을 크게 변화시킨 사람은 아렌트와 하버마스 등이다. 이들에 의해 개인의 의사소통적 자유나 관점의 복수성이 밑으로부터 살아 숨쉬는 공공성의 개념 및 공공 영역의 창출의 필요성이 부각되었다.[2] 결국 역사적으로 볼 때 공공성은, 한 때 개체성을 위협하며 몰개성화로 몰아가는 기제로 인식되고 따라서 거부되었으나, 이후 아렌트나 하버마스 등을 거치면서 그 개념 자체의 폐기가 아닌 의미 전환의 방식으로 새로운 역사를 맞게 된다. 지금의 공공성 담론은 이와 같은 자기 부정에서 긍정으로 이어지는

---

1) 이 시기는 공공성의 이미지를 '일반인(das Man)'이 지배하는 영역, 서로의 차이나 특색을 잃고 그저 '섞이는' 존재양식밖에 허용하지 않는 비본래성의 공간[마르틴 하이데거(Martin Heidegger)], 평균성이나 영합으로 특징지어지는 '수평화의 주인'이며 개체화를 억압하는 기제[키에르케고르(Kierkeggard)], 민주적인 법치국가의 조직원리인 공개성의 퇴락[칼 슈미트(Carl Shcmitt)], 대중사회에서 사람들의 관심이 소비로만 향하고 공중이 '환영'에 불과해진 현실[월터 리프만(Walter Lippmann)] 등으로 그리고 있다(사이토 준이치, 윤대석 외 옮김, 『민주적 공공성 : 하버마스와 아렌트를 넘어』, 이음, 2009, 43~45쪽).

2) 아렌트의 『인간의 조건』(1958)과 하버마스의 『공론장의 구조전환』(1962)은 공공성 논의 자장 변화에 큰 역할을 했는데, 하버마스는 '의사소통적 자유', 즉 '이성을 공공적으로 사용할 자유'의 원리와 '비판적 공공성'의 원리를, 아렌트는 대중사회 소비사회의 획일주의로부터 '사람 사이(in-between)'의 근원적인 관점의 복수성을 재건하려는 관심을 표명했다(사이토 준이치, 위의 책, 2009, 45~78쪽).

역사적 전개과정을 거쳐 오면서 자연히 그 속에 개인의 자율성, 평등성, 복수성, 비판성 등의 가치를 뿌리내리고 있다. 말하자면 공공성 담론에는 이러한 요소들을 제한하고 억압하는 구조적, 제도적, 문화적 폭력 및 획일성에 민감하게 반응하면서 개인의 자유와 권리, 다양성을 지켜내는 공공의 영역 창출에 대한 희구가 운명처럼 스며있다.

이렇게 볼 때 공공성은 '(국가나 정부와 같은 책임 기구의) 공익성', '(여럿이 함께 이루어 가는) 공동체성', '(누구에게나 열려 있는) 공개성'과 같이 일반적으로 흔히 거론된 의미 외에, '자유', '복수성', '평등', '정의', '소통', '배려', '사랑', '연대', '비판'과 같은 의미를 그 자체 맥락 속에 내장하고 있다. 이러한 의미의 공공성은 교육과 어떻게 만나는가? 두 차원의 만남을 생각해 볼 수 있다. 하나는 '교육의 공공성'의 방식이고 다른 하나는 '공공성 교육'의 방식이다. 전자는 교육제도 및 정책, 과정의 공익적 성격을 말하고, 후자는 교육의 장에 참여하는 교육주체들이 공적 의식을 습득해가는 일을 의미한다. 전자는 학습자 개개인의 자율성, 평등성, 복수성을 보장하면서 공공의 이익에 복무하는 교육제도 및 교육행정, 교육과정 체제의 정비 문제이며, 후자는 개별 학습자가 그 속에 자유, 평등, 복수, 비판, 그리고 소통의 가치까지 충분히 담고 있는 공적 의식을 확보해가도록 이끄는 교수학습의 문제이다. 공공성과 교육을 연결하는 이 두 방식은 각각 특수한 입지를 지니면서도 서로 긴밀한 관련을 맺고 있다. 전자와 같은 공공성의 이념을 충실히 반영한 교육제도적, 교육정책적 정비가 없다면 후자와 같은 교실 속에서의 공공성의 교육 실천은 불가능하다. 역으로 미시적 차원에서 교육 주체의 공적 의식을 키우는 교수학습이 이루어지지 않는다면 공공성의 이념을 담은 교육제도는 그 유지, 발전의 동력을 얻기 어렵다. 그런데 지금까지 교육과 공공성을 연결하는 연구들은 대체로 '교육의 공공성' 문제에 주로 주목했고, '공공성 교육'의 부문은 크게 돌아보지 않은 것으로 보인다.

이 글은 교육주체들이 공적 의식을 습득하고 확장해가는 일로서의 공공성의 교육의 문제에 관심을 가지되, 특히 공과 사에 대한 주희의 인식을 중심으로 풀어 보고자 한다. 주희의 공사관의 요체는 개인적, 사회적 차원에서의 사람들의 의식의 공화(公化)의 필요성과 의의를 부각하는 것으로 귀결되는데, 이는 곧 공공성 교육의 문제와 직결된다.

기존에 주희의 공과 사에 대한 인식을 공공성의 문제와 연계해서 규명하고자 한 시도는 찾기 어렵다. 다만 주희의 공과 사 인식에 대한 연구는 몇 차례 이루어졌다. 본고의 논의의 한 배경으로서 그 성과를 일별해 보면 다음과 같다. 미조구치 유조는 중국에서의 공과 사의 관념의 변천과정을 추적했는데, 일본에서의 공과 사가 단순하게 사회(특히 국가나 정부)와 개인의 관계였던 것과는 달리, 중국에서의 공과 사는 그 역시 사회와 개인의 관계이면서도 선/악, 정/부정의 윤리적 대립관계로 인식되어 왔다고 설명한다. 특히 주희를 정점으로 하는 송대 유학에서 공/사 관념이 천리/인욕의 관념과 결부되기 시작하면서 그 이전에는 군주 한 사람의 정치적 덕성으로 수렴되던 공 개념이 사대부를 중심으로 한 인간 일반으로 확대되었다고 인식한다. 공/사의 관계가 사회/개인의 관계를 반영하면서도 동시에 윤리적 정/부정의 관계에 있다고 봄으로써 사회적 규범은 긍정되고 개체욕망은 부정되는 양상을 지니는 것으로 이해한다. 중국 명청대의 지성계는 바로 이 사의 영역이 점차 긍정되어가는 양상으로 전개되며 이것이 중국 근대화의 특징이라고 설명한다.[3] 권향숙은 미조구치의 시각을 비판하는 입장에서 주희의 공과 사의 개념을 정리하고자 했는데, 미조구치가 공과 사의 개념을 각각 사회적 규범과 개인이라는 구도로써 이해하고 이를 중국의 지성계 전부에 적용하려 했다는 점을 지적한다. 즉 철학자별로 차이가 있음을 간과했다는 것인데, 예를 들어 호굉(胡宏)이나 대진(戴震)의 경우에는 이 도식을 적용할 수 있으나 주희의 경우 그 적용이 불가하다고 한다. 주희에게서 공/사 관념은 사회규범질서 대 개인의 관계가 아닌, 소통 대 단절의

---

3) 미조구치 유조, 정태섭·김용천 옮김, 『중국의 공과 사』, 신서원, 2004.

관계, 즉 공은 사회적 관계맺음 혹은 근원적 사랑(인)의 사회적 소통이고, 사는 그 소통을 방해하는 장애나 폐쇄성이다. 이런 시각에서 그는 주희에게서 개체의 작위적 의지나 능동성이 부정되지 않고, 또 인의예지는 신분질서를 고착화하기 위한 장치가 아니라 사회적 관계를 현실적으로 인정하는 가운데 사대부(독서인층)를 중심으로 한 사회적 조화를 꾀하는 장치로 활용되었다고 분석한다. 이 역시 주희를 개인의 의미를 부정하고 신분질서의 고착을 꾀한, 근대성이 결여된 철학자로 규정하는 미조구치의 시각을 비판하는 논의에 해당한다.4) 다음으로 윤원현은 주희의 공/사 개념은 그의 다른 주요철학 개념, 즉 인이나, 천리/인욕, 시/비 등을 설명하기 위한 보조적 성격으로 논의된 것이며 따라서 이 철학 개념들과의 관계 속에서 이해해야 함을 주장한다. 그는 이러한 관점에 입각해서, 공과 사를 각각 '보편적 도덕성을 띤 것'과 '개별적 배타성을 띤 것'으로 개념 정의한다.5)

이상의 논의들은 주희의 공과 사에 대한 이해를 넓히는데 의미있는 역할을 했다. 권향숙이 공과 사를 각각 사회규범과 개인의 관계가 아닌 소통과 단절의 관계로 인식하면서 이 문제를 본격적으로 제기한 미조구치의 시각을 넘어서려고 한 것, 그리고 윤원현이 공과 사를 다른 주요철학 개념, 특히 인과 적극적으로 연계해서 설명하려고 한 시도는 의미가 크다. 그런데 공과 사에 대한 '보편적 도덕성을 띤 것'과 '개별적 배타성을 띤 것'이라는 윤원현의 개념정리는, '보편적 도덕성'과 '개별적 배타성'의 용어의 추상성으로 인해 공/사 개념의 본의에 다가서기 어렵게 만드는 측면이 있다. 한편 공과 사를 소통과 단절의 관계로 풀이한 권향숙의 연구는 미조구치 시각을 중요한 측면에서 교정한 의미가 있지만 불충분한

---

4) 권향숙, 「주희(朱熹)의 공(公)과 사(私) : 溝口雄三의 주희 공/사관 비판적 검토」, 『철학논구』 30, 2002.
5) 윤원현, 「주희(朱熹)의 '공(公)/사(私)' 개념과 공론(公論)」, 『율곡사상연구』 17, 2008.

면이 있다. 즉 과연 크게 하나의 줄기를 타고 흐르는 중국 유학사의 맥락에서 공과 사를 윤리적 정/부정의 관계로 보느냐 아니면 사회/개인의 관계로 보느냐가 개인 철학자에 따라 전혀 다르게 나타나는 것일까? 이 문제를 규명하기 위해서는, 무엇보다 주희로부터, 공과 사가 논의되는 실제 맥락에 대해 특히 인(인의예지)을 비롯한 여타의 주요 학문개념들과의 관련성 속에서 보다 면밀하게 따져 갈 필요가 있었다.

선행 연구들이 밝힌 성과 중 필자가 전적으로 동의하는 것은 주희의 공과 사는 확실히 사회(규범질서)와 개인(개체욕망)의 관계는 아니라는 것이다. 뒤에 자세히 설명하겠지만 그것은 개인적 차원이건 사회적 차원이건 의식상의 공적 지평과 사적 지평을 의미하는 것이다. 의식의 공적 지평은 에고 차원을 넘어선 '존재자체'로서의 우주적 차원의 의식 영역을 의미하는데, 말하자면 우주적 차원의 사랑과 정의, 배려, 연대, 소통의 가치가 녹아 있는 영역이다. 한편 사적 지평은 이런 공적 의식의 발현을 방해하는 의식의 측면이다. 개인의식으로부터 사회구성원의 집단의식에 이르기까지, 인간의식의 공적 지평을 극대화해가는 것이 주희의 공공성 교육의 핵심이다.

논의 순서는 다음과 같다. 먼저 공과 사에 대한 주희의 논의 맥락을 가능한 한 충실히 따라가면서 공과 사의 의미를 새롭게 정리할 것이다. 여기에는 자연히 인, 의, 예와 같은 유교의 주요 덕성 및 가치 개념과의 연계 논의가 포함될 것이다. 다음으로 이와 같이 정리된 바의 공/사 관의 배경에서 주희에게서 개체성의 문제는 어떻게 정리될 수 있는가에 대해서 논의할 것이다. 마지막으로 주희의 공과 사, 그리고 개체성 이해에 입각해서 공공성 교육의 방향과 성격을 간략히 논해 볼 것이다.

II. 공(公)과 사(私)에 대한 주희의 인식

주희가 공의 용어를 사용한 맥락을 전체적으로 볼 때 크게 두 가지 의미를 담고 있는 것으로 보인다. 하나는 윤리적으로 부정적 의미의 사(私)에 대립하는 긍정적 의미의 공(公)이다. 이 때의 공은 공정(公正), 공평(公平), 공의(公義), 공도(公道), 공개(公開)의 의미를 지닌다. 다른 하나는 주로 조정이나 관청에 관련되는 일을 의미한다.[6] 이는 전자의 공공의 의미를 지니면서도 전자에 비해 윤리적 의미로부터 상대적으로 자유로운, 제도와 행정상의 공공기관의 일이라는 의미를 지닌다. 이 두 가지 중에서 주희가 철학적인 의의를 크게 둔 것은 전자이며 실제로 전자의 용례가 대부분이다.

주희의 공사론은 공과 사의 대립적 관계 인식에 기초하고 있다. 그리고 이 대립관계는 종종 천리(天理)와 인욕(人欲), 의(義)와 리(利), 선(善)과 악(惡), 시(是)와 비(非), 정(正)과 사(邪)의 대립관계로 해석된다.[7] 공은 천리이며 의로움(義)이고 좋음(善)이며 옳음(是)이고 바름(正)이다. 사는 인욕이고 이욕(利)이며 나쁨(惡)이고 그름(非)이며 삿됨(邪)이다. 여기서 우리는 주희의 공과 사가 무엇보다 마음 혹은 의식의 두 양상을 표현하는 것임을 알게 된다. 사회나 개인과 같은 공간적 단위의 구분이 아니라, 인간의 마음과 그 마음이 만들어 낸 일에 있어서의 옳은 것과 그른 것의 구분임을 알 수 있다. 그리고 이 마음 혹은 의식은 개인적 차원의 것이기도 하고 사회적 차원의 것이기도 하다. 개인적 차원에서도 공과 사가 있고 사회적 차원에서도 공과 사가 있으며, 다양한 인간사의 맥락에서도 공과 사가

---

6) 『朱子語類』 3-43(3卷 43條目을 말함. 이하 동일)의 '公事', 107-2의 '公選', '公薦'의 용례가 이에 해당함.

7) 『朱子語類』 8-18, "天下只有一箇道理, 學只要理會得這一箇道理. 這裏繞通, 則凡天理·人欲·義利·公私·善惡之辨, 莫不皆通."; 『朱子語類』 13-30, "凡一事便有兩端：是底卽天理之公, 非底乃人欲之私."; 『朱子語類』 13-35, "看道理, 須要就那箇大處看. 須要前面開闊, 不要就那壁角裏去. 而今須要天理人欲, 義利公私, 分別得明白."; 『朱子語類』 13-44, "人只有一箇公私, 天下只有一箇邪正."; 『朱子語類』 13-45, "將天下正大底道理去處置事, 便公：以自家私意去處之, 便私."

있다. 개인적 차원이건, 사회적 차원이건, 모든 인간사는 모두 마음이 만들어낸 의식세계의 다양한 측면들이다.

주희의 공을 현대어로 번역하는 일은 쉽지 않다. 공정, 공평, 공개, 공동 등의 개념과 통하지만 그 어느 하나와도 만족스럽게 대응하지 않는다. 그 본의의 전체적 골격을 놓치지 않으면서 다가서고자 할 때의 제일의 길은, 공(公)의 대립적 개념인 사(私)와의 관계를 매개로 해서 공의 의미에 접근하는 일이 아닐까 한다. 나아가 주희의 공은 인의 개념과 밀접히 연계되어 있기에 양자의 관계에 주목하면서 공의 의미를 따져 가는 일도 빼놓을 수 없다.

> 사(私)가 끼어들지 않으면 공(公)이 되고, 공하면 인(仁)하게 된다. 마치, 물이 작은 장애를 만나면 두 갈래가 되는데, 반드시 장애를 완전히 제거해야 도도하게 흐르게 되는 것과 같다.[8]

주희의 공은 사가 없는 상태이다. 물의 흐름에 비유하자면, 사는 물의 흐름을 방해하는 장애물과 같은 것이며 공은 이러한 장애물이 완전히 제거된 상태의 도도한 물의 흐름과 같다. 그리고 어떠한 장애도 없는 도도한 물의 흐름은 곧 인의 모습이기도 하다. 즉 인이란 사욕이 무화되고 천리가 유행하는 상태인데,[9] 공은 곧 그 인이 발현되는 양상이며 방법이다.[10] 주희는 공과 인의 관계에 대해 안팎의 논리를 적용해서 설명하기도 한다. 인은 인간이 자신의 내면에 본유하는 리이고, 공은 사욕을 극복하는 공부가 지극해진 상태를 말한다. 즉 인의 본성이 밖으로 실현되는, 몸을 통해 사욕의 극복이 온전하게 체험되는 상태가 공이라는 것이다.[11] 이에

---

8) 『朱子語類』 6-104, "無私以閒之則公, 公則仁. 譬如水, 若一些子礙, 便成兩截, 須是打倂了障塞, 便滔滔地去."

9) 『朱子語類』 6-105, "做到私欲淨盡, 天理流行, 便是仁."

10) 『朱子語類』 6-99, "公是仁之方法, 人身是仁之材料." ; 『朱子語類』 6-100, "公卻是仁發處. 無公, 則仁行不得."

대해 주희는 정이천의 말을 인용해서 공하되 사람이 몸으로 체험할 때(公而以人體之), 즉 자기 몸 상에서 사욕을 완전히 극복할 때 인이 이루어진다고 설명한다.12) 사욕의 저편에 있는 인의 리가 몸으로 구현된 형태가 공인 셈이다. 여기서 공의 의미 이해를 위해 인의 의미를 더 따져보자.

> 왕경인이 인(仁)에 대해 물었다.
> 대답했다 : 무로써 행위하는 것(無以爲)이다. 반드시 겹겹이 쌓인 사욕(私欲)을 시험적으로 제거한 다음 본심의 덕이 어떤 기상인지를 자세히 체험하라. 다만 헛되이 글자의 뜻만을 강구하지 말라.13)

주희는 인에 대해 '무이위(無以爲)'라고 설명한다. 파격적이다. 인에 대한 노자의 해석을 받아들인 것이기 때문이다. 노자는 유가의 가치분별틀에 대해 비판적으로 논의하는 자리에서 인에 대해 '무이위'로 설명한다.14) 인은 대도(大道)의 무위의 경지보다는 한 단계 낮으나 무위의 차원과 별개의 것은 아니라는 뜻을 표현한 것이다. 그만큼 노자도 인에 대해, 의나 예에 대해서와는 달리, 어느 정도 긍정적 메시지를 보내고 있다.15) 그런데 주희는 그 노자의 해석을 받아들이면서 무로써 행하는 것을 곧 사욕(私欲)이 제거된 행위라고 이해한다. 그리고 그것을 실제로 몸으로 체험해 보라고 주문한다. 그것이 공의 상태라고 한다. 그렇다면 사욕의 제거라는 인과 공의 경지를 노자의 무위자연(無爲自然)의 감각으로 상상해 보는 것이 가능해진다.

---

11) 『朱子語類』6-102, "或問仁與公之別. 曰 : "仁在內, 公在外." 又曰 : "惟仁, 然後能公." 又曰 : "仁是本有之理, 公是克己工夫極至處. 故惟仁然後能公, 理甚分明. 故程子曰 : '公而以人體之.' 則是克盡己私之後, 只就自身上看, 便見得仁也."

12) 『朱子語類』, 6-104, 95-156~162.

13) 『朱子語類』6-107, "王景仁問仁. 曰 : 無以爲也. 須是試去屛疊了私欲, 然後子細體驗本心之德是甚氣象, 無徒講其文義而已也."

14) 『老子』38章, "上德不德, 是以有德. 下德不失德, 是以無德. 上德無爲而無以爲. 下德爲之而有以爲. 上仁爲之而無以爲. 上義爲之而有以爲. 上禮爲之而莫之應則攘臂而仍之. 故失道而後德, 失德而後仁, 失仁而後義, 失義而後禮. 夫禮者, 忠信之薄而亂之首也."

15) 이 문제는 다음 절에서 상세히 다루어질 것이다.

노자의 무위는 자아적 분별틀, 그리고 이에 따른 편협하고 경직된 욕망을 내려놓는 경지이다. 자아적 욕망을 넘어서 존재자체(道)의 지평에 나를 맡기는 경지이다. 주희의 공과 인의 경지 역시 존재와 '분리된 나'의 감각을 넘어서 '존재자체'의 감각으로 회귀한 경지라고 볼 수 있다. 즉 노자의 무위자연의 감각과 큰 맥락에서 통한다는 것이다. 물론 이는 이들 사이에는 그들이 극복하고자하는 욕망의 성격에도 유사한 점이 있음을 의미하는 것이다. 즉 주희가 말하는 공과 인의 저편에 있는 사 혹은 사욕은 단순한 이기적 욕심이 아닌, 노자가 비우고 또 비우고자 했던16) 그 자아적, 에고적 욕망 자체와 맞닿아 있다. 노자는 존재와 분리된 자아의 분별적 욕망을 남겨서는 무위자연의 리듬을 온전하게 탈 수 없다고 보았는데, 이 자아의 욕망을 주희는 사(私) 혹은 사욕(私欲)으로 표현하고 있는 셈이다. 존재와 분리된 자아의 욕망을 넘어선 존재자체의 욕망으로 사유하고 느끼는 경지가 곧 '무위'요 '무이위'의 경지이다.

관련하여 주돈이가 '무욕(無欲)'과 공(公)을 연결시킨 맥락을 떠올려 보자. 주돈이는 성인이 되는 배움의 방법을 한마디로 무욕이라고 한다. 무욕은 곧 전일함(一)과 같은 뜻이라고도 하는데, 즉 단순하게 욕심이 없는 상태를 넘어서 자아적 욕망의 치달림에 떨어지지 않는 의식의 전일함의 상태를 의미한다. 주돈이에 따르면 사람이 무욕하고 전일할 수 있다면 마음은 밝고(明) 소통하고(通) 공적이고(公) 넓은(溥) 상태로 나아갈 수 있다.17) 주희는 주돈이의 무욕의 방법을 적극적으로 계승하되 그 화두가 너무 높아서 일반사람들이 쉽게 접근하기 어려워 정이를 거치면서 경(敬)의 방법이 제기되었다고 한다.18) 주돈이의 무욕(無欲), 도가의 무위(無爲)나

---

16) 『老子』 48章, "爲學日益, 爲道日損. 損之又損之, 以至于無爲. 無爲而無不爲矣. 故取天下, 常以無事. 及其有事, 不足以取天下." ; 『老子』 16章, "致虛極, 守靜篤, 萬物竝作, 吾以觀其復."

17) 『通書』 20章, 「聖學」, "聖可學乎. 曰 : 可. 曰 : 有要乎. 曰 : 有. 請聞焉. 曰 : 一爲要. 一者無欲也. 無欲則靜虛動直. 靜虛則明. 明則通. 動直則公. 公則溥. 明通公溥. 庶矣乎."

18) 『朱子語類』 12-79, "今說此話, 却似險, 難說. 故周先生只說, 一者, 無欲也. 然這話頭高,

무아(無我), 무기(無己) 등은 모두, 세계와 분리된 자아의 분별없는 욕망을 문제삼고 그것을 해체하고 잠재우고 넘어서 존재자체의 마음을 획득해 가야한다는 메시지를 담고 있다. 주희의 경은 바로 편협한 에고 너머의 존재자체의 마음, 즉 공적 지평의 마음에 다가설 수 있는, 합리적 방법으로 제안된 것이다.

주희는 문인들과 더불어 정호의 「정성서(定性書)」에 나오는 '확연이대공(廓然而大公)', '물래이순응(物來而順應)'의 문제에 대해 토론한 바 있는데, 이는 공에 대한 이해의 확장에 도움을 준다.

> 조치도가 물었다 : "자사(自私)하면 유위로써 사물의 자취에 응할 수 없고, 용지(用智)하면 명각으로써 자연이 될 수 없다"고 하고 "천지의 항상됨은 그 마음으로 만물을 보듬되 무심한 것이고, 성인의 항상됨은 그 정이 만사에 따르되 무정한 것이다"고 합니다. 여기서 "만물을 보듬고, 만사에 따른다"는 것은 '넓어서 크게 공함(廓然而大公)'을 말하는 것이고, "무심하고 무정하다는 것"은 '사물을 만나서 자연스럽게 응함(物來而順應)'을 말하는 것입니다. '자사'하면 '확연이대공'을 할 수 없어 유위로써 사물의 자취에 응할 수 없게 되고, '용지'하면 '물래이순응'할 수 없어 명각으로 자연이 될 수 없습니다.
> 대답했다 : 그렇다.[19)]

주희의 문인은 '확연이대공'과 '물래이순응'을 '자사'와 '용지'에 대립시키며, 마치 천지와 성인이 무심하고 무정하게 보이면서도 만물을 감싸안고 만물에 자연스럽게 응하는 상태로 설명한다. 세계와 분리된, 자리(自利)의

卒急難湊泊. 尋常人如何便得無欲! 故伊川只說箇敬字, 教人只就這敬字上捱去, 庶幾執捉得定, 有箇下手處. 縱不得, 亦不至失."

19) 『朱子語類』95-109, "趙致道問 : '自私者, 則不能以有爲爲應跡 ; 用智者, 則不能以明覺爲自然.' 所謂'天地之常, 以其心普萬物而無心 ; 聖人之常, 以其情順萬事而無情'. 所謂'普萬物, 順萬事'者, 卽'廓然而大公'之謂 ; '無心無情'者, 卽'物來而順應'之謂. 自私則不能'廓然而大公', 所以不能'以有爲爲應跡' ; 用智則不能'物來而順應', 所以不能'以明覺爲自然'. 曰 : 然."

자아적 시야―즉 자사(自私)와 용지(用智)―가 아닌 존재자체(天地)의 시야, 하늘의 시야에서 마음이 없는 마음으로 만물을 보듬고 만물에 응하는 그 경지가 공인 것이다. '확연이대공'은 사의가 제거된 상태고 '물래이순응'은 사물에 접해서 사의가 아닌 도리에 따라 응하는 상태이다.20) '물래이순응'은 '확연이대공'에 이어서 자연히 부수되는 것이다. 사의가 없는 마음은 공자가 말한 '무의/무필/무고/무아(無意/無必/無固/無我)'의 태도, 자신의 편협한 견해에 집착하지 않는 개방적 태도와도 상통한다.21) 자리배타(自利排他)의 에고적 욕망으로서의 사의를 넘어서 하늘의 지평에 나를 놓고 사물을 공평하게 이해하고 자연스럽게 응하는 경지이다. 확연이대공하여 사의에 얽매이지 않게 되면 자연히 선악을 밝게 변별하는 감각도 생긴다. 공은 마음의 평평함을 의미하기 때문이다.22) 일반사람들의 병폐는 이런 공평한 마음을 견지하지 못하고 사의로써 사물이 맞으며 결국 편중됨에 빠지게 되는 것이다.23) '나'를 고집하지 않음으로써 내가 만나는 사물과 가장 적절하게 교감할 수 있는 경지가 공이며 인이다.

> 사(私)가 없게 된 후에 인(仁)이 되고 인하게 되면 천지만물과 일체를 이루게 된다.24)

주희에 의하면 공과 인은 천지만물을 나로 여기는 세계관과 실천관을

---

20) 『朱子語類』 95-107, "'廓然大公', 只是除卻私意, 事物之來, 順他道理應之."

21) 『朱子語類』 36-21~37에 나오는 주희와 문인들의 토론 참조.

22) 『朱子語類』 26-21, "問：'惟仁者能好人, 能惡人'. 好善而惡惡, 天下之同情. 若稍有些子私心, 則好惡之情發出來便失其正. 惟仁者心中渾是正理, 見人之善者則好之, 見不善者則惡之. 或好或惡, 皆因人之有善惡, 而吾心廓然大公, 絶無私係, 故見得善惡十分分明, 而好惡無不當理, 故謂之'能好能惡'. 曰：程子之言約而盡. 公者, 心之平也；正者, 理之得也. 一言之中, 體用備矣."

23) 『朱子語類』 72-15, "今人皆病於無公平之心, 所以事物之來, 少有私意雜焉, 則陷於所偏重矣."

24) 『朱子語類』 6-109, "無私, 是仁之前事；與天地萬物爲一體, 是仁之後事. 惟無私, 然後仁；惟仁, 然後與天地萬物爲一體."

이끌어낸다. 결국 공과 인을 체현한다는 것은, '나'를 전체와 분리된 존재로 보지 않는, 그리고 모든 밖의 사물을 또 하나의 나의 전개로 인식하는 세계관을 가지게 되었다는 사실을 의미하는 것이다. 마음이 사의가 끼어듦이 없으면 자연히 타인과 자기가 하나되고 물과 내가 하나되며 공도(公道)가 자연히 유행하게 된다.25) 주희에 의하면 성인, 군자란 바로 이 전체의 마음, 하늘의 마음이 열린 자이다. 군자와 소인의 구분의 근거도 바로 공사의 구분에 있다.26)

　　　대개 군자의 마음은 대체로 단지 저 하나의 공공의 마땅한 도리를 이해하기에 항상 조화를 이루면서도 구차하게 같아지지 않을 수 있다. 소인은 사의를 지어 내므로 비록 서로 어울리지만 두 사람이 서로 모이면 곧 저쪽과 자기를 나눈다. 따라서 이해 다툼이 생기고 분쟁이 일어나 조화를 이루지 못하기에 이른다.27)

이는 군자의 화이부동(和而不同)과 소인의 동이불화(同而不和)에 대한 공사론적 해석이다. 주희는 "군자의 마음은 허명통철하여 의를 분명히 보고, 소인은 리(利)를 계교하는 데만 관계를 해서 비록 조금의 이익이라도

---

25) 『朱子語類』 6-78, "其理則天地之理, 其氣則天地之氣. 理無跡, 不可見, 故於氣觀之. 要識仁之意思, 是一箇渾然溫和之氣, 其氣則天地陽春之氣, 其理則天地生物之心. 今只就人身己上看有這意思是如何. 纔有這意思, 便自恁地好, 便不恁地乾燥. 將此意看聖賢許多說仁處, 都只是這意. 告顔子以'克己復禮', 克去己私以復於禮, 自然都是這意思. 這不是待人旋安排, 自是合下都有這箇渾全流行物事. 此意思纔無私意間隔, 便自見得人與己一, 物與己一, 公道自流行."

26) 『朱子語類』 24-65, "大槪君子心公而大, 所以周普. 小人心狹而常私, 便親厚也只親厚得一箇."; 『朱子語類』 24-69, "問 : 注云 : '君子小人所以分, 則在公私之際, 毫釐之差耳.' 何謂毫釐之差? 曰 : 君子也是如此親愛, 小人也是如此親愛 : 君子公, 小人私."; 『朱子語類』 43-58, "大抵君子小人只在公私之間. 和是公底同, 同是私底和. 如'周而不比', 亦然. 周是公底比, 比是私底周, 同一事而有公私."

27) 『朱子語類』 43-59, "蓋君子之心, 是大家只理會這一箇公當底道理, 故常和而不可以苟同. 小人是做箇私意, 故雖相與阿比, 然兩人相聚也便分箇彼己了 : 故有些小利害, 便至紛爭而不和也."

이해하는 특성이 있다"[28]라고도 한다. 공과 사의 거리가 군자소인관을 통해 확인되는 대목이다.

지금까지 거론한 이런 저런 자료들을 통해서 우리는 인간의 마음에는 차원이 다른 두 성격의 마음, 즉 공적 성격의 마음과 사적 성격의 마음이 있다고 보는 주희의 시선을 확인하게 된다. 이 중 진정한 마음의 영역은 공적 지평이어서 이를 제대로 확인하고 드러내는 일이 중요하다. 마음의 공적 지평이야말로 '존재자체'로서의 진정한 자아가 자리한 지점으로서, 에고적 장애를 넘어서 '존재자체'로서 전체로서 사유하고 느끼며 소통하는 덕성과 지혜의 자리이다. 마음의 사는 존재적 대아로서의 공적 지평의 드러남과 확산을 방해하는 에고적 욕망과 같은 것이다. 이것이 공과 사에 대한 주희의 기본적인 인식틀이다.

그런데 주희의 「중용장구서」는 이런 인식틀의 연장선상에 있으면서도 미묘한 차이를 보여주는 마음 이해가 드러난다.[29] 주희는 여기서 유가적 도통(道統)을 설하는 맥락에서 『서경』의 인심도심론을 논하는데, 마음을

---

28) 『朱子語類』 27-115, "問 : '君子喩於義'. 義者, 天理之所宜, 凡事只看道理之所宜爲, 不顧己私. 利者, 人情之所欲得, 凡事只任私意, 但取其便於己則爲之, 不復顧道理如何. 曰 : 義利也未消說得如此重. 義利猶頭尾然. 義者, 宜也. 君子見得這事合當如此, 卻那事合當如彼, 但裁處其宜而爲之, 則何不利之有. 君子只理會義, 下一截利處更不理會. 小人只理會下一截利, 更不理會上一截義. 蓋是君子之心虛明洞徹, 見得義分明. 小人只管計較利, 雖絲毫底利, 也自理會得."

29) 『中庸章句』, 「中庸章句序」, "蓋自上古, 聖神繼天立極而道統之傳, 有自來矣. 其見於經則允執厥中者, 堯之所以授舜也, 人心惟危, 道心惟微, 惟精惟一, 允執厥中者, 舜之所以授禹也. 堯之一言, 至矣盡矣, 而舜復益之以三言者, 則所以明夫堯之一言, 必如是而後, 可庶幾也. 蓋嘗論之, 心之虛靈知覺, 一而已矣. 而以爲有人心道心之異者, 則以其或生於形氣之私, 或原於性命之正, 而所以爲知覺者不同. 是以或危殆而不安, 或微妙而難見耳. 然人莫不有是形, 故雖上智不能無人心, 亦莫不有是性, 故雖下愚不能無道心. 二者雜於方寸之間, 而不知所以治之, 則危者愈危, 微者愈微, 而天理之公, 卒無以勝夫人欲之私矣. 精則察夫二者之間而不雜也. 一則守其本心之正而不離也. 從事於斯, 無少間斷, 必使道心常爲一身之主, 而人心每聽命焉, 則危者安, 微者著, 而動靜云爲, 自無過不及之差矣. 夫堯舜禹天下之大聖也, 而天下相傳 天下之大事也, 以天下之大聖, 行天下之大事, 而其授受之際, 丁寧告戒, 不過如此, 則天下之理, 豈有以加於此哉. 自是以來, 聖聖相承, 若成湯文武之爲君, 皋陶伊傅周召之爲臣, 既皆以此, 而接夫道統之傳, 若吾夫子, 則雖不得其位, 而所以繼往聖開來學, 其功反有賢於堯舜者."

두 차원으로 나누어 설명하는 과정에서 공과 사에 대한 시각도 함께 보여주고 있다. 여기서 주희는 인심을 '형기지사(形氣之私)'와 '인욕지사(人欲之私)'에, 도심을 '성명지정(性命之正)'과 '천리지공(天理之公)'에 연결시키고 있다. 주희의 견해를 종합해 보면 마음은 하나이지만 그 하나의 마음의 지각이 작동할 때 두 층차로 드러난다. 그 한 층은 육체적 차원[形氣]에 뿌리를 두고 있으며(이것이 인심이다), 다른 한 층은 하늘의 차원[性命, 天理]에 뿌리를 내리고 있다(이것이 도심이다). 주희는 이 두 층차는 인간이라면 누구나 함께 지니고 있다고 설명한다. 즉 인간은 육체적 존재인 동시에 하늘의 존재이기도 하다. 그런데, 여기서 주목할 것은 사의 뿌리를 육체 혹은 기(氣)로 보고 있으며, 공의 뿌리를 하늘 혹은 리(理)로 보고 있다는 점이다. 나아가 주희는 사에 대해 형기지사와 인욕지사 두 가지로 표현하고 있는 점도 주목할 것인데, 특이한 점은 형기지사는 중립적 의미로 인욕지사는 부정적 의미로 쓰고 있다는 사실이다. 『주자어류』에서 주희는 형기지사는, 형기를 각자가 소유할 뿐 타인과 공유할 수 없다는 의미에서 사라고 설명하는데,[30] 이로 보면 형기지사의 사는 개별자로서의 사라고 할 수 있다. 이 형기, 그리고 형기지사에 뿌리를 둔 인심은 본래 선한 것이 아닐 수 없다. 그런데 그것이 도심과 연결되지 않을 때 위태롭게 작동하기 쉽고 불선으로 표출되기 쉽다.[31] 이렇게 도심의 주재를 벗어나 불선으로 작동한 것이 인욕지사가 된다. 결국 주희의 사는 단순히 공에 대립되는 부정적 의미만이 아닌 중립적 개별자로서의 의미까지 지니는 개념으로 전개될 가능성을 보여주고 있다. 개별자로서의 형기지사와 부정

---

30) 이는 『朱子語類』의 기록에서도 확인된다. 62-37, "問：或生於形氣之私. 曰：如飢飽寒煖之類, 皆生於吾身血氣形體, 而他人無與, 所謂私也. 亦未能便是不好, 但不可一向狥之耳."

31) 『朱子語類』 62-39, "季通以書問中庸序所云'人心形氣'. 先生曰：形氣非皆不善, 只是靠不得. 季通云：'形氣亦皆有善.' 不知形氣之有善, 皆自道心出. 由道心, 則形氣善；不由道心, 一付於形氣, 則爲惡. 形氣猶船也, 道心猶柁也. 船無柁, 縱之行, 有時入於波濤, 有時入於安流, 不可一定. 惟有一柁以運之, 則雖入波濤無害."

적 의미의 인욕지사를 포괄하는 개념으로의 확장 가능성을 보여준다는
것이다. 중립적 성격을 지닌 형기지사를 넓은 의미의 사로, 부정적 성격을
지닌 인욕지사를 좁은 의미의 사로 이해하면서 인욕지사가 형기지사에
포함되는 관계로 설정할 수도 있다. 그럼에도 불구하고 개별자로서의
형기지사의 개념에 대해서 주희의 문인조차 낯설어 했던 것을 보면[32]
사는 대체로 부정적 의미의 인욕지사로 쓰였다고 보는 것이 적절할 것이다.
즉 주희에게 사의 주된 용례는 좁은 의미의 사, 즉 인욕지사와 연계되어
있다.

 주희는 형기지사에 뿌리를 둔 인심은 반드시 도심의 주재를 받아서
적절한 자기표현을 할 수 있다고 본다. 마음의 개체적 지평(형기지사,
인심)은 반드시 마음의 공적 지평(도심)과 연결되어 있어야 최적의 자기실현
이 가능하다는 의미이다. 주희가 볼 때 개체성은 공적 지평과 분리해서
생각할 수 없다. 그렇다고 주희가 마음의 개체성을 없애 공적 지평만
남기고자 하는 것은 아니다. 그가 주장하는 '인심의 도심화(道心化)'가
곧 '인심의 무화(無化)'를 말하는 것은 아니다. 그는 인심을 없애는 것인
곧 도가나 불가의 허정(虛靜)의 세계로 빠지는 것이라고 경계한다.[33] 그는

---

32) 『朱子語類』62-36, "問 : 先生說, '人心是形氣之私', 形氣則是口耳鼻目四肢之屬. 曰 :
 固是. 問 : 如此, 則未可便謂之私? 曰 : 但此數件物事屬自家體段上, 便是私有底物 ; 不
 比道, 便公共. 故上面便有箇私底根本. 且如危, 亦未便是不好, 只是有箇不好底根本."
33) 『朱子語類』62-41, "因鄭子上書來問人心·道心, 先生曰 : '此心之靈, 其覺於理者, 道心
 也 ; 其覺於欲者, 人心也.' 可學竊尋中庸序, 以人心出於形氣, 道心本於性命. 蓋覺於理
 謂性命, 覺於欲謂形氣云云. 可學近觀中庸序所謂'道心常爲一身之主, 而人心每聽命
 焉', 又知前日之失. 向來專以人可以有道心, 而不可以有人心, 今方知其不然. 人心出於
 形氣, 如何去得! 然人於性命之理不明, 而專爲形氣所使, 則流於人欲矣. 如其達性命之
 理, 則雖人心之用, 而無非道心, 孟子所以指形色爲天性者以此. 若不明踐形之義, 則與
 告子'食·色'之言又何以異? '操之則存, 捨之則亡', 心安有存亡? 此正人心·道心交界之
 辨, 而孟子特指以示學者. 可學以爲必有道心, 而後可以用人心, 而於人心之中, 又當識
 道心. 若專用人心而不知道心, 則固流入於放僻邪侈之域 ; 而只守道心, 而欲屛去人心,
 則是判性命爲二物, 而所謂道心者, 空虛無有, 將流於釋老之學, 而非虞書之所指者. 未
 知然否?"
 인심도심에 대한 주희의 사유 전개과정을 보면 초기에 '인심(人心)'을 곧 '인욕(人
 欲)'으로 여기다 후기(특히 62세 이후)에 인심과 인욕을 구분하는 경향으로 전환되

개체성의 확보에 대한 전망을 도불에 대한 유가의 정체성 인식 속에서 풀어내고 있다. 그리고 그렇게 이해된 개체성은 반드시 공적 지평의 바탕에 서만이 온전한 자기표현이 가능하다는 것이 주희의 인식이다. 공적인 도심은 개체성의 자기표현을 위한 필수 요건이다.

III. 공(公)과 인(仁)에서 예(禮)로 옮아갈 때 : 노자의 관점에서 본 유가 예론

'이리살인(以理殺人)', 그리고 '사어리(死於理)'! 주자학 전통을 흔들었던 한 유자, 대진(戴震, 1723~1777)이 『맹자자의소증(孟子字義疏證)』에서 한 일갈이다. 리의 핵심은 인이고 인은 공이다. 대진이 보기에 주자학이 그토록 중시한 리에 의해 사람들이 행복하기는커녕 죽어가는 것이 주자학이 지배한 사회의 현실이었다. 리로서의 예의 이름으로 각종 차별과 억압이 자행되는 현상이 그것이다. 리가 앞에서 살펴본 바의 인과 공이라면 그것은 사람을 살려내고 보듬는 기제이지 사람을 해치는 기제가 될 수 없다. 공과 인은 인간 차원의 소아적 마음이 아닌 하늘 차원의 대아적 마음인데 어떻게 그것이 사람의 자유를 해치고 민권을 해치며 공공성을 해치는 기제가 되었는가? 이 문제를 풀기 위해 유교에 대한 노자의 비판을 실마리로 삼아보자.

> 높은 차원의 덕은 덕을 내세우지 않기에 덕이 있다. 낮은 차원의 덕은 덕을 잃지 않으려 하기에 덕이 없다. 높은 차원의 덕은 작위함이 없으니 '무'로써 행위하는 것이다. 낮은 차원의 덕은 작위하되 '유'로써 행하는

는데(전현희, 「주희 인심도심설의 성립과정」, 『동서철학연구』 45, 2007, 55~57쪽), 이는 주희가 인심을 도심과 더불어 마음의 필수적 영역으로 수용하고자 한 의지를 보여줌과 동시에 사의 정당한 부분에 대한 인정 의지를 보여주는 것으로 이해할 수 있다.

것이다. 높은 차원의 인은 작위하되 '무'로써 행하는 것이다. 높은 차원의
의는 작위하되 '유'로써 행하는 것이다. 높은 차원의 예는 작위하되 응하지
않으면 팔을 걷어부치고 끌어댄다. 그러므로 도를 잃은 다음에 덕이 나오고
덕을 잃은 다음에 인이 나오고 인을 잃은 다음에 의가 나오며 의를 잃은
다음에 예가 나온다. 예라는 것은 충신함이 옅은 것으로 혼란의 시작이
다.34)

노자는 여기서 정신 및 실천의 경지에 등급을 매기고 있다. 주된 기준은
무위의 지평에 서 있느냐 작위의 지평에 서 있느냐 이며, 이 각각에도
미묘한 차이 인식을 투영하고 있다. '무'로써 행하는 무위의 경지(이를
상덕이라고 표현한다)와 '유'로써 행하는 작위의 경지(이를 하덕이라고
표현한다)를 구분한다. 그렇다면 유가의 대표적 덕목인 인(仁), 의(義), 예(禮)
는 어디에 해당할까? 노자는 인을, 행하되 '무'로써 행하는 경지로 풀이한다.
무위의 경지라고 말하기는 어려운데 무로써 행하는 경지라고 말한 것이다.
여기서 우리는 인을 바라보는 복잡한 심경을 느끼게 된다. 노자는 "큰
도가 막히니 인의가 나타났다"35)는 말로 인이 도를 제대로 담아내지 못한다
는 인식을 표현한 바 있다. 노자에게 인은 기본적으로 무위의 영역이
아닌 작위의 영역이다. 그러면서도 노자는 인이 무로써 행하는 영역이라고
했다. '무'로써 행한다는 것은 자아적 욕망(사의 및 사욕)이 개입되지 않은
행위를 말한다. 그렇다면 이는 거의 무위에 가깝다. 결국 노자는 유교의
인이 순수 무위는 아니지만 무위에 매우 가까운 작위임을 말하고 있는
것이다. 그에게서 인은 무위와 작위의 사이에 있는, 무위가 아니면서 무위인,
작위가 아니면서 작위인 경계에 있다고 보아도 좋을 것이다. 노자는 유교의
편협한 분별틀에 불신을 가지면서도 인에 대해서만큼은 그 가치를 외면하

---

34) 『老子』 38章, "上德不德, 是以有德. 下德不失德, 是以無德. 上德無爲而無以爲. 下德爲之
而有以爲. 上仁爲之而無以爲. 上義爲之而有以爲. 上禮爲之而莫之應則攘臂而仍之. 故
失道而後德, 失德而後仁, 失仁而後義, 失義而後禮. 夫禮者, 忠信之薄而亂之首也."
35) 『老子』 18章, "大道廢, 有仁義, 知慧出, 有大僞. 六親不和, 有孝慈. 國家昏亂, 有忠臣."

지 못하고 있다.

　그런데 인을 넘어선 의나 예의 단계는 확실한 작위의 영역이다. 노자는 의나 예 사이에도 차이를 둔다. 의는 '유'로써 행하는, 즉 자아적 욕망이 투영된 행위 영역이다. 예는 역시 자아적 욕망이 고착화, 경직화 경향을 띰과 아울러 그것을 남에게 억지로 강요하는 단계라고 노자는 인식한다. 결국 노자는 유교의 인까지는 용인할 수 있으나 그것을 넘어서는 의나 예는 무사의(無私意), 공(公)의 지평이 아닌 사의 및 사욕이 주축을 이루는 단계로 인식하고 있다. 이런 맥락에서 사회질서의 기제이기보다 사회혼란의 핵심이 될 수 있다고 경고한다.

　본래 공자유교에서나 주자학에서나 의나 예는 기본적으로 인과 분리될 수 없는 것이었다. 즉 인의 본성, 인의 진리가 사회 속에서 구체적으로 드러나는 기제가 다름 아닌 의나 예 같은 것이었다. 주희에 의하면 인은 천지가 만물을 낳고 낳는 마음을 이은 사람의 마음의 덕 자체로서,[36] 인은 곧 '생(生)'의 이미지를 깊게 드리우고 있다.[37] 비유하자면, 인은 만물을 소행시키는 봄날의 온화한 기운과도 같아서, 봄에 생의가 있어 만물을 낳고, 그 생의는 여름과 가을의 성숙과 결실을 가능케하고 심지어 겨울이 온다고 하여도 끊임이 없듯이, 생의(生意)로서의 인(仁)은 의(義)와 예(禮)와 지(智)의 근저에 끊임없이 흐르고 있다.[38] 그래서 말하자면 의예지

---

36) 『朱熹集』67卷, 「仁說」, "天地以生物爲心者也, 以人物之生, 又各得夫天地之心以爲心者也. 故語心之德, 雖其總攝貫通, 無所不備, 然一言以蔽之, 則曰仁而已矣."

37) 『朱子語類』6-48, "得此生意以有生, 然後有禮智義信. 以先後吉之, 則仁爲先." ; 『朱子語類』61-15, "仁字有生意, 是言人之生道也." ; 『朱子語類』6-87, "以生字說仁, 生自是上一節事. 當來天地生我底意, 我而今須要自體認得." ; 『朱子語類』6-62, "問 : 仁得之最先, 蓋言仁具義禮智. 日 : 先有是生理, 三者由此推之."

38) 『朱子語類』6-47, "春爲仁, 有箇生意. 在夏, 則見其有箇亨通意. 在秋, 則見其有箇誠實意. 在冬, 則見其有箇貞固意. 在夏秋冬, 生意何嘗息! 本雖彫零, 生意則常存. 大抵天地間只一理, 隨其到處, 分許多名字出來." ; 『朱子語類』95-10, "問 : 仁包四者, 只就生意上看否? 日 : "統是一箇生意. 如四時, 只初生底便是春, 夏天長, 亦只是長這生底 ; 秋天成, 亦只是遂這生底, 若割斷便死了, 不能成遂矣 ; 冬天堅實, 亦只是實這生底. 如穀九分熟, 一分未熟, 若割斷, 亦死了. 到十分熟, 方割來, 這生意又藏在裏面. 明年熟, 亦只是這

는 모두 생의로서의 인의 의이고 인의 예이며 인의 지이다.[39] 또한 의는 인의 단제(斷制)이고 예는 인의 절문(節文)이며 지는 인의 분별(分別)이다.[40] 의, 예를 인으로부터 분리시키지 않고 인의 자기표현으로 보는 시각은 공자가 이미 제시했던 것이다.[41] 진정한 유자라면 그것을 잘 알고 있었고, 이에 만물을 해치는 사의를 극복하고 만물을 살리는 인의 의, 인의 예를 깨닫고 실현하기 위해 각고의 노력을 했다. 그것이 잘 이루어진다면 예의 기반으로 움직이는 유교의 사회는 사랑과 배려, 정의, 평등, 자유, 소통이 충만한 세상이 된다. 그러나 유교의 역사는 이렇게 전개되지 않았다. '이리 살인'이나 '사어리'라는 절규가 나올 만큼 리로서의 예는 사람들을 억압하고 차별하고 배제하는 역할을 했다. 노자가 말한 대로 의나 예의 단계는 에고적 욕망의 개입으로 혼란과 갈등이 야기될 수밖에 없는 운명을 지니고 있지는 않은가? 어쨌든 역사는 노자의 우려가 기우가 아니었음을 말해 주었다. 노자의 진단은 유교의 역사 속에서 실제로 검증된 것으로 보인다.

유교의 역사에서 예가 이처럼 사람을 죽이는 악으로 인식된 것은 특히 종법론이나 친족예법의 실천 과정과 깊이 연계되어 있을 것이다. 유교사회에서의 심각한 사회 갈등, 불평등, 개인 억압 현상은 주로 종법론이나 친족예법을 중심으로 일어났다. 김상준에 의하면 종법론이나 친족예법은 성왕론이나 도통론과 더불어 유교사회의 질서를 이루는 근간, 즉 군주의 자의적 폭력으로부터 사회의 공공성 및 공동체를 지키는 기제였다.[42]

生. 如惻隱·羞惡·辭遜·是非, 都是一箇生意. 當惻隱, 若無生意, 這裏便死了, 亦不解惻隱; 當羞惡, 若無生意, 這裏便死了, 亦不解羞惡. 這裏無生意, 亦不解辭遜, 亦不解是非, 心都無活底意思."

39) 『朱子語類』 6-87, "當來得於天者只是箇仁, 所以爲心之全體. 却自仁中分四界子. 一界子上是仁之仁, 一界子是仁之義, 一界子是仁之禮, 一界子是仁之智. 一箇物事, 四脚撐在裏面, 唯仁兼統之. 心裏只有此四物, 萬物萬事皆自此出."

40) 『朱熹集』 74卷, 「玉山講義」, "於此見得分明, 然後就此又自見得仁字是箇生底意思, 通貫周流於四者之中, 仁固仁之本體也, 義則仁之斷制也, 禮則仁之節文也, 智則仁之分別也."

41) 『論語集註』 3-3, "子曰, 人而不仁, 如禮何, 人而不仁, 如樂何."

42) 김상준은 유교적 맥락에서 주권의 폭력으로부터 공공성을 지켜온 기제로서,

그런데 역사를 보면 폭력으로부터 공공성을 지켜내는 기제가 역설적으로 공동체 안의 또 다른 폭력을 낳는 기제가 되기도 했다. 설령 그 복잡한 종법론과 친족예법이 주자학의 본령은 아니었다는 일견[43])을 참작한다고

성왕론이나 도통론, 종법론, 친족예법 등을 제시한다. 이 기제들은 유교의 본령이기보다는 그것의 자기실현을 위한 시대적 방편이었고, 그 방편 속에 숨겨진 유교의 진정한 정신은 군주 주권을 내파해온 자유, 평등, 민권, 민주의 요소들이었다고 설명한다. 그런데 그의 이런 주장은 그의 유교 근대성론과 연계되어 있다. 그에 의하면, 동아시아의 유교문명권은, 여타의 문명권들이 그러하듯, 우선 기축시대를 거치면서 이미 근대성의 원형적 면모를 지니게 된다. 근대성은 본질적으로 초월 및 성(聖)의 영역의 탈각이 아닌 그것이 현실 및 속(俗)의 영역과 통합하는 양태를 지니는데, 이런 기준에서 본다면 동아시아의 유교는 공맹시대에 이미 성과 속의 통합이 일차적으로 이루어지고(성이 속을 포괄하는 방식으로), 이것이 송대 이후 정주학의 단계에서 새로운 단계의 통합(속이 성을 내면화하는 방식)으로 승화된다. 이는 근대화=서구화=세속화=과학화와 같은 구도로 근대성을 바라보는, 즉 유럽중심적이며 또 초월 및 성의 영역을 배제하는 근대성에 대한 일반 인식틀을 뒤집은 것이다. 이 과정에서 성과 속의 관계 분석에 입각한 막스 베버의 근대성 이해에 대한 긍정과 부정의 논법이 활용된다. 근대성에서 초월 및 성의 영역이 중요한 이유의 하나는, 그것이 모든 문명권의 발달사에서 주권의 자의적 폭력을 견제하고 통어하며 개인의 영역(자유, 평등, 민권)을 지켜주는 역할을 해 왔기 때문이다. 정주학 이후의 유교에서 초월 및 성의 역할을 한 것은 성왕론(聖王論)과 도통론(道統論), 종법론(宗法論), 친족예법(親族禮法)과 같은 것이었다. 이는 유교 내부에 존재하는, 군주주권을 내파(內破)하는 기제였고, 이 기제와 더불어 권력 견제의 자유 전통, 그리고 주권의 실체를 민 속에서 찾는 인민주권과 민주주의, 평등주의의 싹이 자랐다. 유교의 진정한 주체는 존재하는 현실 군주나 왕조 체제가 아니라, 성왕의 이름으로 현실에 투사한 '왕위없는 왕위(素王)'를 지닌 이들—사대부와 민—이었다. 그러나 군주와 왕조체제에서는 이들 진정한 주체에 의한 자유전통, 민주주의, 평등주의, 인민주권, 국가너머의 문명, 소생산자의 자유로운 연합 등에 대한 사상 등이 현실 군주라는 매개항으로 인해 변곡되거나 제한되어 표현될 수밖에 없었다. 성왕론이나 도통론, 나아가 종법론이나 친족예법은 유교의 본령 자체라기보다, 군주 체제라는 현실에서 유교 본령을 실현하기 위한 방편의 성격을 지니는 것이었다. 이는 군주의 폭력 체제의 종말과 더불어 사라져도 좋은, 그렇게 해도 유교의 본령이 손상되지 않는 일종의 '어둠의 교의'였다는 것이다. 이런 논의 끝에 김상준은 그러한 제한이 사라진 현 시점이야말로 유교의 우주론 자연론 정치론 교육론 경제론의 본령이 활력있게 펼쳐질 여건이라고 한다. 그리고 이제 유교 성왕론은 공공성의 정치철학, 평화사상, 세계시민사회 론, 윤리론으로, 예의 사상은 민주주의 사회의 시민윤리로 승화되고 변모되어야 한다고 제안한다(김상준, 『맹자의 땀 성왕의 피 : 중층근대와 동아시아 유교문명』, 아카넷, 2011).

43) 김상준은 친족주의는 주희 학문의 우선 주제가 아니라는 주장을 편다. 『주자가례』

해도, 그래서 왕조 체제를 벗어난 이 시점에서는 훨훨 던져버려도 좋을 것이라고 해도, 주자학이 지배한 그 역사 속에서 이 힘은 절대적이었고 이에 따라 그 폭력은 절대적인 것이었다. 물론 예의 폭력성의 문제는 종법론이나 친족예법에만 해당하는 것이 아니다. '예의삼백위의삼천(禮義三百威儀三千)'의 모든 예들은 그것의 구체 구현과정에서 언제든지 공과 인의 이상적 지평으로부터 멀어질 가능성을 지니고 있었고 실제로 사람들의 자유와 창조성을 막는 역할을 하기도 했다. 이렇게 유교의 핵심 가치인 의나 예는 인이나 공의 관념에 투영된 공공성의 가치를 구현하기는커녕 오히려 저해하는 기제가 될 수 있다. 그렇다면 공공성의 관심사에서 과연 의나 예의 문제를 어떻게 처리해야 하는가? 이에 다시 주희로 돌아가 보자. 주희도 노자의 유교 가치 비판에 대해 이렇게 답한다.

> 노자가 "도를 잃은 다음에 덕이 나온다"고 했다. 그는 전혀 알지 못하고 (도와 덕을) 두 가지 것으로 나누어서 도를 공무(空無)한 사물로 보게 되었다. 우리 유자는 단지 하나의 사물만을 말하니, 고금의 공공(公共)한 이 한 가지가 사람의 몸 상에서 드러나지 않은 것으로 말하면 도이고, 덕은 이 도를 자기에게 온전히 갖춘 것이다. 그는 "도를 잃은 다음에 덕이 나오고 덕을 잃은 다음에 인이 나오고 인을 잃은 다음에 의가 나온다"고 했다. 만일 인의를 떠나면 도리는 없게 되니 (떠나 있다면) 어찌 도이겠는가?[44]

요컨대 주희가 지적하는 노자 관점의 문제점은 도와 덕을 별개처럼 나누어 본다는 것, 나아가 도와 인, 의를 나누어 본다는 것이다. 그렇게

도 주희 자신이 아니라 그의 추종자들이 편찬했다는 점을 그 근거의 하나로 들기도 한다(김상준, 위의 책, 2011, 585쪽).

[44] 『朱子語類』 13-62, "老子說:'失道而後德.' 他都不識, 分做兩箇物事, 便將道做一箇空無底物事看. 吾儒說只是一箇物事. 以其古今公共是這一箇, 不著人身上說, 謂之道. 德, 卽是全得此道於己. 他說:'失道而後德, 失德而後仁, 失仁而後義.' 若離了仁義, 便是無道理了, 又更如何是道!"

되면 도는 공허한 물건이 된다. 주희에 의하면 우주를 관통하는 하나의 도리가 있으며 그것은 공공성의 존재론적 토대가 된다.[45] 그런데 그 도리는 천지만물과 만사를 벗어나 있지 않고 그것을 통해 표현된다. 유교 본성의 구체 양태이며 행동 양식인 인과 의는 그 도의 존재양식이다. 그것을 떠난 도는 존재하지 않으며, 떠나 있다면 도가 아니다. 이는 주자학이 도가와 불교를 비판하는 일반 논리이기도 하다. 주희는 유가의 도리가 실질적인데 비해 도가나 불가의 도리는 공허하다고 비판한다.[46]

주희의 이러한 인식에 기초한다면, 그것이 유교라면 인의 문법은 물론이고 의, 예의 문법을 떠날 수 없다. 그것은 유교의 본질이며 정체성이다. 우주를 관통하는 하나의 진리, 공공의 진리를 논하는 것만으로는 유교가 될 수 없다. 거기까지는 도가나 불교도 같이 하는 바이다. 도가나 불교와 차별화되는 유교의 정체성은 그 하나의 도리를 현실의 삶의 구체적인 맥락에서 발견하고 또 구체적으로 구현하고자 하는 관심이다. 기실, 유교가 도가나 불교와 달리 세상을 경영하는 기능을 할 수 있었던 것, 더 나아가서 거대한 폭력으로부터 문명을 지키고 꾸려올 수 있었던 것은 이러한 정체성 때문이었다. 그런데 바로 여기서 딜레마가 발생한다. 공공의 도리가 구체적 맥락의 삶의 내용으로 해석되고 구현되는 과정이 얼마나 보편타당하게 이루어질 수 있는가, 사의를 넘어선 공공의 지평을 유지할 수 있는가, 시대적 인식의 한계를 넘어설 수 있는가? 결론은 불가능하다는 것이다. 그 경지를 지향할 수는 있어도 완전한 실현은 어렵다. 의나 예는 때로 공공의 도의 정신을 잘 반영하기도 하겠지만 때로는 오히려 도를 크게 거스를 수도 있다. 이러한 시행착오는 도를 인간 삶의 차원에서 통찰하고 구현함에 있어 숙명과도 같은 것이다. 이는 인간 인식의 한계와도 연계된다.

---

45)『朱子語類』97-32, "致道問：'仁則一, 不仁則二', 如何? 曰：仁則公, 公則通, 天下只是一箇道理. 不仁則是私意, 故變詐百出而不一也.";『朱子語類』98-113, "'合內外, 平物我, 此見道之大端.' 蓋道只是致一公平之理而已."

46)『朱子語類』17-33, "佛說萬理俱空, 吾儒說萬理俱實. 從此一差, 方有公私·義利之不同. 今學佛者云'識心見性', 不知是識何心, 是見何性."

루소의 예를 들어보자. 루소의 영혼은 노자의 영혼과 많이 닮았다. 그는 누구보다 노자적 감수성, 즉 인간의 자연성을 해치는 문명의 작위에 대한 저항의식을 지녔던 사람으로, 그런 문명의 폭력으로부터 자유로운 인간 지성과 감성을 길러내는데 관심을 가졌다. 그런 관심에서 나온 작품이 『에밀』이다. 아마도 노자가 교육론을 쓴다면 루소의 『에밀』의 풍모를 지니지 않았을까? 그런데 『에밀』의 마지막 부분(5부)에서 여성교육을 논하는데 이르러서는 예기치 못한 반전을 보게 된다. 여성을 "남성을 기쁘게 하기 위해 창조된", 남성의 부속물처럼 여기고서, 남성의 삶을 보조하는 여성의 역할로 이끄는 교육을 논하는 것을 보기 때문이다. 이 대목에서는 유교의 차별적 여성관 그 이상을 보는 듯한 착각에 빠지게 된다. 유교문명을 비판하는 노자적 감수성으로, 사람들을 허구적 앎과 욕망으로 이끌어온 서구의 학문사를 비판했던 루소가 유교적 풍모의 여성교육관을 내 놓았다는 것은 무엇을 의미하는 걸까? 아무리 뛰어난 개인이라도 그의 의식 수준이 당대의 일반 인식틀을 완전히 뛰어넘기가 매우 어렵다는 점을 의미하는 것 아닐까? 루소가 높이 평가되는 것은 그가 인류 역사상에 최고 수준의 시대 초월적 정신 역량을 표출했기 때문이다. 그런 그도 한 켠에서는 결국 인식의 심각한 시대제약성을 보여주고 만 것이다. 이는 유교의 역사적 역할을 평가하는데도 시사를 준다. 주자학이 보여준, 공과 인의 정신에 합치되어 보이지 않는, 역사 속의 의나 예의 흔적 중 많은 부분은 시대에 갇혀 있었다. 하나의 공공의 도리를 그대로 관념의 세계에 남겨두지 않고 삶의 구체적 맥락으로 끌어내려 했을 때 만나게 되는 딜레마이다.

IV. 공(公)과 사(私), 그리고 개체성

주희에게서 공과 사의 일반적 관계는 공과 개체성의 관계와는 다르다.

공과 사는 서로 '소장(消長)' 관계에 있는 반면 공과 개체성은 '상장(相長)' 관계에 있다. 즉 공공성으로서의 공적 의식이 사회적으로나 확산될 때, 그 사회에 존재하는 개별자들의 각각의 자율성과 권리는 더욱 보장받게 된다. 온전한 의미의 공적 의식이 지배하는 사회에서는 개별자들의 사유와 감정, 권리가 전체의, 하나의 관점에서 그 의미가 반추되고 존중되고 보호받을 수 있게 된다. 공에 대한 대립각으로서의 사는 이런 흐름을 저해한다. 사는 나를 세계와 분리해서 보는 분리의식이고 나의 이해를 관철하는 투쟁의식이기도 해서 이 틀에서는 각자의 사유와 감정 권리가 충분히 소통, 수용되지 못하게 된다.

그런데 우리는 앞의 II장에서 주희가 사를 대체적으로 부정적인 의미로 쓰고 있지만, 그렇지 않은 사례도 있음을 살펴본 바 있다. 「중용장구서」에서 인심의 근거로서 논한 형기지사가 그것인데, 여기서 개체성은 타인과 공유하지 않는 형기, 즉 기질과 연계된다는 인식을 엿볼 수 있다. 다만 인심이 도심의 주재 아래에서만 인욕으로 전락하지 않을 수 있듯이, 형기지 사는 언제나 하늘차원의 마음과 연계되어 있어야 그 개체성의 건강한 자기 실현이 가능해진다. 이는 '리일분수(理一分殊)'의 사유에 기반을 둔, 기질적 특수성에 따른 개체성 인식과 연계되어 있다. 주희에 의하면 모든 존재는 리를 부여받았지만 기질의 특수성에 따라서 그 구현의 양상이 달라진다. 그는 정이의 리일분수의 사유를 잇되 보다 정교화된 형태의 리기론, 기질론을 펼치며 리가 만사만물을 통해, 그리고 인간 개개인을 통해 다양하게 드러나는 양상을 설명한다. 기질은 한편으로 리를 표현하는 데 있어서의 기질의 청탁(淸濁), 수박(粹駁) 등의 구분에 따른 개별자들의 우열적 편차를 설명하는 기제가 되기도 하고, 다른 한편으로는 개별자들의 수평적 다양성을 설명하는 기제가 되기도 한다.[47]

주희의 개체성에 대한 인식은 그것이 모든 개별자들에게 내재된, 혹은

---

47) 황금중, 「주자의 공부론 연구」, 연세대대학원 박사논문, 2000, 83~88쪽.

개별자들이 공유하는 리 혹은 도심 혹은 공적 의식과 연계되어 표출되어야 한다는 이해를 특징으로 한다. 리 혹은 도심과 분리된 개체성은 부정적 의미의 욕망의 질주 이상의 의미를 지니지 못한다. 개체성에 내재한 도심 및 공적 의식의 지평은, 신분의 구분을 떠나서 개체 자신이 자신의 본성에 책임을 지고 자율적 의지로 자득해가는 위기지학적 공부의 근거가 되기도 한다.48) 그러면서도 주희는 하나의 리가 기질을 매개로 혹은 기질의 제약으로 어떻게 다양하게 드러나는가에 대한 관점으로 개체성을 바라보고 있기에, 어떤 특정한 전제로부터 완전히 벗어나서 현존하는 그대로의 다양성을 인정하고 받아들이는 사유와는 거리가 있다.

전체적으로 볼 때 주희의 단계에서 개체성의 문제가 충분히 검토되지 못했다고 평가할 수 있다. 주희의 주요 관심은 공에 있었다. 개인과 사회가 공적 의식을 어떻게 확보할 것인가가 주희가 대면한 주 과제였다. 사회 속의 개개인의 다양한 삶의 관심과 경험의 특수성의 문제는 상대적으로 그의 관심 밖으로 밀려나 있었다.49) 이는 앞서 말한 시대적 인식 제약과 연계된 것이기도 하다. 경제적 문화적 삶의 양식과 직업군이 크게 분화되어 있지 않고 또 사대부가 중심이 되는 사회 구조에서 현대와 같은 다양한 개성을 염두에 둔 개체성에 대한 고려가 나오기 어렵다.

이후 주자학에 대한 비판적 의견을 낸 유자들은 바로 개체성을 충분히 고려하지 못한 한계를 지적하고 넘어서고자 한다. 미조구치 유조의 『중국의 공과 사』는 중국의 지성사에서의 근대성의 출현을 바로 이 개체성에 대한 사유의 확대 과정을 통해 설명하고자 했다. 그 개체성의 문제는 특히

---

48) 주자학의 자유주의 전통에 대해서는 드 배리의 견해 참조(표정훈 역, 『중국의 자유 전통』, 이산, 2004).

49) 그런데 기질의 개념에 입각한 개체성에 대한 고려는 당시로서는 혁신적 의미를 지니고 있었다. 주희의 격물궁리는 이렇듯 기질의 특수성을 매개로 한 리의 다양한 존재 및 현현 방식을 개별 사물 속에서 탐색하고자 한 탐구 방법이기도 했다. 이는 세계를 관통하는 하나의 진리에 대한 직관적 깨달음에 만족하던 당시 지적 분위기에 비추어본다면 개별적 특수성을 고려하고자 하는 혁신적 사유이기도 했다.

사의 개념과 연계되어 있다고 보고 사의 개념의 변천을 추적하고 있다. 미조구치의 연구는 학술사적으로 의미있는 통찰이고 따라서 이후 학계에 지속적인 영향을 미치고 있는데, 그럼에도 불구하고 필자가 보기에 작지 않은 논리적 오류를 지닌 것으로 사료된다. 이후의 공공성과 개체성의 관계에 대한 논의는 미조구치 분석의 틀을 비판적으로 활용하는 방식으로 진행하기로 한다.

미조구치는 주자학에서 공에 대립되는 부정적 의미로써 이해되어 오던 사의 관념에 새로운 변화가 일어나고 있음을 감지하면서 이를 이탁오(李卓吾, 1527~1602)나 대진의 사상을 통해 설명하고자 한다. 설명을 위해 그가 끌어들인 전거는 이탁오의 "무릇 사는 인간의 마음이다. 인간은 반드시 사가 있어야 그 마음이 나타난다. … 토지에 복무하는 자는 사적으로 가을의 수확이 있어야 밭을 일구는 데에 힘쓰고 집안을 경영하는 자는 사적으로 창고의 축적이 있어야 비로소 집안을 꾸리는 데에 힘쓴다"(『藏書』 권32)나 "천의흘반(穿衣吃飯, 입고 먹는 것)이야말로 인간의 윤리며 사물의 이치다"(『焚書』 권1)라는 말(27쪽 : 이하 본문의 쪽수는 미조구치 유조, 『중국의 공과 사』, 신서원, 2004를 근거로 함), 그리고 "하늘이 한 사람의 인간을 낳은 이상, 그 한사람에게는 고유한 작용이 있다. 공자의 가르침을 배워서 비로소 한 사람의 몫이 생기는 것이 아니다"나 "천하에 사람과 사물은 무수히 많다. 어떤 사람이 꼭 자기만의 조리로 모든 것을 통제하고자 한다면 그것은 천지마저도 불가능하다"(『焚書』 권1, 答耿中丞)는 언급 등이다(31쪽). 여기에서는 분명히, 사의 의미가 삶의 관심 및 직업의 다양성을 고려하는 방향으로 확대되는, 혹은 개인 및 개별자들의 고유한 삶의 활동이 하나의 리라는 시선으로부터 벗어나서 주목되는, 혹은 인간의 기본적 생물학적 욕망이 그대로 천리로 인식되는 경향을 읽어낼 수 있다. 전체적으로 개별적 특수성 및 욕망의 긍정적 의미가 이전에 비해 크게 부각되는 양상이 보인다. 이 변화를 포착해 낸 미조구치의 식견은 탁월하다. 그런데 그는 그 변화의 의미를, 주희가 사를 '개체욕망'으로 보고 부정한 반면,

이탁오나 대진의 경우는 사의 의미가 '개체욕망'과 '사회적 욕망'을 아우르게 되었다고 이해하는 바탕에서, '개체욕망'은 계속해서 부정하되 '사회적 욕망'은 긍정하는 것으로 변화시켰다고 분석한다(27~34쪽). 그가 의미하는 개체욕망이란 생리본능의 욕망이고 사회적 욕망은 물질소유의 욕망이다. 그런데 필자가 보기에 생리본능의 욕망과 물질소유의 욕망이 미조구치의 주장처럼 구분될 수 없다. 사, 그리고 욕은 개인적 차원과 사회적 차원의 경계를 넘어 생리 욕망과 물질 욕망을 아우르는 의미를 지닌다. 따라서 주희에서 이탁오로 나아갈 때의 실제 변화 양상은, 주희 단계에서는 개체성의 문제가 깊이 성찰되지 못했는데, 이탁오에 이르러서는 그 문제에 대한 본격적인 고려가 이루어졌다는 정도가 되어야 하리라고 본다. 이탁오도 주희의 공/사의 이분적 대립 인식을 기본적으로 공유하고 있다. 이탁오는, 이 역시 미조구치가 인용했던 것인데, "성(性)의 진실에 따르면서 미루어 이를 확대해서 천하와 공을 이룬다(與天下爲公)"(『焚書』권1, 答耿中丞 ; 31쪽)고 하고 "도를 배우는 자의 병통은 자신을 아끼고 도를 사랑하지 않는 데에 있다. 이 때문에 … 한갓 자사자리만을 도모한다"(『焚書』권1, 王龍溪先生告文 ; 30쪽)고 하면서 전통적인 공/사 이원대립적 시각의 기본은 계승하는 면모를 보인다. 그러면서도 그는 개체성의 영역에 대한 고려를 강화하는 양상도 보이는데, 이는 이탁오가 기존 주자학적 사유에 비교해서 인간의 사적 욕망—그것이 개체욕망이건 사회적 욕망이건—중에서 천리에 포함시키는 폭을 더 확대해간 현상이라고 보면 좋을 것이다.

  주자학 전통의, 공에 대한 부정적 사 관념은 견지하되, 그와 별개로 개별적 특수성에 대한 고려를 새롭게 대두시킨 것은 대진도 마찬가지다. 미조구치는 대진을 분석하되 "그는 고증학자답게 욕이나 사에 관련된 명나라 말기의 혼란을 최종적으로 정리하고 거슬러 올라가 송학 이래의 기사(己私), 사욕(私欲)이라는 용어 즉 기(己)=사(私), 사(私)=욕(欲)이라는 결합에 메스를 가하여 '기'와 사, 사와 '욕'을 분리시켜 '기'와 '욕'을 긍정적 개념으로 확립시키는 한편, 사를 부정적 개념으로 재확립시켰다. 즉 그에 의하면 욕의 실(失)이 사이며 욕의 자연(自然)은 긍정해야할 것으로 그것이 자연인 이상 중정(中正)한 것이다. 그 자연에서 벗어난 사, 즉 욕의 실이 부정 편사이며 동시에 비자연으로 이해하였다"고 평가한다(36쪽). 개체성이 주로 기와 욕 개념을 중심으로 설명되기 시작했다는 것인데, 과연 이렇게 용어적 의미 분화가 일어났는가에 대해서는 의문의 여지가 많다. 설령 이 분석을 수용하더라도, 이렇게 새롭게 출현한 개별적 특수성, 자연의 욕구에 대한 긍정을 굳이 개체욕망과는 다른 사회적 욕망과 연결해서 해석하는 미조구치의 논리는 받아들이기 어렵다. 그는 당시 사회경제적 변화와 연계되어 나타난 사람들의 사회적 관심의 확대를 곧 사람들의 욕망의 변화와 연관하여 해석하고자 하는 강박관념을 지녔던 것으로 보인다(36~39쪽).

미조구치의 입장에 대한 비판적 분석을 통해서 확인할 수 있는 사실 두 가지가 있다. 하나는 명청대에 이르면 주희의 관점을 넘어서 개체성 문제를 확대해서 고려하는 흐름이 분명히 출현하고 있다는 사실이다. 다른 하나는 이 과정에서 주희에 의해 부정적으로 인식된 사의 개념이 해체되는 것이 아니라 그것은 그대로 유지되어 오면서 별개로 개체성에 대한 고려가 보완된다는 점이다. 여기서 여전히 부정되는 사는 개체욕망이고 새롭게 긍정되는 개체성은 사회적 욕망이라고 보는 시각은 문제가 있다. 주희 이래 부정적 의미로 쓰인 사에 이미 개체욕망과 사회적 욕망이 함께 들어 있다. 개체욕망은 나쁘고 사회적 욕망은 좋은 것이 아니라 개체욕망이건 사회적 욕망이건 양자 모두에 공과 대립되는 부정적인 것도 있고 공과 대립하지 않은 긍정적인 것도 있다고 이해해야 할 것이며, 이 중 후자의 관념이 명청대 이후 발전되어 왔다고 볼 수 있다.

'중국의 공과 사'에 대한 미조구치의 분석을 계속 따라가다 보면 흥미로운 사실을 하나 더 발견하게 된다. 19세기 중국이 서양문명과 본격적으로 만나 새로운 전환을 모색할 시점에 엄복(嚴復, 1853~1921)이나 강유위(康有爲, 1858~1927)와 같은 개혁적 지성들에 의해 대두된 것은 개별성에 대한 강조가 아닌 공에 대한 강조라는 것이다.[50] 여기서의 공은 전래의 부정적 사에 대한 대척지점에 있는 공이다. 주희 이래 사라지지 않았던 공/사의 이분법이 중국의 근대기에 다시 빛을 발한 것처럼 보인다. 주희가 강조했던 바의 공 관념이 당시 근대화를 준비하는 도구로 활용된 것처럼 보인다. 미조구치는 이에 대해, 중국 근대화의 과정에서 중국적 특성의 공이 부각되고 반면 개체의 관념이 (이탁오나 대진의 선구적 사유전통에도 불구하고) 충분히 잉태되지 않은 점에 주목하고 아쉬워한다(48~49쪽). 그런데 필자로서는 당시의 공 관념의 부각 자체가 중요한 의미를 지니는 것으로 판단된다. 당시 중국의 근대화를 이끌던 지성들은 서양 문명의 특징으로 포착된 자유와 평등 사상이 전통의 공 관념과 매우 친화적이라는 사실을 발견한 것 같다. 이들이 서양의 자유와 평등 관념을 쉽게 이해하고 중국식으로 풀 수 있었던 것은 공 관념의 전통이 있었기 때문이다. 자유와 평등을 논하기 위해 사가 아닌 공을 강조한 것은 언뜻 보기에 논리적 모순으로 보인다. 그러나 우리가 앞에서 살펴 본 바의 공의 관념이 개인의 사정을 존중하고 살피고 보듬는 이상을 함께 지녔음을 상기한다면 이런 의문은 어느 정도 해소된다. 중국에서 부족했던 바의 자유와 평등은 제대로 된 공의 구현과 더불어 실현할 수 있다는 믿음이 전통의 공 관념의 재해석과 더불어 터득되어 갔다고 볼 수 있다. 중국 근대기에 자유와 평등의 문명으로 나아가기 위해 먼저 요청되었던 것은 개체성에 대한 강조보다는 온전한 의미의 공의 정신을 확보하는 것, 그리고 부정적 의미의 사—자의적 권력

---

50) 미조구치에 따르면 엄복이나 강유위 등에 이르면 평등, 자유가 천리나 공리 속에 포함되기 시작한다. 엄복은 중국이 약한 것이 재화나 군사 측면이 아닌 정교(政敎)에 있다고 하면서 "정교가 중정하지 않은 까닭은 평등과 자유의 공리를 알지 못하고, 사권만 분발하여 떨쳐 행해지기 때문이다"(「主客平議」)라고 하고 강유위는 "천은 공리를 가지고 말하면 사람에게는 각자 자주독립의 권한이 있으니 평등하다"(去級界平民族)라고 주장했다. 한편 강유위에게 자유 평등은 사의 자유 개체의 평등이 아니라 오로지 무사(無私), 무분별(無分別), 무개(無個)였다. 강유위 공사상은 『예기』「예운편」이래의 공 관념을 계승하고 있다(미조구치 유조, 앞의 책, 2004, 44~46쪽).

등—를 혁파하는 것이었다. 진정한 개체성의 추구를 위해 주희의 공사론이 경계했던 그 사는 여전히 경계되어야 했고 실제로 그러했다. 즉 진정한 개체성은 공공성의 저편에 있는 것이 아니라 공공성과 함께 있는 것으로 보는 것이 주희의 관점이었고 이는 중국, 한국 등 동아시아의 지성사에서 면면히 이어져온 것으로 보인다.

V. 주희의 공/사관을 통해 본 공공성 교육

이제 이상에서 살펴본 바의 공과 사에 대한 주희의 인식에 기초해서 공공성 교육의 성격을 정리해 볼 단계에 이르렀다. 현대적 의미의 공공성 교육은 사회구성원들이 공공성의 가치를 공유해 가는 의식변화의 과정이다. '교육의 공공성'을 확보하는 일도 이런 구성원들의 공적 지평의 의식 형성 없이는 이루어질 수 없으니, 개인적, 사회적 차원에서의 구성원의 의식 변화가 긴요하지 않을 수 없다. 공과 사의 관념에 입각해서 유추된 주희의 공공성 교육론은 현대의 공공성 교육의 설계에 중요한 단서를 제공한다. 주희의 공공성 교육론의 요체는 학습자의 공적 지평의 의식의 발견과 발현에 있는데, 기실 그것은 교육론 일반의 핵심과 맞닿아 있다. 공적 지평의 의식의 발현이란 곧 인의예지의 본성의 실현에 다름이 아니기 때문이다. 따라서 그 실현 방법론 역시 일반 교육론에서의 그것과 상통할 것임도 예측가능하다. 주희 공공성 교육론의 의미와 한계를 함께 고려하면서 현대 공공성 교육의 문제를 숙고해 볼 수 있다.

의식의 공적 지평의 존재와 발현을 둘러싼 주희의 교육적 아이디어는 특히 현대 공공성 교육이 담보해야할 교수학습의 내용과 관련해서 시사점을 제공한다. 즉 학습자들이 공공성의 의식 및 가치관을 갖는다는 의미가 무엇인지, 그리고 그것을 어떻게 갖추어갈 것인가에 대해 의미있는 이야기를 들려준다. 즉 공공성 교육은 학습자로 하여금 에고적 차원의 가치틀과 대립틀을 넘어서, 자유와 사랑과 배려와 정의와 소통의 가치를 포함하는 '존재자체'의 의식으로서의 우주적 차원의 의식을 이끌어내도록 하는 것을 핵심 내용으로 한다. 이런 공적 지평의 의식은 학습자 자신만이 아니라 함께 살아가는 타인의 다양한 관점과 자율성을 충분히 존중하고 수용하는 힘을 내재하고 있다. 즉 이 공적 지평의 의식은 개체성을 중시하는 자세와 배치되지 않으며, 오히려 최고의 개체성의 발현은 이 공적 지평의 의식이 그 배경으로 자리잡을 때 비로소 온전하게 이루어질 수 있다는 것이 주희의 인식이다. 형기적 차원의 소아를 넘어서 하늘 차원의 대아로 존재할 때 최고의 개체성도 발현될 수 있다고 보는 것이다. 결국 주희의 공/사관으로부터 유추되는 공공성 교육론은 우선 학습자들의 마음의 본성과 연계된 공적 존재 지평을 활짝 열어젖히고 이를 근간으로 개체적 특수성을 극대화하도록 이끄는 모습을 지닌다. 그런데 앞에서 살펴본 바와 같이 주희는 개인적, 사회적 차원에서의 공적 지평의 의식 및 가치의 확보에 치중한 반면, 개체성의 문제는 충분히 돌아보지 못했다. 이 개체성의 고려 문제는 이후 지성사의 숙제로 남아 있었지만 제대로 해결되지 못한 채, 오늘에 이르고 있다. 개인적, 사회적 차원에서의 공적 지평의 의식의 확산은 자연스럽게 개인의 자율성, 평등성, 복수성 등을 보호하는 기제로 작용하겠지만, 그러나 이 문제는 공에 대한 강조만으로는 해결되지 않는다. 주희가 충분히 숙고하지 못했던 바의, 그리고 명청대를 거치면서 발전적으로 싹터왔던 바의 개체성 실현 문제에 대한 고려가 특별히 강화되지 않으면 안된다. 교육의 장에서 학습자들의 다양한 삶의 관심과 역량이 자유롭게 펼쳐질 수 있기 위해, 그리고 개인들 간의 소통이 제약을 받지 않고 활성화될 수 있기 위해서는, 개인과 사회 차원에서 공적 지평의 의식을 확대해 가는 일과 연동해서 개체성 발현의 문제에 주목하는 노력이 필요하다. 역사적으로 볼 때 격동의 근현대적 변화를 넘어서 새로운 문명질서의 안정화의 단계에 접어든 지금이야말로 교육에서의 공공성과 개체성의 동시적 확보를 전면적으로 고민할 수 있는 때인지 모르겠다.

개체성의 존재와 실현의 문제에 대해서는 루소나 듀이를 위시한 서양의 근현대 교육철학자들에 의해 깊이 사유되어 전해 왔기에 참조가 가능하다. 다만 서양 근현대 교육철학사가 개체성, 다양성의 문제를 탐색함에 있어, 그것이 공적 지평 혹은 존재 지평과 어떤 관련성을 지니는가에 대해서는 충분히 돌아보지 못했던 것 같다. 주희가 말하는, 분리적 자아를 넘어선 마음의 공적 지평 및 존재 지평이, 서구의 근현대 교육철학적 시각에서 낯설 수 있다. 바로 이 낯선 지점에서 주희의 공/사관이 현대 공공성 담론에 기여할 점을 발견하게 된다. 서양의 지성사에서 강조해온 바의 개인의 자율성과 다양성, 비판성이 존중되고 보장되는 공공성의 실현을 위해, 무엇보다 개개인의 마음을 공화(公化)시키는 바탕이 긴요하다는 점을 주희는 역설하고 있는 것이다.

개개인의 마음의 공화, 그리고 동시에 그 개인적 특수성을 실현해가는 학문적, 교육적 노력에 있어서 방법론적으로 여전히 주목할만한 것이 주희의 경(敬)에 대한 논의이다. 주희가 학문의 처음과 끝을 이루며, 교육의 첫 단계(소학)로부터 마지막 단계(대학)까지 그 기초를 이룬다고 평가한 경, 나아가 올바른 교육과 정치를 위해 그 주체가 갖추어야할 제일의 태도라고 본 경은, 공공성 교육의 문제를 다루는 현 시점에서도 학습자가 마음의 공적 지평을 획득해 가는 핵심 공부 방법으로 중요한 의미를 지닌다. 주희에게서 본연의 마음을 찾고 지켜내는 방법으로서의 경은 인과 공을 이끌어내는 기제가 된다. 주희는 종종 경과 공을, 그리고 경과 인을 서로 밀접하게 연결해서 논의한다.[51] 그만큼 경과 인과 공은 뗄 수 없는 관계에 있다는 것이다. 마음을 여기에 모으고 전일한 상태로 깨어있게 되면 사의 에너지에 휘둘리지 않게 되고 이를 통해 자연스럽게 공과 인이라는 마음의

---

51) 『朱子語類』 44-132, "'敬'字, 不可只把做一箇'敬'字說過, 須於日用間體認是如何. 此心常卓然公正, 無有私意, 便是敬 ; 有些子計較, 有些子放慢意思, 便是不敬. 故曰'敬以直內', 要得無些子偏邪.";『朱子語類』 12-76, "程子只敎人持敬. 孔子告仲弓亦只是說, 如見大賓, 如承大祭. 此心常存得, 便見得仁."

공적 존재 지평에 다가설 수 있게 된다. 더욱이 경은, 주희 자신이 충분히 주목하지 못했으나, 지금의 관점에서는 개인의 마음의 공공성만이 아니라 동시에 개체성을 구현할 기제로까지 발전할 수 있는 잠재력을 지닌다. 어떠한 관습적, 관념적 권위에도 굴하지 않고 오직 자신의 내면의 목소리에 귀를 기울이며 자유롭게 표현하고 또 사심을 넘어서 타인과 원활히 소통하는 '물래이순응'의 경지가 이로부터 나올 수 있기 때문이다.[52] 이 자유와 소통의 감각은, 하늘 차원과 궤를 같이하는 '존재자체'인 동시에 독특한 '개인'이기도 한 자신의 개체성을 발견하고 그것을 실현해가도록 이끈다. 즉 경은 '나는 누구인가?'에 대한 통찰을 자극하는 기제가 될 수 있는데 이 때 이 통찰은 자기 존재의 공공성과 개체성의 양방면에 대한 동시적 통찰이라고 볼 수 있다. 공공성과 개체성의 동시적 구현을 과제로 삼고 있는 현대의 교육현장에서, 경공부는 그 핵심 교수학습내용으로서의 가치를 지니고 있으며, 따라서 현대 교육과정에서의 그 적용방안을 본격적으로 모색해 볼만하다.

그런데 경공부를 통해서 '확연이대공 물래이순응'의 공공성의 태도를 확보했다고 해도 그것이 의나 예의 양식으로 현실에 구체화되는 과정에서는 이미 살펴본 바의 예기치 못한 탈공공성의 상황이 언제든지 벌어질 수 있다. 기실 현대에 공공성의 문제를 유교적 기제로 풀어가고자 한다면 공이 인으로, 그리고 의와 예로 현실화 되는 문법을 피할 수 없다. 그런데 이 때, 의나 예가 공이나 인의 공공성의 정신으로부터 일정정도 벗어나서 또 다른 폭력의 기제로 기능하는 딜레마를 안을 수 있게 된다. 이것을 어떻게 경계하고 넘어설 수 있는가? 한 가지 좋은 소식은 이 시대의 평균 인식은 자유와 평등, 민주 등의 기본 가치를 향해서 크게 열려 있다는

---

52) 『朱子語類』 96-39, "伊川云 : '主一之謂敬, 無適之謂一.' 又曰 : '人心常要活, 則周流無窮而不滯於一隅.' 或者疑主一則滯, 滯則不能周流無窮矣. 道夫竊謂, 主一則此心便存, 心存則物來順應, 何有乎滯? 曰 : 固是. 然所謂主一者, 何嘗滯於一事? 不主一, 則方理會此事, 而心留於彼, 這卻是滯於一隅."

점이다. 과거처럼 유교가 직접 대적해야 할 거대한 물리적 폭력은 없기에(완전한 것은 아니지만 물리적 폭력에 대응하는 장치는 민주적 법체제 등으로 확립되어 있다는 의미에서), 공과 인의 정신에서 파생된 의나 예도 그만큼 유연성을 띠고 이런 시대 가치와 호응할 수 있게 된다. 이제 의나 예는 자율적 선택과 창조의 영역으로 자리매김 될 필요가 있다. 의나 예는 규정적으로 주어지는 것이 아니라 각 개인이 각 상황에서 자율적으로 선택하고 창조해가는 기제로 탈바꿈할 필요가 있다. 자율적 실현의 과정에서 때로 사의가 개입될 수도 있겠지만 이는 불가피한 일로서 시행착오를 통해서 수정해갈 수밖에 없다. 자유로운 사유와 소통이 필요하다. 관건은 의나 예의 자율적 창조가 가능하도록 하는 의식의 힘, 즉 의식의 공적 지평을 어떻게 심화, 확장해 갈 수 있는가의 문제이다. 공과 인의 의식 지평으로부터 의나 예는 자연스럽게 성찰되고 합리적으로 재구성될 수 있다. 의나 예의 내용이 구체적으로 규정되어야 했던 과거와는 달리 지금은 의나 예의 실천이 보다 자유롭고 경쾌해질 수 있는 여건이 되었기에, 과거보다 공과 인의 공적 지평의 의식적 구축에 주안점을 두는 것이 자연스러울 것이다. 즉 실천적 관심의 축이 의나 예로부터 공이나 인으로 옮겨올 필요가 있다. 그런데 만일 그렇다면 굳이 유교를 참조할 필요가 있겠는가 하는 회의도 가능하다. 도가나 불교가 오히려 더 철저하게 사를 넘어선 순수한 공의 지평을 추구하지 않았는가? 분명 도가와 불교의 메시지는 자유사회로서의 현대에 이르러 더욱 빛을 발하는 측면이 있다. 그런데 주희의 인식에서 나타났듯이, 만일 우리가 세상의 구체적인 경영에 관심을 가진다면, 그리하여 구체적 맥락에서 공과 인의 공공성을 구현해가고자 한다면 유교의 의나 예의 문법은 여전히 의미를 지닌다. 의나 예는 의식의 공적 지평과 그것의 현실 창조를 이어주는 동력이며 매개체가 된다. 즉 의나 예는 의식의 공적 지평을 관념으로 남겨두지 않고 현실로 끌어내고자 하는 강력한 실천의, 창조의 의지를 이끌고 담아내는 기제가 된다. 물론 이 때 노자가 탁월한 감수성으로 포착해 낸, 의나 예의 폭력기제로서의 가능성은 끊임없이 경계하고 관리하지 않으면 안 된다.

주희의 공/사관을 둘러싼 교육적 사유는, 개인적, 사회적 차원에서 의식의 공적, 존재적 전환을 이루어 내야하는 과제를 여전히 지닌 현대 교육의 장에서 주목되고 재해석될만하다. 그것은 공공성 교육에서의 의식의 공적 전환의 필요성을 제기하는 데서부터 그 전환의 실천 방법론을 제시하는 데 이르기까지 다양한 방면의 지혜를 제공할 수 있다. 공공성의 바탕이 되는 공과 인과 같은 핵심 가치를 구성원들이 공유해 가는 일, 그리고 그 핵심 가치를 의나 예의 실천 양식으로 구현해가는 일 등이 구체적으로 숙고될 수 있다. 이 과정에서 개체성이 억압되지 않고 온전하게 구현되도록 하는 일은 언제나 특별히 주목되어야 할 것이다. 이렇게 된다면 주희의 공공성 교육론은 자유, 소통, 사랑, 정의, 평등, 비판의 가치를 그 본질적 요소로 내함하는 현대 공공성 교육의 이론과 실천의 심화에 일정한 기여를 할 수 있을 것이다.

성리학적 공공성의 민주적 재구성 가능성

나 종 석

I. 들어가는 말

이 글은 주희의 공(公) 이론을 중심으로 그의 성리학적 사유에 대한 새로운 해석의 가능성을 탐색해보는 것이다. 이 해석의 목적은 서구적 근대의 핵심적 개념인 인권 및 민주주의와 주희의 성리학적 사유 사이의 소통 가능성의 추구이다. 소통 가능성의 추구는 단순히 주희의 사유와 인권 및 민주주의 이념 사이의 양립가능성만을 모색하는 데 그치지 않는다. 달리 말하자면 서구 근대의 이념과 유사한 특성을 동양의 전통사상에서 구하려는 시도가 아니라는 것이다. 이 글에서 추구되는 것은 주희의 공(公) 이론에 대한 해석을 통해 인권과 민주주의의 재규정 내지 재정의의 시도이다. 이 시도는 이중적 성찰의 작업이라고 볼 수 있다. 한편으로 주희의 사상, 특히 그의 공사(公私) 이론을 민주주의와 인권의 이념에 입각하여 비판적으로 재전유하면서, 다른 한편으로는 우리가 통념적으로 지니고 있는 서구적인 인권과 민주주의에 대한 이해의 틀과는 다른 방식의 민주주의 및 인권의 새로운 이해의 가능성을 주희의 성리학적 사유 내에서 추구한다는 말이다.

---

* 이 글은 「주희 공(公) 이론의 민주적 재구성의 가능성」이라는 제목으로 대한철학회의 『철학연구』 제128집(2013. 11. 30)에 실린 논문을 토대로 한 것이다.

인권과 민주주의에 대한 서구적 패러다임을 비판적으로 성찰하면서 이를 재정의할 필요가 있다는 것은 다음과 같은 문제의식 때문이다. 자유와 평등 그리고 민주주의 및 인권과 같은 개념들의 도움 없이는 오늘날의 한국사회에 대한 제대로 된 분석과 이해가 불가능하지만, 동시에 서구 근대에 기원을 둔 이론들과 개념들이 동아시아와 같은 소위 비서구 사회의 현실을 제대로 재현하기에는 늘 부족하다는 모순적 상황에 대한 문제의식 말이다. 차크라바르티(Dipesh Ckakrabarty)의 주장을 원용하자면 서구 근대의 역사적 경험을 토대로 해서 등장한 개념들과 이론들은 한국과 동아시아 현실을 분석하고 이해하기 위해 '불가결'(indispensible)하면서도 동시에 그 현실을 제대로 이해하기에는 '부적절'(inadequate)하다.[1]

이런 모순적 상황으로 인해 동양의 사상적 경험과 서구적 근대에 기원을 둔 이론 및 개념 사이의 해석학적 대화의 진행이 필수적이라는 자각이 이 글의 출발점이다. 예를 들어 민주주의, 인권, 국민국가 등등은 동아시아의 지적 전통에서 보면 낯설어 보인다. 그래서 많은 사람들은 근대적 시민의식과 민주주의의 이념은 성리학적 사상체계와는 양립할 수 없는 것으로 본다.[2] 이렇게 보는 사람들은 자본주의, 권리와 민주주의와 같은 서구적 근대의 보편성을 우리 사회가 지향해야 할 목적으로 보는 단선적인 진보사관을 전제하는 경향을 보여준다. 그리고 이런 서구 근대의 모델에 어울리지 않는 우리 사회의 현상들, 예컨대 정경유착이나 재벌 및 대형교회들의 세습현상들은 우리 사회의 전근대적인 문화전통에서 영향을 받은 구습으로 이해된다. 그리고 이런 전근대적인 혹은 봉건적인 유습으로 인해 한국사회는 서구에서 실현된 근대의 모델과는 다른 '천민자본주의'나 '정실자본주

---

1) Dipesh Ckakrabarty, *Privincializing Europe : Postcolonial Thought and Historical Difference, with a new preface by the author*, Princeton and Oxford : Princeton University Press, 2008, p.6 참조.
2) 유교 전통과 밀접하게 관련이 있는 동아시아의 가족주의 전통이 민주주의 발전에 저해가 된다고 보는 입장에 대해서는 임혁백, 『세계화 시대의 민주주의』, 나남출판, 2001, 298~302쪽 참조.

의'의 성격을 보여준다고 많은 사람들은 생각한다.

그러나 서구적 근대를 모델로 보고 이와 어울리지 않는 현상을 모두 근대화에 방해를 가져오는 동아시아의 전근대적 혹은 반(反)근대적인 전통의 영향 때문이라고 보는 시각은 지나치게 서구 중심주의적 태도이다. 우리 사회의 현실을 제대로 인식하는 것을 방해하는 것은 다름 아닌 이런 유럽 중심주의적 사유이다. 달리 말하자면 서구 중심주의적 사유의 틀은 앞에서 언급한 대로 비서구사회에 대해 서구적 근대에서 유래한 이론이 지니는 모순적 상황에 대한 인식에 대해 아무런 감수성도 보여주지 못하기 때문이다.

그런데 문화의 만남3)이 늘 번역행위를 동반한다는 것은 당연하다. 민주주의, 자유, 평등에 대한 우리의 인식이 서구에서 유입된 것이기도 하지만 그런 개념을 번역하고 받아들이는 과정에서 동아시아의 전통적 문화자원을 매개로 한 창조적 변형은 불가피한 것이다. 모방(mimesis)은 "따라 하기(imitation), 재구성(reconstruction)이고 경험을 변화시키는 능력"이기 때문이다.4) 따라서 문화의 접촉에서 발생하는 번역의 문제와 번역에 의해 초래되는 변형 과정에 관심을 기울일 필요가 있다. 이런 맥락에서 서구 중심주의적 사유방식은 번역의 문화적 맥락과 그것의 정치적 성격을 제대로 인식할 수 없기에 불가피하게 유럽적 근대의 확산이 지니는 식민주의적이고 팽창주의적인 현실에 대해 눈을 감게 되는 것이다.

앞에서 설명한 문제의식을 보다 구체적으로 보여주기 위해서 주희의 공 이론에 초점을 두고 실험적으로나마 유학(儒學)의 비판적 재구성의 가능성을 탐색해볼 것이다. 그러므로 이 작업은 한편으로는 사상사 연구에서 유럽 중심주의 비판, 즉 탈식민성(postcoloniality)을 수행하는 작업이자 이런 탈식민성을 매개로 해 민주주의와 인권에 대한 서구적 사유의 틀

---

3) 만남이라는 용어를 사용해서 문화 사이의 만남이 자주 폭력적인 방식으로 이루어진다는 점을 은폐하기 위한 것이 아님을 밝힌다.

4) Paul Ricoeur, *Critique and Conviction*, translated by Kathleen Blamey, Cambridge, UK : Politiy Press, 1998, p.83.

너머를 상상해보려는 시도이다.5) 이런 시도는 동양의 전통을 근대화의 걸림돌로 보면서 전통의 억압적 성격을 과도하게 비판하는 접근법에 대해서도 거리를 취하지만, 리콴유의 '아시아적 가치'의 옹호에서 보는 것처럼 서구 근대의 충격과 그 수용과정에서 발생한 동아시아 사회현실에서의 변동을 소홀이 하면서 동아시아 전통을 무비판적으로 재(再)전유하려는 시도와도 차별화된다.6)

이 글에서 주희의 공 이론이 어떤 점에서 '공생적·연계적' 공 이론으로 이해될 수 있는지를 설명할 것이다. 이런 연계적 공 이론이 유학사에서 어떤 혁신을 가져왔는가를 설명하면서 주희의 공 이론에서 정치사회적 차원에서의 공 이론이라 할 수 있는 공론(公論)의 의미를 살펴본다. 세 번째로 다루어지는 주제는 주희 공 이론의 민주주의적 잠재력에 대한 평가이다. 마지막으로 공론의 민주적 재정의의 작업을 통해 우리는 재규정된 주희의 공 이론이 서구의 자유주의적 및 공화주의적 공사이원론의 한계를 극복하는데 어떤 함의를 지니는가를 보여주고자 한다. 달리 말하자면 주희의 공 이론이 어떤 점에서 신자유주의적 공사이원론 및 아렌트에서 전형적으로 나타나는 공화주의적 공사이원론을 극복할 수 있는 철학적 단초를 제공하고 있는지를 입증해볼 것이다.

---

5) 우리 사회의 사상사 연구에 국한해보아도 실학의 성격에 대한 규정을 둘러싸고 진행되는 논쟁은 사상에서의 탈식민성의 문제와 긴밀하게 연결되어 있다. 그동안 조선후기의 새로운 학풍으로서의 실학의 성격을 '근대지향' 및 '민족지향'으로 규정하는 데에서 보듯이 서구 근대=근대 일반으로 설정하는 편향이 존재한다. 이런 실학 규정으로 인해 그 동안의 실학연구는 조선의 성리학과 실학의 대립적 구도를 지나치게 강조하면서 성리학=조선망국론의 주장을 암묵적으로 전제하는 문제점을 보여주었다. 이는 우리사회의 전통=전근대 혹은 反근대로 보는 서구중심주의적 사유방식의 내면화의 결과로도 이해될 수 있을 것이다. 실학과 성리학의 관계에 대한 문제점에 대해서는 임형택, 「21세기에 다시 읽는 실학」, 『대동문화연구』 42, 2003, 1~22쪽.
6) '아시아적 가치 논쟁'에 대해서는 나종석·권용혁·이진원, 「동아시아 공동체의 정체성 형성의 문제」, 『동아시아공동체 논의의 현황과 전망』, 동북아역사재단, 2009, 제2장 3절 <유교문화권 이론> 참조 바람.

II. 주희의 공생적·연계적 공공성 이론과 공(公) 이론의 창신

사대부[7]는 송대에서 넓은 의미에서의 송학의 주체였다. "송학은 사대부의 학문이며 사대부의 사상이다."[8] 시마다 겐지가 묘사한 것처럼 송대 사대부는 "출생을 원리로 하는 폐쇄적인 신분이 아니라 능력을 원리로 하는 개방적인 계급이며, 그 능력이란 유교경전적인 교양능력이었다."[9] 송학은 넓게 보자면 송나라 때의 학문과 사상을 가리키는 용어이지만, 좁은 의미로 사용되는 경우 북송의 사상 중에서 주자학에 영향을 준 사조를 포함한 남송의 주자학(朱子學)을 의미한다.[10] 그리고 주자학은 리(理)를 중요하게 생각했기에 리학(理學)이라고도 하고 성즉리(性卽理)의 명제로 인성론(人性論)과 이기론(理氣論)을 통일했다고 하여 성리학(性理學)이라고 하며, 어느 경우에는 주자학이 도덕을 중요하게 여겼다는 이유로 도학(道學)이라고도 한다.[11] 주희는 송대에 발생한 새로운 유학 체계를 종합한 사상가이다. 주희에 의해 집대성된 주자학은 흔히 주돈이에 의해 개척되고[12] 정명도·정이천 형제에 의해 발전된 송학의 흐름을 계승한 것으로 이해된다. 그러므로 그에 의해 집대성된 송대의 유학 체계를 주자학이라 부르는

---

7) 사와 대부의 결합어인 사대부라는 개념이 오늘날에도 일반적으로 쓰이는 의미로 사용된 것은 송대 이후라 한다. 미조구치 유조 외 엮음, 김석근 외 옮김,『중국사상문화사전』, 책과함께, 2011, 414쪽 참조.

8) 시마다 겐지, 김석근·이근우 옮김,『주자학과 양명학』, 까치, 2001, 20쪽.

9) 위의 책, 21쪽.

10) 고지마 쓰요시에 의하면 송학과 주자학의 관계, 달리 말하자면 주자학 이외에 어디까지를 송학이라고 불러야 하는지에 대해서 현재 학자들 사이의 이렇다 할 공통의 견해가 없다고 한다. 신현승 옮김,『사대부의 시대』, 동아시아, 2004, 19쪽 참조.

11) 미조구치 유조, 최진석 옮김,『개념과 시대로 읽는 중국사상 명강의』, 소나무, 2004, 125쪽.

12) 주희를 이전의 여러 유학의 흐름을 집대성한 신유학의 개창자로 간주하는데 대해 반론도 존재한다. 앵거스 찰스 그레이엄은 신유학을 주돈이로부터 전수되어 온 것으로 보는 주희의 입장이 잘못된 것이라고 강조한다. 이현선 옮김,『정명도와 정이천의 철학』, 심산, 2011, 28쪽 참조.

것도 이상한 일은 아니다.[13]

주희 이론의 기초는 흔히 이기론(理氣論)이라고 하며 그 이론의 핵심은 이법적 천 개념이다. 그러므로 주자학 체계의 핵심은 천리론(天理論)이라고 한다.[14] 주자는 천리론에 입각하여 자연, 개인의 도덕 그리고 인간 세계를 관통하는 일관된 철학체계를 수립하였다. 주희는 공자의 "나의 도는 하나로 관통되어 있다"는 말을 '리(理)'로 해석한다.[15] 주희는 천리를 인간의 심성과 연관해서는 '성즉리'로 해석한다. '성이 곧 리다'라는 말은 사람의 본성이 천지의 '리'에서 부여받은 것임을 말한다.[16] 그래서 그는 "하늘이 명하신 것을 성이라 이른다"(天命之謂性)는 주장을 '성즉리'로 이해한다.[17] 이는 하늘과 인간의 마음이 함께 결합되어 있다는 것인데, 성즉리의 주장에 따르면 인간의 마음이 본래 선한 이유는 천지의 리에 맞닿아 있기 때문이라는 것이다. 그러므로 인간 본연의 선한 마음을 천지만물의 생성의 마음과 결합되어 있는 것으로 보는 주희는 천지만물 생성의 마음을 어진 마음, 즉 인(仁)으로 이해한다. "하늘과 땅의 마음은 만물을 생성하는 것이며, 또한 사람과 사물이 생성됨에 있어 각각 저 하늘과 땅의 마음을 얻어 마음으로 한다. 그러므로 '마음의 덕(心之德)'이 비록 전체를 통괄하여 다스리며 처음부터 끝까지 서로 연결하여 모든 곳에 갖추어져 있다고 말할 수 있지만, 한마디로 총괄하면 '인(仁)'이라고 말할 따름이다. [이를]

---

13) 시마다 겐지는 주희를 "중국 최대의 사상가"로 보고 그의 등장을 "동아시아 세계에서 세계사적인 사건"이라고 해석한다. 시마다 겐지, 『주자학과 양명학』, 앞의 책, 94쪽. 공자와 더불어 가장 중요한 중국의 사상가로 주희를 보는 평가에 대해서는 전목, 이완재·백도근 옮김, 『주자학의 세계』, 이문출판사, 1989, 9쪽 참조. 주희의 사상사적 평가에 대해서는 필립 아이반호, 신정근 옮김, 『유학, 우리 삶의 철학』, 동아시아, 2008, 113쪽 및 진영첩, 표정훈 옮김, 『주자강의』, 푸른역사, 2001, 164쪽도 참조 바람.

14) 후외려(候外廬) 외, 박완식 옮김, 『송명이학사1』, 이론과실천, 1993, 25쪽 참조.

15) 주희, 성백효 역주, 『論語集註』「里仁」5, 전통문화연구회, 1990, 28쪽 참조.

16) 진래, 이종란 외 옮김, 『주희의 철학』, 예문서원, 2002, 209쪽 참조.

17) 주희, 성백효 옮김, 『大學·中庸集註』「中庸章句」1, 전통문화연구회, 1991, 59쪽 참조.

상세하게 살펴보고자 한다.

　대개 하늘과 땅의 마음은 네 가지 덕을 지니고 있는데, 원형이정(元亨利貞)
이라 하며, 원이 모두를 통괄한다. ··· 그러므로 사람의 마음 또한 네 가지
덕을 지니고 있는데 인의예지(仁義禮智)라고 하며, 인이 그 모두를 총괄한다.
··· 대개 인의 도리는 곧 하늘과 땅이 만물을 생성하는 마음으로서 만물에
나아가면 바로 그 만물에 존재한다. ··· 이 마음은 어떤 마음인가? 하늘과
땅에 있어서는 만물을 가득히 생성하는 마음이며, 사람에 있어서는 사람을
따뜻하게 사랑하고 만물을 이루어주는 마음으로서 사덕(四德)을 포괄하고
사단(四端)을 관통하는 것이다."[18]

　위의 인용문에서 보듯이 주희는 "인이란 마음의 덕(心之德)이요 사랑의
원리(愛之理)"[19]로 보면서 인을 천지가 만물을 생성시키는 이치로 이해한
다. 이 때 주희는 '낳고 낳는 것'(生生)으로 인을 해석하는 정명도의 입장을
수용하여 자신의 리론의 철학적 기초로 삼았다. 이런 주희의 인에 대한
이론은 유가의 윤리에 형이상학적 토대를 부여한 것으로 평가된다.[20]
인간을 포함한 전 우주의 보편적 원리인 '리'를 '어진 마음'으로 보는
주희의 입장은 공 이론의 토대이다.

　주희의 공 개념에 대한 선행 연구에 의하면 그는 공 개념을 다양한
방식으로 사용한다. 권향숙은 『주자어류』에서 등장한 공사(公私) 개념의
여러 쓰임새를 분석하였다. 그에 의하면 『주자어류』에서 공 개념은 남성
2인칭을 지칭하거나 직위를 나타내는 명사로 사용되는 경우를 제외하고
대략 세 가지로 사용되고 있다. 첫째로는 '조정이나 관청과 관련된 통치
조직'이라는 의미로, 둘째로는 '대중적인 혹은 보편적인' 등의 의미로,
셋째로는 '공개적으로 드러난 혹은 공명정대한' 등의 의미로 사용된다는

---

18) 주희, 임헌규 옮김, 『인설』, 책세상, 2003, 17쪽 이하.
19) 주희, 성백효 역주, 『孟子集註』「梁惠王章句上」1, 전통문화연구회, 1991, 15쪽.
20) 황준걸, 이영호 옮김, 『일본 논어 해석학』, 성균관대학교출판부, 2011, 204쪽
　　참조.

것이다. 물론 '사'라는 개념은 '공' 개념과 정반대로 '개체지향성, 폐쇄적, 단절' 등의 의미로 사용된다고 한다.[21]

이런 공 개념의 사용은 주희 이전에 중국에서 사용된 공 개념과 크게 다르지 않다. 일반적으로 공 개념은 대략 세 가지로 이해되어 왔다. 우선 공은 관료적 지배기구와 연결되어 사용되는 경우가 있다. 둘째, 공 개념은 '여럿이 함께'(共)라는 의미로 사용된다. 『한비자』의 「오두」편에 다음과 같이 적혀 있다. "옛날에 창힐이 글자를 만들 적에 스스로 둘러싼 것(自環)을 일러 사(私)라 하고 사에 등돌림(背私)을 일러 공(公)이라 하였다."[22] 이곳에서 사는 자환(自環), 즉 '스스로 에워싸다'의 뜻으로 사용되며, 공은 이런 에워싼 것을 풀어 개방하는 뜻으로 사용된다. 한비자의 용법으로부터 개방성의 공 개념이 등장하는데, 이 때 공은 여러 사람들(衆人)과 함께 한다는 의미에서의 공(共)으로 사용된다. 셋째, 평분(平分)으로서의 공 개념이 존재한다. 이 개념은 앞에서 말한 개방성으로서의 공에 대한 다른 해석에서 나온 것이다. '스스로 둘러싼 것'(自環)인 사를 개방하는 의미의 하나로 골고루 나눔이라는 뜻이 등장한다. 이런 해석은 중국 최초의 자전 『설문해자』에서 처음 보인다고 하는데, 이곳에서 공은 평분(平分)으로 그리고 이에 대비되는 사(私)를 간사(奸邪)로 풀이된다.[23]

주희가 사용하는 공 개념의 의미들이 전통적인 공 개념의 그것들과 크게 다르지 않지만 그의 공 개념에서의 혁신을 주목하지 않으면 안 된다.[24]

---

21) 권향숙, 「주희의 공과사 : 溝口雄三의 주희 공·사관 비판적 검토」, 『철학논구』 30, 2002, 29~31쪽 참조.

22) 한비, 이윤구 옮김, 『한비자2』, 한길사, 2002, 898쪽.

23) 고대 중국에서의 공사 개념에 대한 정보는 다음 두 책을 통해 얻었다. 미조구치 유조, 정태섭·김용천 옮김, 『중국의 공과 사』, 신서원, 2004, 15쪽 이하. 미조구치 유조 외 엮음, 『중국사상문화사전』, 앞의 책, 481쪽 이하.

24) 윤원현은 公私 개념은 주희 철학에서 그 자체만으로는 철학적 중심 개념으로 크게 비중을 차지하지 않고 있다고 주장한다. 그러면서 公私 개념은 인, 천리 및 인욕 그리고 是非 등과 같은 주희철학 사상의 핵심 개념들을 "설명하는 속성 혹은 방법으로 사용되는 개념"에 불과하다고 말한다. 「주희의 '공사' 개념과 공론(公論)」, 『율곡사상연구』 17, 2008, 161쪽. 그러나 이런 해석은 뒤에서 설명되는

주희에게서 공사 구별은 인(仁), 천리(天理)와 인욕(人慾), 시비(是非) 등의 개념과 연결되어 사용된다. 간단하게 말하자면 천리는 공과 연관되어 있고 인욕은 사와 연관되어 있다는 것이 주희의 공사관의 핵심일 것이다. 주희가 공사 개념을 사용하는 몇 가지 예를 들어 보자. "사람에게는 단지 공정함과 사사로움이 있고, 세상에는 단지 사특함과 올바름이 있을 뿐이다. 세상의 크고 올바른 도리로 일을 처리하며 곧 공정하다. 자신의 사사로운 뜻으로 그것을 처리하면 곧 사사롭다."[25] 천리와 인욕에 대해 주희는 다음과 같이 말한다. "사람에게는 하늘의 이치와 사람의 욕심이 있을 뿐이다. 이쪽이 이기면 저쪽은 물러나고 저쪽이 이기면 이쪽이 물러나니, 가운데 서서 나아가지도 물러나지도 않을 도리는 없다."[26]

위 인용문들에서 보듯이 주희는 공을 특정한 관료 계층이나 지배자인 황제가 지켜야 할 도리로만 사용하지 않는다. 이 때 공은 모든 사람이 마땅히 따라야 할 도리로 본다. 인욕의 사에 대비되는 천리의 공(天理之公)은 이제 모든 인간이 갖추어야 할 윤리규범의 의미로 사용된다. 이처럼 주자학에서 천리가 공으로 사유되면서 공 개념에서 커다란 변화가 일어난다.

주희에게서 공은 모든 사람들이 두루 갖추어야 할 덕목이라는 점에서 공은 보편화된다. 그리고 공의 보편화는 성인(聖人)관의 변화와 결합되어 있다. 천즉리의 인식은 성인관의 변화를 가져왔다. "정이가 말했다. '성인의 경지에 이르는 방법을 배웠다.' '배워서 성인이 될 수 있습니까?' '그렇다.'" 이에 대해 주희는 다음과 같이 말한다. "성인은 나면서부터 아는 자요 학자는 배워서 아는 자이지만 알게 되면 같다. 성인은 편안히 행하고 학자는 힘써 노력하여 애쓰지만 성공하게 되면 같다."[27] "보통사람도 학문으로써 도에 통달할 수 있다. 그 지극함을 다한다면 역시 한계가

것처럼 일면적이다. 공사 개념에 대한 참조 없이는 천리 및 인욕의 성격을 정확하게 이해하기 힘들기 때문이다.

25) 여정덕 편, 허탁 외 옮김, 『朱子語類4』, 청계, 2001, 688쪽.
26) 위의 책, 677쪽.
27) 주희·여조겸 편저, 이광호 역주, 『근사록집해1』, 아카넷, 2004, 168쪽.

없는 성인과 같이 된다."[28] 배움을 통해 성인이 될 수 있다는 주장(聖人可學論)은 주자학의 가장 중요한 학설의 하나라 할 것이다. 성인가학론은 성인 개념의 내면화와 깊게 결합되어 있다. 성인 개념의 "내면화"로 인해 송학에서 발생한 사유방식의 혁신을 인식하는 것은 매우 중요하다. 이제 성인의 개념은 "내면화되어 인의도덕의 완전한 체현자로서의 성인"으로 전환된다.[29] 그러므로 성인의 내면화에서 "마음의 자율성에 대한 새로운 주장과 개개인이 직접 도에 접근해 터득할 수 있다는 주장"을 발견하는 것도 일리가 있다.[30]

주자학에서 천리가 정치의 궁극적 근거인 천하의 바른 이치이면서 인간에 내재하는 도덕적인 본성으로 이해됨에 의해 하늘의 이치를 실현할 주체는 황제나 최고 권력자로 제한되는 것이 아니라 원칙적으로 모든 사람들임이 인정되기에 이른다. 주자학이 성립된 이후 사대부들이 자신들의 삶의 지침으로 삼았던 '수기치인'의 이상도 바로 이런 인식의 전환을 전제로 한다. 천리·인욕과 결합되어 생긴 송학에서의 공사 개념의 혁신의 의미를 간단하게 요약하면 다음과 같다. 이전까지 군주 한 개인의 정치적 덕성의 문제로 여겨졌던 공(公)이 모든 사람들이 갖추어야 할 덕성으로 보편화된다. 자신을 공의 차원으로 끌어올리는 노력은 군주나 왕 한 개인에게만 요구되는 것이 아니라 만인에게 요구되는 것이다. 그러므로 공의 보편화와 법칙화를 보여주는 천리는 하늘과 정치를 연계하는 중국 고유의 정치사상에서의 혁신을 보여준다. 공으로서의 천리는 원시 유학의 천명(天命)의 관념을 새롭게 혁신한 것으로 정치권력이 자신의 정당성의 원천으로 삼아야 할 천하의 바른 이치이자 인간 모두에게 내재하는 도덕적 본성으로 이해되었기 때문이다.

따라서 천하위공(天下爲公)의 관념에서 보듯이 천하나 천리의 하늘은

28) 주희·여조겸 편저, 이광호 역주, 『근사록집해2』, 아카넷, 2004, 801쪽
29) 시마다 겐지, 『주자학과 양명학』, 앞의 책, 27쪽.
30) 윌리엄 시어도어 드 배리, 표정훈 옮김, 『중국의 '자유' 전통』, 이산, 2004, 51쪽.

규범적으로 국가나 황제보다 더 상위의 개념으로 이해될 뿐만 아니라 공의 발현이 군주 한 개인에 달려 있는 것이 아니라 원칙적으로 사대부와 백성의 노력에도 의존해 있는 것이다. 황제권력을 견제하고 비판하는 역할은 군주 개인에게만 해당되는 것이 아니라 관료, 사대부 그리고 백성들에게도 개방된다는 것이다. 달리 말하자면 천리의 공에 어긋나는 국가나 황제의 자의적 권력은 비판되고 견제되어야 할 사사로운 존재에 지나지 않는데, 이런 황제와 조정의 사사로운 권력행사를 견제하고 비판하여 천리의 공공성을 실현하는 것은 사대부와 백성들의 몫으로 이해된다. 그래서 주희는 황제가 천하를 다른 사람에게 줄 수 없다는 맹자의 말에 대해 설명하면서 "천하는 천하 사람들의 천하요, 한 사람의 사유물이 아니"라고 말한다.[31] 선진유학(先秦儒學)에서도 천명의 소재를 정확하게 파악하기 위하여 '민심은 곧 천심'이라는 명제로 표현된 민심론이 요구되었으나, 주희는 이런 민심론을 계승하면서 민심의 공정성을 확보할 방법으로 공론의 정치를 내세워 전통적 유학사상에서의 민심론을 발전시키고 있다.[32] 이런 점에서 천리의 공공성은 공론정치를 매개로 해서 그 구체적 의미를 띠게 된다.[33]

천지만물의 인(仁)과 공의 상관성에 대한 주희의 생각은 그의 공 이론의 폭과 깊이를 잘 보여준다.[34] 인은 지극히 어려운 것이지만, 인을 이해하고 실천할 수 있는 방법은 바로 서로 끊어져 있는 사람과 사람 그리고 사람과 만물의 관계를 이어주는 행위를 통해서이다. 그러므로 사람이 인해지는 것은 공의 추구와 실천을 통해서 가능해진다는 점이 분명해진다. 이런

31) 주희, 『孟子集註』「萬章章句上」5, 앞의 책, 272쪽.
32) 이상익, 「송대 주자학에서의 민심과 공론」, 장현근 외 지음, 『민의와 의론』, 이학사, 2012, 178쪽 이하 참조.
33) 주희의 공론 정치이론에 대해서는 다음 단락에서 상세하게 다룰 것이다.
34) '만물일체의 인'에 대한 강조는 인에 대한 정명도의 정의로 인이란 무엇인가에 대한 다양한 규정들 중에서 "가장 특징적이며 사상사에서 가장 중요한 역할을 했다"는 평을 받는다(시마다 겐지, 『주자학과 양명학』, 앞의 책, 56쪽).

점에서 공은 '인(仁)의 도'라고 하는 것이다. 인자함과 공정함(公) 사이의 관계에 대해 말하면서 주희는 "공정함이 인자함의 도리이다"라는 이정의 말을 수용한다.[35] 또 주희는 다음과 같이 말한다. "인의 도는 요컨대 단지 하나의 공(公)자로 말해 버릴 수 있다. 공은 인의 리(理)일 뿐이니, 공을 곧 인이라 불러서는 안 된다. 공을 사람이 체득하면 인이 된다."[36] 이 주장에서 보듯이 주희에게 공은 인을 실현할 수 있는 방법이자 매체이다. 공은 막힌 곳을 열어 타자와의 만남을 성사시키는 소통 행동으로 이해된다. 이는 사(私)가 타자와의 격리/단절로 이해되고 있다는 점에서 주희의 공사의 구별을 이해할 수 있는 중요한 측면이다.[37]

앞서 언급했듯이 공은 단순히 인간세상의 일에 연관된 것이 아니다. 공은 천지만물의 생성과 화육을 돕는 일에도 연결된다. 공과 사의 이론은 이렇게 천지만물의 인 사상으로 확장된다. "인은 천하의 공이며 선의 근본이다"(仁者天下之公, 善之本也)라는 『역전(易傳)』에 나오는 구절을 인용하면서 주희는 다음과 같이 설명한다. "어진 사람은 천지 만물을 하나의 몸으로 여기는 까닭에 '천하의 공'이라고 말한다. 사단(四端)과 온갖 선은 인에 포섭됨으로 '선의 근본'이라고 말한다."[38] 또 다음과 같이 말한다. "의서(醫書)에서 손발이 마비된 것을 불인(不仁)이라 하는데, 이 말은 인을 가장 잘 표현했다. 인이라는 것은 천지만물을 한 몸으로 여기는 것이므로 자기가 아닌 것이 없다. 천지만물은 자기가 아닌 것이 없다. 천지만물을 모두 자기라고 생각한다면 어디엔들 미치지 못함이 있겠는가? 만약 자기의 일부가 아니라면, 저절로 자기 자신과 상관이 없게 된다. 이것은 손과 발이 불인(不仁)하여 기가 관통하지 않게 되어, 모든 것이 자기에게 속하지 않게 된 것과 같다."

---

35) 여정덕 편, 허탁 외 옮김, 『朱子語類2』, 청계, 1998, 778쪽.
36) 주희·여조겸 편저, 『근사록집해1』, 244쪽.
37) 위의 책, 245쪽.
38) 위의 책, 101쪽.

앞의 인용 구절에서 보듯이 사사로움은 자기를 다른 존재와 격리시키고 관계하지 않는 것임을 알 수가 있다. 본래 인간의 본성은 선한 것으로 배움을 통해 성인의 경지에 이를 수 있는 존재임에도 불구하고 인간은 다른 사물과 타인에 관계함이 없이 오로지 자신만의 사사로움을 취할 수 있다. 이런 사사로움의 상태를 여기서는 손과 발이 서로 통하지 않는 것으로, 즉 불인한 것으로 묘사한다. '불인'이란 타자와의 만남과 소통이 단절된 상태이며 동시에 자신의 상실임을 보여준다. 그런 자기 소외는 바로 타자와의 연계와 소통의 단절로 인해 생긴 마비된 상태이며, 이런 마비 상태 자체조차도 자각하지 못하는 것을 의미한다.

불인(不仁)의 상태, 즉 모든 존재와의 소통과 교섭이 단절된 상태, 오로지 자신에게만 에워싸인 상태인 사사로움의 극복, 즉 공은 바로 다른 존재와의 격리된 상태인 천지 만물의 불통의 상태를 극복하고 다른 존재와의 조화의 관계를 회복하는 것을 의미한다. "공은 소통하여 막힘이 없다는 것이다. 오직 그것이 소통하여 막힘이 없기 때문에 흘러서 사물을 윤택하게 할 수 있다."[39] 그리고 이런 소통의 추구가 바로 공의 추구이고 공의 추구의 궁극은 바로 천지만물의 일체를 깨닫고 천지만물의 화육에 기여하는 것이다. 단절되고 만남이 끊어진 곳을 이어주는 소통의 행동은 천지만물이 하나가 될 때까지 지속된다. "만물을 생성"시키고자 하는 사람의 희망과 행동은 인간의 본래적인 선함 중에서 "으뜸"인 인한 마음을 배양하는 실천에로 나가게 한다. 주지하듯이 주희에게서 공 사상은 모든 만물과 하나가 되는 것을 표현하는 "백성들은 나의 동포이고, 만물은 나의 친구이다"는 명제로 응축되어 나타난다.[40]

이상에서 살펴본 것처럼 새로운 성인(聖人)관과 천리(天理)론 등에 입각하여 개인의 도덕과 정치의 세계를 넘어 천지만물 일체의 상호 연계의 필연성

---

39) 주희·여조겸 편저, 『근사록집해2』, 앞의 책, 245쪽.

40) 여정덕 편, 허탁 외 옮김, 『朱子語類 2』, 청계, 1998, 287쪽. 이 말은 원래 장재의 『서명』이라는 짧은 글에 나오는 것이다.

을 수미일관하게 보여주는 주희의 이론은 송대 유학의 위대성을 잘 보여준다. 주희의 공(公) 이론은 사람과 사람 그리고 사람과 만물의 관계를 조화롭게 형성하려는 노력을 지향한다. 그러면서 그는 이런 노력의 주체로 인간을 내세운다. 달리 말하자면 사람의 사람다움의 실현, 즉 인간이 본래 부여받은 본성을 실현하는 작업이 천지만물의 화육의 관점으로까지 확장되어 나타난다는 것이다. 그리고 그런 목적을 실현하는 방법으로 공의 실현을 내세운다. 이 때 우리는 주희의 공(公) 이론에서 사람이 맺는 다양한 관계들 사이의 구별과 이런 관계들 사이의 연계를 동시에 사유하는 공(公) 이론을 발견한다. 중국의 공 개념의 특성을 "'똑같이 하는'·'함께하는' 것 자체를 공동(共同)으로 이해하는 연계성"으로 보면서 이런 연계의 공과 대비되는 일본의 공 개념을 "영역의 공동"으로 파악하는 것은 미조구치 유조의 입장이다. 그에 의하면 일본의 공 개념의 전통에는 연계성의 의식이 약해서 조정 및 국가의 영역을 공으로 보고 이와 무관한 가정을 사적 영역으로 보는 의식이 강하다.[41]

앞에서 본 것처럼 주희의 공 개념에서 중요한 것은 타자와의 연계와 소통을 추구하는 능력의 함양이며 이런 상호 소통의 체험에서의 성숙, 즉 덕의 실현이다. 그리고 주희에 의하면 사람의 참다운 본성의 실현은 몸으로서의 개인, 가족, 사회 그리고 국가 등과의 창조적이고 공생적인 관계 방식에 달려 있다. 달리 말하자면 인간성을 함양하고 완성에 이르는 길은 배움의 길인데, 이는 인간성을 충분하게 발현시켜주는 다양한 관계의 창출 속에서 이루어진다. 그리고 다양한 관계 방식은 이 관계맺음의 중층적이고 다층적인 성격에 대한 이해 없이는 제대로 파악될 수 없다. 사람이 다양한 방식으로 타자와 연계를 맺는다는 점을 강조하면서 그 관계 방식의 차원이 서로 구별된다는 점을 망각해서는 안 된다. 부자간의 관계나 친구사이의 관계나 군신간의 관계가 모두 사람의 사람다움을 완성하는 데에서

---

41) 미조구치 유조, 『중국의 공과 사』, 앞의 책, 83쪽 이하.

필수적인 관계 방식이긴 하지만 이들 관계양식들 사이의 차이점을 인식해야 한다는 것이다. 그러므로 주희에게는 국가나 정부와 구별되는 것으로서의 다양한 삶의 방식(관계)에 대한 관심도 존재하지만, 이들 관계 방식들 사이의 연계성도 함께 고려하는 공 이론이 존재한다. 공은 인(仁)을 실현할 수 있는 방법이라고 했듯이, 개인의 몸－가정－지방사회－국가－천하에 이르기까지 사사로움을 극복하여 나가는 과정을 통해 만물일체의 인을 실현하는 것을 지향하는 것이 바로 주희가 생각하는 공이다.

지금까지 살펴본 것처럼 사사로움을 극복하는 것을 오로지 내면적인 수양에만 의존해 있는 것으로 주희는 생각하지 않는다. 그 실행방법은 내면의 수양일 수도 있고, 가족생활에서의 효일 수도 있으며, 공론의 장에서 참석하여 공평무사하게 자신의 입장을 표현하는 것일 수도 있고, 국가와 평천하를 위해 평정한 마음으로 정치적 활동에 참여하는 것일 수도 있기 때문이다. 물론 인을 실현하는 공의 방법이 다양하지만 그런 다양성에 일관성을 부여해주는 원칙은 천지만물이 화육하는 공생공영의 상황을 향해 끊임없이 나간다는 데에 있다. 이런 실천의 총합이 바로 주희가 지향하는 공 이론의 핵심이다.[42]

개인－가족－지방－국가－천하가 서로 연계되어 존재하는 것으로 이해

---

42) 인간의 자발적인 배움과 타자에의 개방성의 보편적 능력에 대한 믿음에서 출발하는 성리학(性理學)의 입장에서 볼 때 유석춘이 시도하는 서구적 인권 개념에 대한 유교적 비판의 일면성이 잘 드러난다. 그는 서구적 인권 개념이 전제하는 개인은 "고립되고 추상적인 개인이나 자유롭고 자율적인 자아"로서의 개인이지만 유교적 전통의 영향 속에 있는 개인은 항상 "다른 사람과의 관계 속에서 설정된 사회적 역할을 수행하는 개인"이라고 본다. 따라서 그는 유교적 전통에서 본 개인은 "사회적 역할 자체"와 동일한 것으로 "특정한 역할로부터 분리된 독립된 인간 자체의 고유한 의무와 권리의 개념이"존재하지 않는다고 본다. 유석춘·장미혜, 「연고집단과 사회발견」, 이승환 외 지음, 『아시아적 가치』, 전통과 현대, 2001, 133쪽 이하 참고. 필자는 이런 식의 유교적 전통에 대한 해석에 반대한다. 이 글에서 강조되듯이 주희의 사유 역시 철저하게 연계적인 사유의 성격을 보여주지만, 그렇다고 그는 인간의 인간다움을 '사회적 역할 자체'로 환원하지 않는다. 유석춘의 해석이 옳다면 천리(天理)에 의거한 부당한 사회질서와 인간관계 및 사회관계에 대한 비판의 가능성 자체가 박탈되어야 할 것이다.

되기에 개인과 가족의 관계에서 가족에 비해 개인이 사이고 가족이 공이라 거나 가족과 국가의 관계에서 가족이 사고 국가가 공이라는 그런 영역별 구별의식으로서 공사를 구별하는 입장은 주희의 공 이론과 거리가 멀다. 오히려 주희의 공 이론에서 핵심은 개인이 자신의 수양을 통해 천하 및 만물과의 일체를 이룰 수 있는, 즉 자신과 만물에 대한 편파적이지 않고 사사롭지 않은 관계를 맺어서 늘 보다 더 큰 관계망으로 열리고 연계되는 마음의 확장이다. 그리고 개인의 본성의 실현, 즉 도덕적 본성의 발현으로서 의 자기수양의 성공여부는 바로 몸, 가족, 국가 등에서 올바른 관계를 형성하는 행위와 긴밀하게 연결되어 있다. 그러므로 그의 공 이론은 사람과 사람 그리고 사물과 사물 사이의 단절과 분리를 사사로움으로 보고 이런 분리된 상태를 이어주는 소통의 행위를 통해 천지만물의 공생과 조화를 지향한다. 그러므로 주희의 공 이론은 천인합일의 소통이론이자 공생적·연 계적 공공성이론으로 해석될 수 있다.

III. 주희의 유교적 공론(公論) 정치이론

　주희의 '공론(公論) 정치이론'은 그의 천인합일의 소통이론이자 공생적· 연계적 공공성이론의 일부분이다. '더불어' 함께한다는 의미에서의 개방 성, 모든 사람에게 골고루 돌아간다는 평분(平分)의 의미에서의 공 그리고 한쪽으로 치우지지 않는다는 편사(偏私)에 대비되는 공평으로서의 공은 주희의 '공론(公論)'에서도 그대로 적용된다. 공자는 "군자는 두루 사랑하고 편당하지 않으며, 소인은 편당하고 두루 사랑하지 않는다"고 말한 적이 있다. 이 공자의 말을 주희는 "주(周)는 널리[普遍] 하는 것이며, 비(比)는 편당하는 것" 그리고 "주(周)는 공(公)이고 비(比)는 사(私)"라고 해석한다. 또한 주희는 주와 비를 화(和)와 동(同)의 대비로도 말할 수 있다고 한다.[43] 어느 특정한 누구와 무리를 이루지 않고 두루두루, 즉 빠짐없이 골고루 사람과 어울리는 것을 군자의 길이라고 주희는 생각한다. 그리고 '널리[普遍]'라는 말은 가능한 모든 사람과 어울린다는 측면과 더불어 문제가 되는 사안을 요모조모 널리, 즉 다양한 측면에서 종합적으로 바라본다는 의미를 지닌다. 그러므로 공론장에서의 공은 가능한 모든 사람들이 공론의 장에 참석할 수 있다는 의미와 이들이 수행하는 토론이 편파적이지 않아야 하며 누구나 자유롭게 자신의 견해를 두려움 없이 표현할 수 있어야 한다는 의미를 갖고 있는 것으로 이해된다.

예(禮)와 화(和)의 관계에 대한 설명도 주희의 공론의 성격을 이해하는 데 중요하다. 이 관계를 설명하면서 강제나 억지로 되지 않는 것이 화이고 "오로지 강제로 겉치레만 치중하면 그것은 헛된 예이고 화는 없다"고 주희는 말한다.[44] 이와 관련해서 맹자가 말한 지언(知言)의 의미를 같이 음미할 필요가 있다. 맹자는 지언을 "편벽된 말에 그 가리운 바를 알며, 방탕한 말에 빠져 있는 바를 알며, 부정한 말에 괴리된 바를 알며, 도피하는 말에 논리가 궁함을 아는" 것이라고 말한다. 이런 맹자의 설명에 대해 주희는 편벽됨, 방탕함, 사벽함과 도피를 "말의 병통"(言之病)으로 규정한다. 언로를 왜곡하고 말의 의미의 전달을 방해하여 궁극적으로는 참다운 이치와 도리를 추구하는 것을 불가능하게 하는 말의 병통을 일으키는 이 네 가지를 언급하면서 주희는 다음과 같이 말한다. "마음이 정리(正理)에 밝아서 가리움이 없는 뒤에야 말이 공평하고 올바르며 통달하여 병통이 없으니, 만일 그렇지 못하다면 반드시 이 네 가지의 병통이 있게 된다.[45]

화(和)와 동(同)의 관계를 공자는 군자와 소인으로 대비해서 설명한다. "공자께서 말씀하셨다. 군자는 화하고 동하지 않으며, 소인은 동하고 화하지 않는다." 이 말씀에 대해 주희는 "화는 거슬리고 비틀어진 마음이

---

43) 주희, 『論語集註』「爲政」14, 앞의 책, 42쪽.
44) 박성규 역주, 『논어혹문』, 『논어집주 : 주자와 제자들의 토론』, 소나무, 2011, 50쪽에서 재인용.
45) 주희, 『孟子集註』「公孫丑章句上」, 앞의 책, 91쪽 이하.

없는 것이요, 동은 아당(阿黨)하는 뜻(아첨하고 편든다는 뜻 : 필자)이 있는 것이다"라고 풀이한다.[46] 군자가 추구하는 화는 사람들 사이에 서로 협동하면서도 서로의 다름을 이유로 서로 시기하거나 다투거나 어긋나는 것이 없다는 것을 말한다. 그러므로 군자에게서 부동(不同)이란 정도를 지키며 의리를 따르면서 아부하고 파당을 짓는 행위를 하지 않는다는 것이다. 소인의 경우는 이와 정 반대인 바, 내면으로는 서로에게 질투하고 시기하면서도 외적으로는 같은 무리를 짓는 것을 말함이다.[47]

주희는 공론을 국시(國是)로서 "천리를 따르고 인심을 화합하여 온 천하가 모두 옳다고 하는 것"이라고 규정한다. 주희는 진시랑에게 보내는 편지에서 다음과 같이 주장한다. "오직 천하의 사람들이 옳다고 한 것에 화합하지 않고, 천하의 사람들로 옳게 여기도록 강요하기 때문에 상을 내걸어 회유하고 엄한 형벌로 독책한 연후에야 겨우 사대부들이 불평하는 입을 억지로 막을 수 있겠지만, 천하의 진정한 시비는 끝내 속일 수 없습니다. 오늘날 화의(和議)와 같은 일이 과연 천리에 따르고 인심에 화합하는 것인지 아닌지 모르겠습니다. 진실로 천리를 따르고 인심에 화합한다면 천하의 사람들이 옳다고 여길 것이니, 다른 이론(異論)들이 어디에서 생겨나겠습니까? 만약 그렇게 생각지 않고 편견을 주장하여 그 사이에 사심을 꿰어 넣고 억지로 국시라 이름 짓고, 임금의 위엄을 빌려서 천하의 모든 사람들이 한결같이 말하는 공론과 다투려 한다면, 저는 옛사람들이 이른바 '덕만이 (사람의 마음을) 하나로 통일시킨다'고 한 말과 다른 것 같습니다."[48]

주희는 공론의 장에서 활동하는 주체를 왕, 사대부 그리고 백성일반으로 설정한다. 예를 들어 주희는 다음과 같이 말한다. "안으로 관료와 백공(百工), 밖으로 백성들에 이르기까지 임금의 마음을 열어 일깨워주시고 잘못된

---

46) 주희, 『論語集註』「子路」23, 앞의 책, 270쪽.
47) 박성규, 『논어집주 : 주자와 제자들의 토론』, 앞의 책, 539쪽 각주 참조.
48) 주희, 주자대전번역연구단 옮김, 『주자대전5』, 전남대학교 철학연구교육센터·대구한의대학교 국제문화연구소, 2010, 444쪽 이하.

정치를 지적하여 진술하는 이가 있다면, 친소귀천을 따지지 말고 모두 자신의 견해를 임금에게 밝힐 수 있게 하십시오."[49] 그리고 사람들이 공론의 장에서 사사로움이 없어야 공론장의 순기능이 제대로 발휘될 수 있다고 그는 생각한다. 사사로움의 개입은 바로 공론장의 왜곡이자 변질일 것이기 때문이다. 더구나 주희는 공론장에서 획득되는 공론이 군주의 정치적 권력행사의 사사로움을 막을 수 있는 중요한 제도적 틀임을 강조한다. 그러므로 공론의 이론에서도 주희는 일관되게 올바름과 천리 그리고 인자함에 이를 수 있는 방법으로 공(公)의 중요성을 강조한다.

주희는 상소문에서 다음과 같이 말한다. "가까운 사이가 아니더라도 현자이면 비록 멀더라도 빠뜨리지 마시고, 친한 사람일지라도 부적격한 사람이면 비록 가깝더라도 반드시 버리십시오. 벼슬에 먼저 들어온 사람의 의견만을 옹호해서 한쪽 말만 듣고(偏聽), 특정인에게만 일을 맡긴다(獨任)는 비난을 불러일으키지 마십시오. … 나아가던지 물러나던지, 버리던지 택하던지 오직 공론의 소재를 돌아보시면 조정은 바르게 되고 내외·원근이 올바르게(正) 귀결되지 않음이 없을 것입니다."[50] 이 글에서 주희에게 공론의 형성이 왕과 신하의 논의에 국한되어 있지 않음을 보여준다. 천하의 공론, 즉 일반 백성들의 목소리로서의 '공론의 소재'에 대한 경청이 없이는 공론이 기대하는 공정성은 확보될 수 없다는 것을 주희는 주장하고 있다.

주희는 자신의 공론의 원칙을 몸소 실천에 옮기고 있다. 그는 황제에게 직언을 하고 그가 올바르지 못한 결정으로 나라를 다스리는 경우 비판을 멈추지 않았다. 자로가 임금을 섬기는 것을 묻자 "속이지 말고 대놓고 간쟁해야 한다"[51]는 공자의 말을 실행에 옮기는 모범을 보이고 있다. 주희가 올린 상소문을 보고 순희 황제는 "내가 나라를 망친다고 생각하는구

---

49) 주희, 주자사상연구회 옮김, 『朱子封事』, 혜안, 2011, 195쪽.
50) 주희, 주자대전번역연구단 옮김, 『주자대전8』, 전남대학교 철학연구교육센터·대구한의대학교 국제문화연구소, 2010, 34쪽.
51) 주희, 『論語集註』「憲問」23, 앞의 책, 290쪽.

나"라며 크게 노했다고 전할 정도로 그는 직언하는 선비이기도 했다.[52]
이하의 상소문에서도 주희는 공론의 정치가 바로 "정치의 바탕"(治之體)임
과 공론을 통한 공개성이 조정과 군주의 책임과 정치적 정당성을 보다
확실하게 보장해줄 것임을 강조한다. "군주는 제명(制命)이 직분이지만,
반드시 대신들과 의논하고, 급사(給舍)들과 참작하여 익숙하게 의논해서
공의(公議)의 소재를 구해야 합니다. 그런 다음에 왕정에 게시하고 명령을
밝게 내어 공평하게 시행하는 것입니다. 이런 까닭으로 조정은 존엄하고
명령은 자세해서, 비록 부당함이 있더라도 천하 또한 모두 그 잘못이
어떤 사람에게서 나왔는지를 알게 되고, 인주도 홀로 그 책임을 뒤집어쓰지
않게 됩니다. 의논하려는 신하들도 자신의 뜻을 다해서 말을 다하면서
거리낌이 없어야 한다는 것은 고금의 불변하는 이치요 조종의 가법입니다.
… 가령 진실로 폐하의 독단에서 나왔고 일이 모두 이치에 합당하다 하더라
도 정치의 바탕(治之體)은 아니어서 훗날의 폐단을 열어놓을 것"이다.[53]

　　위 상소문은 몇 가지 점에서 흥미롭다. 황제의 독단적인 결정, 즉 공론의
과정을 거치지 않은 정치적 결정이 설령 옳다고 해도 그것이 결코 바람직하
지 않다는 것이 그 하나이다. 다른 하나는 조정에서의 공론이 백성에게
공개되어야 정치가 제대로 될 수 있다는 것이다. 그리고 황제와의 논의
과정에서 신하는 아무런 두려움이나 거리낌 없이 자신의 의견을 말할
수 있어야 함에 대한 주장도 매우 중요하다. 이는 논의의 과정에서 적어도
왕과 신하 사이에 대등하고 수평적인 토의가 인정되고 있음을 보여주기
때문이다.[54]

---

52) 최석기 외 엮음, 「宋史 주희전」, 『주자』, 술이, 2005, 269쪽.
53) 주희, 『주자대전3』, 앞의 책, 2010, 365쪽 이하.
54) 이런 점에서 공론정치에서의 공공성을 "숙의적 공공성"으로 규정하는 박영도의
　　시도도 설득력이 있다. 이 책 2부에 있는 박영도, 「다산의 실학적 공공성의
　　구조와 성격」, 117쪽 참조. 또한 이 글에서는 상세하게 다루지 못하지만 주희의
　　공론이론에서 공론과 천리 사이의 관계는 매우 커다란 쟁점이다. 이 주제에
　　대한 상이한 해석에 대해서는 이상익, 『유교전통과 자유민주주의』, 심산, 2005,
　　366쪽 참조 그리고 윤원현, 「주희의 공사개념과 공론」, 앞의 글, 173쪽 이하

IV. 공생적·연계적 공공성이론과 민주주의

오늘날의 기준에서 볼 때 전통유교사회가 위계질서에 기반을 둔 여러 차별들을 극복하지 못한 사회였다는 점은 부인될 수 없다.[55] 유가적 가족제도와 충효윤리가 차별과 서열의 억압적 사회질서를 정당화하는 이데올로기로 작동했다는 사실도 부인할 수 없다. '사람을 잡아먹는 예교' 사회에 대한 루쉰(魯迅)의 치열한 비판[56]은 유교적 이념을 광범위하게 수용한 중국사회의 어두운 면을 보여준다. 이미 청나라 중엽의 유학자인 대진(戴震)은 '이리살인(以理殺人)'이라는 말로 주자학적인 리가 사람을 죽이는 억압적 기능으로 변질되었다고 주장한다.[57]

미조구치 유조도 공동이나 조화 그리고 평등의 원리를 함축하는 중국의 공 개념의 긍정적인 측면에 대한 서술을 구체적 현실상황과 혼동하지 말 것을 강조한다. 그러면서 그는 "연계의 공동"의 이념을 "민주화"하는 것이 시급한 과제라고 말한다.[58] 여기에서 필자는 주희의 사유 속에 내재되어 있는 민주적 잠재성을 좀 더 명시적으로 표현해보고자 한다. 이하에서 필자는 주희의 공 이론이 공화주의적인 정치적 삶의 우위성의 테제가 안고 있는 역설, 즉 공적인 영역과 사적인 영역의 이원적 대립 그리고 사적인 영역의 의미를 소홀히 하는 경향을 극복할 논리적 모델로 재구성될 수 있음을 보여주고자 한다. 즉 전(前) 정치적 사회와 정치사회 사이의 분리 속에서의 연계성을 사유할 수 있는 실마리를 제공한다는

참조 바람.

55) 그러나 성리학에 기초를 둔 동아시아 사회가 서양의 중세에서처럼 세습적인 것이었는지에 대해서는 회의적이다. 예를 들어 조선시대의 양반은 서양 중세의 귀족과 같이 출생을 원리로 하는 세습되는 신분이 아니었다. 이에 대해서는 미야지마 히로시, 노영구 옮김, 『양반』, 강, 1996 참조.

56) 미조구치 유조 외 지음, 동국대동양사연구실 옮김, 『중국의 예치시스템』, 청계, 2001, 265쪽 참조.

57) 대진, 임옥균 옮김, 『맹자자의소증』「상권 '理'」, 홍익출판사, 1998, 51쪽 참조.

58) 미조구치 유조, 『중국의 공과 사』, 앞의 책, 96쪽.

점을 주장한다.

복수의 시민들 사이의 언어적 소통을 통해 구성되는 '공공영역'을 자유의 본래적인 탄생처이자 지주대로 생각하는 한나 아렌트의 입장은 오늘날 공공성을 성찰하는 데에서 매우 중요하다. 달리 말하자면 정치적 관심사에 대한 공적 토론의 장에 참여함에 의하여만 자신을 온전한 존재로 인정받을 수 있으며, 이를 통해 자신을 자유로운 존재로 경험할 수 있다는 것이 아렌트의 핵심 주장이다. 그러나 이 이론은 현대사회와 같이 다원화된 사회에서 다른 삶의 방식에 비해 '정치적인 것'의 본래성과 그것의 근본적인 우월성을 강조한다는 점에서 미완의 이론이다. 복수의 개인들로 구성된 공공적 영역에의 참여를 통해 개인의 자유와 성공적 삶을 기약할 수 있다는 아렌트의 주장은 시민의 정치적 삶만을 유일하게 의미 있고 성공적인 삶으로 제한하고 있기 때문이다. 그렇지만 개인이 저절로 정치적 공동체의 시민으로 탄생하는 것은 아니다. 그 개인이 시민에게 요구되는 시민적 덕성을 충분히 발휘하기 위해서는 정치적 공동체의 일원이 되기 전에 돌봄과 배려의 영역에서의 활동도 필요하다. 무매개적으로 시민으로 탄생하여 즉각적으로 공공 영역에 참여하는 인간 존재란 없다. 사회적 영역과 정치적 공공적 영역 사이의 실체적인 분리를 고수하는 입장에 대한 비판이외에도 아렌트의 사고에서 친밀성 영역에서의 대화가 공공적 공간과 어떤 관계 속에 있는가에 대한 성찰이 부족하다는 비판이 나오는 것도 당연하다.[59]

그렇다고 시장에서의 자유에 대한 환호로 되돌아 갈 수도 없다. 오늘날 인간의 존엄성과 자유의 보루로 이해되는 공공성을 침식하는 최대의 요인이 바로 시장사회이기 때문이다. 찰스 테일러가 주장하듯이 서구 '근대의 사회적 상상'의 세 가지 형식은 자유로운 경제, 공공성 그리고 주권을 가진 인민인데, 인민주권과 공공성의 출현은 사회로부터 분리된 경제질서

---

59) 사이토 준이치, 윤대석 외 옮김,『민주적 공공성- 하버마스와 아렌트를 넘어서』, 이음, 2009, 74쪽, 106쪽 참조.

의 출현과 긴밀하게 연결되어 있다. 근대 서구에서 정치외적(extrapolitical)인 공간으로 공공성과 "정치적으로 조직된 사회에 선행하며 그것에 기초를 제공한다고 여겨지는 행위주체성으로서의 사회"인[60] 집합적 인민으로서의 정치사회의 출현은 시장에 의해 조율되는 경제의 출현과 공속관계에 있기 때문이다. 그리고 서구 근대성의 세 가지 핵심 구성 요소들, 즉 사회로부터 이탈된 시장경제와 공공성 그리고 민주적인 자기지배(democratic self-rule) 사이에는 쉽게 극복될 수 없는 긴장이 도사리고 있다.

외부의 아무런 간섭이 없이 스스로 경제생활 전체를 조율할 수 있는 자기 조정적(self-regulating) 시장사회의 형성과 자기 확장[61]은 공론장과 인민주권을 경제체제의 부속물로 전락시켜 자유로운 개인들의 사회의 구현이라는 서구 근대의 도덕적 이상[62]을 파괴시키는 것임이 분명해졌다. 시장사회는 서구 근대의 다른 핵심적 제도인 공공성과 인민주권의 침식의 힘으로 인식되기에 이른다. 그래서 시장사회의 전면적 부상과 더불어 초래된 세계에서의 인간의 자유 상실 내지 의미 상실에 대한 저항은 서구 근대의 복합성을 구성하는 또 다른 축이다.[63]

정치적 공화주의가 정치적 자율성을 그리고 시장근본주의가 시장에서의 개인의 사적 자율성을 옹호한다는 점에서 이 둘이 서로 상반되지만, 이 두 사조는 공적 영역과 사적 영역의 명백한 분리를 전제한다. 모든 사회적 관계로부터 해체되고 이탈되어 무한 질주하는 시장사회의 폭력성을 순치시키기 위해 시장을 사회 속에 배태된(embedded) 질서로 재배치하여 이를 포용할 방법을 찾아야 하듯이, 우리는 신체와 생명 그리고 가족 및 경제생활에 해당되는 영역을 공공 영역으로부터 배제하는 아렌트식의 시도에 대해

---

60) 찰스 테일러, 이상길 옮김, 『근대의 사회적 상상 : 경제·공론장·인민주권』, 이음, 2010, 159쪽.
61) 칼 폴라니, 홍기빈 옮김, 『거대한 전환 : 우리 시대의 정치·경제적 기원』, 길, 2009, 180쪽 참조.
62) 찰스 테일러, 『근대의 사회적 상상 : 경제·공론장·인민주권』, 앞의 책, 38쪽 참조.
63) 위의 책, 126쪽 참조.

서도 경계해야 한다. 그러므로 공사이원론을 넘어 정치적 공공성을 다원적 시민사회와 연결할 수 있는 방안을 모색할 필요가 있다.

유학, 특히 주희의 성리학이 어떤 점에서 공사이원론의 너머를 상상할 수 있는지 살펴보자. 우선 개인의 가정생활에서의 활동도 정치의 일부라는 공자의 주장을 생각해보자.[64] 그리고 모든 사람이 다 정치에 참여할 필요가 없다는 주희의 이론을 상기하자. 성인(聖人)관의 보편화를 통해 인간이 모두 성인의 경지에 이를 수 있음을 강조한 주희는 이런 주장이 결코 모든 사람이 정치에 참여하는 삶을 살아야 함을 의미하는 것으로 생각하지 않았다. 사대부에 국한해보아도 이는 마찬가지였다. 사대부는 정치에 참여하는 삶 이외에도 다양한 가능성을 갖고 있었다.[65]

그런데 주희는 왜 성인의 보편화의 주장으로부터 모든 사대부가 정치에 참여해야한다는 결론을 도출할 필요가 없다고 보는 것일까? 나라를 다스리고 천하를 태평하게 한다는 사대부의 이상은 혹여나 모든 인간이 다 제왕이나 황제가 되어야 한다는 것을 의미하지는 않는가? 이 물음을 주희 역시 마음속에 품은 적이 있다. 그리고 이 물음에 대한 답은 분업적 사회질서의 내에서의 성왕의 길에의 동참이었다. 『대학혹문(大學或問)』에 나오는 다음과 같은 주희의 말을 들어보자. "나라를 다스리고 천하를 평온하게 하는 것은 천자제후의 일이다. 경대부 이하는 관계없다. 그런데 『대학』에서는 '밝은 덕을 천하에 밝게 한다'라는 것을 말하는데, 그것은 '생각이 그 지위를 벗어나는' 것이며 분수를 넘는 과오를 범하는 것은 아닐까? 그것을 어떻게 참된 학이라 할 수 있을까? 대답은, 군자의 마음은 넓고 크게 공정하여 천하의 한 가지 일이라도 우리 마음이 실로 걱정해야 되지 않는 것이 없고, 한 가지 일이라도 우리 직책이 담당해야 되지 않는 것이 없다. 비천한 필부의 신분이라도 임금을 요, 순처럼 하고, 백성들에게 요, 순처럼

---

64) 주희, 『論語集註』, 앞의 책, 46쪽 참조.
65) 이에 대해서는 피터 볼, 김영민 옮김, 『역사 속의 성리학』, 예문서원, 2010, 392쪽 이하 참조 바람.

하는 것은 우리 분수 범위 내의 일이다."[66]

앞에서 우리는 몸과 가정에서 사회로, 사회에서 국가로 그리고 궁극적으로는 천하에까지 동심원적으로 확산되어 가는 관계의 연속성에 주목하는 주희의 공(公) 이론의 특성을 보았다. 주희에게 중요한 것은 사람의 본성을 실현하는 각자의 몫을 사회적 역할과 분업 속에서 실현시키는 것이었다. '수기치인'의 유가적 이상은 분업적 사회질서를 매개로 해서 성왕의 길에 동참하는 것을 지향한다.[67] 주희에게 있어 자기의 실현은 타인의 실현과 같이 가야만 한다. '자기가 서고자 하면 남을 세우라'는 말은 이미 공자에게서 등장한다. 즉 "인자(仁者)는 자신이 서고자 함에 남도 서게 하며, 자신이 통달하고자 함에 남도 통달하게 하는 것이다."[68]

앞의 설명으로부터 우리는 주희의 인간관에서 인간의 자율성에 대한 최고도의 긍정과 그에 대한 독자적인 이해를 볼 수 있다. 다시 강조하지만 인간의 자율성은 공적인 영역과 구별되는 사적인 영역에서의 활동의 긍정으로 이해되지 않는다. 정부나 국가의 간섭이 없는 상태에서 스스로의 선택에 의해 활동할 수 있는 자유를 사적 자율성이라고 한다면, 주희의 인간관은 이런 자율성보다 깊고 폭넓은 자율성의 이념을 준비한다. 인간은 자신의 삶을 스스로 의미 있게 만들 수 있는 존재라는 점을 주희는 철저히 인정한다. 『중용』의 한 구절, 즉 인간의 참다운 본성으로 이해되는 "성(誠)은

---

66) 시마다 겐지, 『주자학과 양명학』, 앞의 책, 50쪽 이하에서 재인용 ; 미조구치 유조 외, 『중국사상문화사전』, 앞의 책, 194쪽 참조.
67) 서양의 정치철학에서 헤겔과 존 듀이가 주희의 연계적 정치이론과 많은 친화성을 보인다. 헤겔이나 듀이는 가정, 교회(주희식으로 말하자면 향교와 서원 등 : 필자) 그리고 이웃과 지역의 소규모 공동체에서의 교제를 민주적 시민이 탄생할 수 있는 출발점으로 보기 때문이다. 헤겔에서의 오리엔탈리즘적 요소를 제거한다면 헤겔의 정치이론과 동양의 정치사상 사이의 비교연구는 앞으로 많은 결실을 맺을 것이라고 본다. 존 듀이, 홍남기 옮김, 『현대 민주주의와 정치 주체의 문제』, 씨아이알, 2010, 199쪽 참조. 유학과 서구의 진보적 이론가의 하나인 존 듀이의 민주주의 사이의 공통성에 주목하는 입장에 대해서는 로저 에임스, 장원석 옮김, 『동양철학, 그 삶과 창조성』, 유교문화연구소, 2005, 203쪽 이하 참조 바람.
68) 주희, 『論語集註』「擁也」28, 앞의 책, 124쪽.

스스로 이루어지는 것"(誠者自成也)이라는 점을 기억하는 것으로 인간의 자율성에 대한 주희의 태도가 무엇인지 잘 알 수 있다.

그리고 인간은 천지 만물의 화육에 참여하는 공동행위자라는 주장을 "모든 인간이 성인이 될 수 있다"는 주장과 함께 생각하면 주희의 인간관은 보편주의적인 인간의 존엄성과 자율성의 이념을 철학적으로 천명한 것으로 독해될 수 있다.[69] 모든 사람은 배움을 통해 성인이 될 수 있기에 성인과 보통 사람은 본성적으로 차이가 없다. 그리고 이 주장은 자연과 인간 그리고 사회가 철저하게 연결되어 있는 관계적 존재임을 강조하는 것으로 이해될 수 있다. 즉 인간이 모두 성인이 될 수 있다는 주장은 "과정적 세계의 사회적, 자연적, 문화적 맥락 안에서 인간의 체험을 최고로 활용하는 것이 진정 창조적인 것이자 최선이며, 일상사의 계속인 현재 속에서 진정한 의미가 자발적으로 출현하는 것이 성인의 탁월함의 의미이자 내용임을 긍정하는 것으로 읽힐 수도 있다. 즉 이 세계 안에서 그들의 체험을 최대로 발휘하는 사람은 누구나 성인인 것이다."[70]

인간의 자율성은 자유주의자들이 생각하듯이 모든 관계로부터 절연된 상태에서 존재하는 그 무엇이 아니다. 자유주의가 실패한 것은 자유주의자들이 내세우는 가치들이 무용해서가 아니라, 자유주의적 가치들을 실현시켜 줄 사회관계에 대한 제대로 된 이해를 갖추지 못해서다. 간단하게 말해 인간의 자율성은 제대로 된 관계 속에서만, 달리 말하자면 삶의

---

69) 필자는 왜 성리학(性理學)이 중국 고유의 근대적 사유의 발전(비자본주의적 근대의 길)으로 평가될 수 있는지를 다음 네 가지 점에서 논한 바 있다. 1) 천즉리(天卽理)에 의한 보편주의적 인간관의 출현의 문제. 2) 천하위공(天下爲公)에 의한 중앙집중적 국가 권력의 통제의 이론 정립을 통한 유교적 문명주의의 확립의 문제. 3) 성인가학론(聖人可學論)에 입각한 일반 백성의 자발성과 자율성(선비 자율주의)을 존중하는 이론. 4) 균분적인 공(公) 관념에 의한 조화로운 사회의 지향. 나종석, 「헤겔과 아시아 : 동아시아 근대와 서구 근대성에 대한 비판적 성찰」, 『헤겔연구』 제32호, 2012, 115~139쪽 참조. 성리학(性理學)을 동양의 독자적인 '유교적 근대'의 사상으로 새롭게 이해하려는 시도에 대해서는 미야지마 히로시, 『나의 한국사공부』, 너머북스, 2013, 318쪽 이하 참조 바람.
70) 로저 에임스, 『동양철학, 그 삶과 창조성』, 앞의 책, 25쪽 이하.

의미를 실현해 줄 성공적인 다양한 관계의 경험 속에서만 싹이 트고 풍성해질 수 있다.

주희는 "무릇 천하와 국가를 다스림에 구경(九經)이 있으니, 이것을 행하는 것은 하나이다"라는 공자의 말에 등장하는 '하나'를 '성(誠)'으로 해석한다.[71] 즉 인간의 자발성과 자율성의 근원인 성실한 본성(창조적 자기 변형의 본성으로서)은 국가나 가족의 구성 원리의 근본이고 이런 가족 및 국가의 구성원으로서, 즉 타자와의 관계 속에서 비로소 인간의 참다운 본성인 자율성은 제대로 발휘될 수 있다는 말이다. 그러므로 관계 속에서의 삶은 자율성과 양립 불가능한 것이 아니라, 오히려 자율성의 가능조건이다. 인간의 개성의 실현 역시 성공적인 관계의 망에서의 체험과 분리되어 생각될 수 없다. 물론 기존의 여러 관계가 인간의 자유를 억압하는 것일 수 있다. 그렇다고 인간이 이런 관계를 벗어나 고립된 상태에서 자유를 회복할 수 있는 것은 아니다. 문제는 인간의 여러 관계를 지속적으로 재구성하고 비판하면서 인간의 삶을 의미 있게 해줄 수 있도록 하는 것이다. 이런 맥락에서 에임스는 공자의 군자와 소인의 구별을 공동체 내에서의 성공적인 삶의 여부와 관련해서 이해해야 한다고 강조한다. 즉 "공자는 계속 사회-정치적으로 형성된 군자와 공동체에 주어진 가능성의 역할과 관계를 계발하는 데 실패한 소인을 비교하고 있다"는 것이다.[72]

주희의 공 이론은 생태적 사유를 포함하고 있다는 점에서도 서구의 개인주의 및 민주주의의 한계를 돌파할 수 있는 사상적 단초를 보여준다. 주지하듯이 오늘날 민주주의와 정치적 자유는 위기에 처해있다. 그러나 그 위기는 신자유주의적 세계화의 실패로 인한 사회적 불평등에만 그 뿌리를 두고 있는 것은 아니다. 생태위기가 보여주듯이 자연을 오로지 효율적인 자원으로 간주하는 과학기술문명과 결합된 자본주의적 시장경제 체제는 커다란 위기에 처해 있다. 주희의 생태적 사유방식으로 서구의

---

71) 주희, 『大學·中庸集註』「中庸章句」20, 앞의 책, 92쪽.
72) 로저 에임스, 『동양철학, 그 삶과 창조성』, 앞의 책, 39쪽.

시민사회 이론 및 정치적 자율성 이론을 지양하는 것이 필요한 이유이다.[73]

인간과 자연의 대결 속에서 자유가 가능하고 인간의 존엄성이 확보되며 인간의 번영이 지속되리라는 생각은 더 이상 타당성이 없다. 과학기술문명과 연결되어 존속하는 자본주의적 시장경제 질서 그리고 이 질서 속에서 움직이는 정치제도인 민주주의는 이제 갈림길에 처해 있다. 그렇다고 인권과 자유 그리고 민주주의적 이념을 포기하자는 것이 아니다. 생태위기는 인권과 민주주의의 토대와 근원이 무엇인지를 우리에게 성찰할 것을 요구하고 있다. 인간의 자유로운 번영을 도와주도록 인간과 자연의 관계 및 여러 사회적 관계를 재구성하는 작업에서 천지만물의 화육과 조화에 대한 유교적 사유방식은 중요한 사상적 자원이다.[74] 자연과 인간의 조화에 대한 유학의 사유방식을 민주주의와 정치적 자율성의 이념에 대한 심화작업과 연결해서 사유하는 작업은 지속되어야 한다.

---

73) 이 주제에 대해서는 나종석, 「인격과 물건의 이원론에서 생태적 공공성으로―칸트 윤리학과 서구 근대의 한계에 대한 성찰」, 『철학연구』 126, 2013, 25~52쪽 참조.
74) 인간과 천지만물의 조화에 대한 생각은 유학의 독점물이 아니다. 인간과 천지만물의 일체에 대한 생각은 자연과 인간의 관계에 대한 동양인의 기본 입장으로 장자나 불교에서도 나타난다. 위잉스(余英時), 김병환 옮김, 『동양적 가치의 재발견』, 동아시아, 2007, 83쪽 참조.

2부

실학의 새로운 이해와 공공성

다산(茶山)의 실학적 공공성의 구조와 성격 : 몇 가지 비판적 고찰

박 영 도

I. 들어가는 말

다산은 자신의 시대의 총체적 위기상황을 "터럭하나 만큼이라도 병통 아닌 것이 없는바, 지금이라고 고치지 않으면 반드시 나라가 망한 다음이라야 그칠 것이다"[1]라고 요약했다. 조선사회를 조직해온 유교적 공공성의 문법이 붕괴의 위기에 처했다는 진단으로 이해할 수 있을 것이다. 한편으로는 토지겸병으로 부의 집중이 가속화되고 관료들의 지대추구 활동과 가렴주구로 민생은 피폐했다. 다른 한편 공론정치는 특정 정치파벌의 수중에 들어가 본연의 비판적이고 공적인 기능을 상실하고 권력추구의 전위부대로 변했다. 유교적 공공성의 양 날개라고 할 수 있는 민본적 공공성과 공론장의 숙의적 공공성이 모두 파괴되고 있었던 것이다. 어떤 점에선 오늘날 우리의 상황과도 유사한 면을 보여주는 이러한 위기상황에서 다산 실학이 출현했다. 그런 점에서 그것은 위기의 유학이었고, 경학과 경세론의 측면에서 공히 적극적으로 위기의 타개를 모색했다는 점에서 비판적 유학이었다.

---

* 이 글은 『동방학지』 제160집(2012. 12. 30)에 실린 논문을 재수록한 것이다.
1) 정약용, 이익성 옮김, 『경세유표 1』, 한길사, 1997, 79쪽.

다산(茶山)의 실학적 공공성의 구조와 성격 : 몇 가지 비판적 고찰 113

그럼 이 비판적 유학으로서의 다산 실학이 구상했던 공공성은 어떤 모습이며, 그 의의는 무엇일까? 이것이 이 글의 질문이다.

먼저 다산의 실학적 공공성을 이해하기 위한 배경으로서 유교적 공공성의 문법을 개괄하고(II장), 이어서 다산이 천리 개념에서 상제 개념으로 이행한 것이 실학적 공공성을 구성하는 포괄적인 규범적 지평에 어떤 영향을 미쳤는지를 살펴본다(III장). 그 다음 다산 실학에서 민본적 공공성의 구조와 그 성격을 살펴볼 것이다(IV장). 그리고 조선시대 정치의 특징인 공론정치의 공공성이 다산 실학에서 어떤 운명을 겪는지를 비판적으로 검토할 것이다(V장). 마지막으로 우리 시대에 공공성에 제기된 도전에 비추어 다산의 실학적 공공성의 의의와 문제점을 요약하도록 하겠다(VI장).

II. 유교적 공공성에서 실학적 공공성으로

유교적 공공성의 위기 속에서 다산이 추구한 실학적 공공성의 모습은 여전히 불투명한 상태이다. 그 윤곽이나마 잡으려면 다산의 정치사상의 전체 면모를 파악해야 할텐데, 우선 다산 스스로 그러한 전체적 면모를 보여준 저작이 없고, 그 동안 많은 다산 연구에도 불구하고 다산의 실학적 공공성의 전체 면모를 드러내는 연구는 아직 부족한 듯하다.[2] 게다가 이른바 '아담 스미스 문제'에 비유하여 말하는 '다산 정약용 문제'가 있다.[3]

---

2) 시대별 다산 연구의 문제의식에 대해선, 『시대의 답을 다산에게 묻다 : 다산 정약용과 한국의 사회/인문과학』, 강진다산실학연구원 제10회 학술세미나 자료집, 2012. 7. 28 참조. 다산 연구 경향 전반에 관해서는 이봉규, 「다산학 연구의 최근 동향과 전망」, 『다산학』 6호, 2005, 135~177쪽 ; 철학분야에선 백민정, 「보론-정약용에 대한 기존 연구경향과 그에 대한 반성」, 『정약용의 철학』, 이학사, 2007, 409~472쪽 ; 정치론 분야에서의 최근 연구경향과 쟁점에 대해선 이봉규, 「경학적 맥락에서 본 다산의 정치론」, 송재소 외, 『다산 정약용 연구』, 사람의 무늬, 2012, 67~75쪽 참조.
3) 박홍기, 『다산 정약용과 아담 스미스』, 백산서당, 2008, 137~151쪽.

즉 다산의 사유체계가 결코 정합적인 것이 아니라는 것이다. 도덕과 정치의 긴장관계가 그러하고, 다산실학을 구성하는 3축, 즉 아버지, 군주 신으로 대변되는 3축의 부정합 관계에서 터져 나오는 파열음이 그러하다.4) 이러한 상황 때문에 다산의 실학적 공공성의 전체적 면모를 그려보기는 쉬운 일이 아니다. 그러나 다산의 복합적 사유체계의 어느 한 측면만 떼어내어 그의 실학적 공공성을 운운하기도 어렵다. 진퇴양난이다. 그럼에도 한 가지 가능한 길이 있다면 그것은 다산이 비판적으로 재구성하고자 했던 주자학 중심의 유교적 공공성의 문법을 준거점으로 삼아서 다산의 실학적 공공성을 재구성해보는 길일 것이다.5)

송대에 본격적인 모습을 드러낸 유교적 공공성의 문법은 전통적인 민본주의 정치사상이 성리학적 사유에 기초한 유교적 계몽사상과 만나면서 출현한 유교적 계몽의 정치와 함께 형성되었다고 할 수 있다. 이 계몽의 정치는 "천명을 가리켜 성이라고 한다"(天命之謂性)는 명제로 요약되는 패러다임 이행, 즉 천명에서 천리로의 이행과 함께 시작한다. 주대 이후 민본주의 사상에서 정치권력을 정당화하는 원천이자 비판하는 원천은 천명이었다.6) 그러나 그 천명의 수신자는 왕이었고 그런 점에서 천명은 정치권력을 제어하는 기능보다 정당화하는 기능이 우선일 수밖에 없었다. 정치권력과 그것을 정당화하는 원천이 사실상 분리되지 않은 상태였다. 그러나 송대에 이르러 천명의 수신자는 왕에서 모든 인간에로 확장된다. 이제 천명은 왕조의 시조에 내려 왕통을 통해 계승되는 것이 아니다. 오히려 천명은 끊임없는 "낳고 낳음"(生生)의 이치인 천리가 모든 인간에게

---

4) 최진덕, 「다산실학의 구조와 그의 복제상제론」, 김형효 외, 『다산의 사상과 그 현대적 의미』, 한국정신문화연구원, 1998, 243~250쪽.
5) 유교적 공공성의 문법에 대해선 이 책 1부에 있는 박영도, 「주권의 역설과 유교적 공공성」; 「세종의 유교적 법치」, 정윤재 외, 『세종의 국가경영』, 지식산업사, 2006, 279~314쪽 참조.
6) 민본주의에 대해선, 김형효 외, 『민본주의를 넘어서』,청계, 2000 참조. 특히 이 책에 실린 최진덕, 「유학의 민본사상, 그 이상과 현실」 참조.

본래적으로 주어져 있는 것을 가리킨다. 이 천리가 모든 개체에게 품수된 것이 성인데, 그것이 곧 천명인 것이다. 이제 정당성의 원천은 왕조의 설립자에게 내리는 천명이 아니라 모든 개개인에게 내재된 천리(혹은 천리로서의 천명)에 있다. 정치권력과 그 정당성 원천의 분리가 이루어진 셈이라고 할 수 있다.

정당성의 새로운 규범적 원천인 천리를 통해 형성된 포괄적인 규범적 공공성을 천리의 공공성이라고 부를 수 있을 것이다.[7] 그것은 법가적 법치에서 전형적으로 등장하는 국가적 공공성의 빈터를 채우면서, 즉 주권자의 자의를 규제하면서 그 국가적 공공성에 정당화와 비판의 가능성을 제공해주는 원리였다. 또한 그것은 유교적 정치와 유교적 공공성의 전체에 그 통일성과 형식을 부여하는 가장 포괄적인 규범적 조직원리였다.

민이 곧 천의 거울이라는 유교적 민본주의의 구도에 따라, 유교적 계몽의 정치는 이 천리의 공공성을 민생의 영역과 민의의 영역에서 관철하는 형태로 전개되었다. 먼저 "낳고 낳음의 원리"인 인(仁)의 원리를 민생의 영역에서 관철시킬 때 등장하는 공공성이 바로『예기』「예운」편에 나오는 대동사상을 이념형으로 하는 공공성인데,[8] 이것을 우리는 민본적 공공성이

---

7) 의미론적 측면에서 이 천리의 공공성의 이념인 개방성, 열림, 소통성을 잘 보여주는 것이 다음 대목이다. "천지만물은 나와 한 몸이므로 마음에 사사로운 가림이 없으면 자연스럽게 사랑하고 공평하게 되니, 이것을 인(仁)이라고 한다. 만약 이러한 이치에 밝지 못하여 사사로운 생각에 의해 막히고 끊어지게 되면 너와 내가 형체로 나뉘게 되어 교섭이 없게 된다. 비유하자면 수족이 마비되어 기운이 서로 관통하지 않게 되어 아프고 가려워도 상관하지 않게 되는 것과 같다. 이것은 사지를 가진 몸의 불인이다." 주희, 여조겸 편저, 이광호 역주,『근사록 집해1』, 아카넷, 2004, 116쪽.

8) "대도가 행해질 때 천하가 공적인 것이 된다. 현자를 뽑고 능력 있는 사람에게 (관직을) 수여하며 신의와 화목을 가르친다. 그러므로 사람들은 자신의 어버이만 어버이로 여기지 않고, 자기 자식만 자식으로 여기지 않는다. 노인이 (편안한) 여생을 보내게 하며, 장년에게는 일할 여건이 보장되고, 어린이는 길러주는 사람이 있으며, (의지할 곳이 없는) 과부와 홀아비를 돌보며, 병든 자도 모두 부양받는다. … 재화가 땅에 버려지는 것을 싫어하지만 반드시 자기가 (사적으로) 저장할 필요가 없다. 스스로 노동하는 것을 싫어하지만 반드시 자기만을 위해서 일하지도 않는다. 그러므로 (남을 해치려는) 음모가 생기지도 않고 도적이나 난적도 발생하

라고 불러볼 수 있을 것이다. 그리고 천리의 공공성이 민의가 만나는 공론장에서 민의의 합리적 핵심을 파악하여 정치의 정당성을 제공하고 국가적 공공성을 견제하는 것이 유교 특유의 공론정치인데, 이 공론정치에서 관철되는 공공성을 우리는 숙의적 공공성이라고 부르고자 한다. 그런 점에서 유교적 공공성은 법적 형식 속에서 권력을 조직하는 국가적 공공성을 천리의 공공성과 민본적 공공성, 그리고 숙의적 공공성이 에워싸고 있는 구조를 갖는다고 할 수 있다.9)

송대 유교적 계몽의 정치 자체가 일종의 도덕과 정치의 변증법을 통해 출현한 것이지만,10) 그 이후의 역사에서도 그것은 고유의 변증법적 과정을 겪는다. 한편 그것은 규범적 원리로서의 천리가 민본적 공공성과 숙의적 공공성으로 관철되는 양상으로 전개되지만, 다른 한편 거기서 대면하는 민생과 민의의 사실적 역동성이 역으로 규범적 원리에 변화의 압력을 가하게 된다. 이러한 과정은 중국의 경우 명청 교체기의 사상에서 뚜렷이 드러났는 바,11) 이것을 잘 보여주는 사례가 대진(戴震)의 인(仁) 개념이다. 물아일체의 천리인 인(仁)이 민본적 공공성의 차원에서 민생의 물질적 삶의 역동성과 접하면서 변용되어 이제 자아와 타자 간의 물질적 삶의 사회적 관계 속에서 다음과 같이 재해석된다. "자기의 삶을 이루고자 하면서 또한 남의 삶까지 이루어주는 것이 인(仁)이다. 자기의 삶을 이루고자 하여 남의 삶을 해치고도 아무렇지도 않게 생각하는 것이 불인이다."12)

지 않는다. 그러므로 (집집마다) 바깥문을 닫을 필요가 없다. 이런 상태를 대동이라고 한다."(『예기』, 「예운편」)

9) 본서 29쪽에 있는 '<그림> 유교적 공공성의 문법'을 참조할 것.

10) 여기서 도덕과 정치의 변증법은 정치권력의 정당성의 원천이 천리의 이름으로 왕통으로부터 분리된 후 정치권력에 대한 정당화와 비판의 무기로 작동하는 과정을 가리킨다. 이에 대해선 이 책 1부에 있는 박영도, 「주권의 역설과 유교적 공공성」, 그리고 이 변증법의 시대적 배경에 대해선, Peter K. Bol, 『역사속의 성리학』, 예문서원, 2010 참조.

11) 이에 대해선 미조구치 유조, 김용천 옮김, 『중국 전근대 사상의 굴절과 전개』, 동과서, 2007.

12) 대진(戴震), 『맹자자의소증』, 임옥균 옮김, 홍익출판사, 1998, 47쪽.

이와 동일한 맥락의 사상적 변화가 조선에서는 조선후기의 실학사상 속에서 그 모습을 드러냈고[13], 특히 다산의 사상에서 이 변증법적 과정이 선명하게 드러난다.[14] 앞서 지적했듯이, 다산이 체험했던 총체적 위기상황 은 곧 조선에서 모범적으로 관철되었던 유교적 계몽의 정치의 양대 축인 민본적 공공성과 숙의적 공공성이 모두 파탄의 지경에 이르렀음을 말한다. 따라서 이러한 총체적 위기에 대한 대응으로서 다산은 주자학적 사유와 정치질서의 개혁을 대안으로 제시했다. 그 개혁사상은 국가적 공공성, 천리의 공공성, 민본적 공공성, 숙의적 공공성 모두에 걸쳐 진행되었는데, 이를 통해 다산이 구상한 공공성의 전체 면모를 우리는 실학적 공공성이라 고 부를 수 있을 것이다. 이제 유교적 공공성에서 실학적 공공성으로의 이행을 천리에서 상제로의 이행, 민본적 공공성의 변화, 국가적 공공성의 강화와 숙의적 공공성의 축소라는 세 측면에서 살펴보기로 하겠다.

III. 천리에서 상제로의 이행과 그 함의

유교적 공공성에 비교할 때 다산의 실학적 공공성이 갖는 가장 뚜렷한 특징은 역시 포괄적 공공성을 구성하는 원리의 차이에서 찾아볼 수 있다. 그 차이를 '천리로부터 상제로'라고 요약할 수 있을 것이다. 앞서 언급했듯 이 천리는 천명 개념을 대체하며 등장한 정치권력의 정당성의 원천으로서, 국가적 공공성을 에워싸는 포괄적 공공성의 구성원리였다. 그런데 이제 다산은 상제라는 개념을 통해 천리로부터 다시 천명으로 되돌아가는 길을

---

13) 실학사상의 전반적 흐름에 대해선 연세대학교 국학연구원 편, 『韓國實學思想硏究』 1·2·3·4, 혜안, 2006·2006·2012·2005 참조.
14) 이러한 동아시아 차원의 사상적 변화 속에서 다산의 위치에 대해선, 김대중, 「동아시아 차원에 본 탈성리학적 정치론—황종희, 오규 소라이, 정약용」, 『한국실 학연구』 13, 한국실학학회, 2005 ; 이봉규, 「경학적 맥락에서 본 다산의 정치론」, 2012, 109~118쪽.

밟는다.

천리에서 상제로의 이행이 인간관과 왕정의 측면에서 능동적이고 실천적인 활동가능성을 열어주었고, 그 결과 실제로 실천적 인간주의와 군주의 적극적 통치활동을 강조하는 새로운 왕정관이 등장했다는 점에 대해선 별 이의가 없는 듯하다. 하지만 이 새롭게 열린 관점의 성격과 사상사적 의미는 무엇인가? 특히 그것이 실학적 공공성의 포괄적인 규범적 기대지평과 관련하여 어떤 결과를 가져오는가?

천리에서 상제로의 이행에 관한 논의에서 흔히 간과되는 한 가지 중요한 계기가 있다. 그것이 사회적인 것의 복구라는 계기이다. 이것을 가장 잘 보여주는 것이 인 개념에 대한 다산의 해석이다.

> 도란 사람이 따라가야 하는 길이다. 인(仁)이란 두 사람이 서로 관여하는 것이다. 어버이를 효성스럽게 섬기는 것이 인이니 아버지와 자식이 두 사람이다. ⋯ 목민관이 자애로움으로써 백성을 다스리는 것이 인이니, 목민관과 백성이 두 사람이다. ⋯ 무릇 두 사람 사이에서 그 도를 다하는 것이 인이다. 그러나 효제가 그 근본이다.[15]

인을 "두 사람이 서로 관여하는 것"으로 파악함으로써 다산은 유교 사상 내부에서 일종의 사회적-실천적 전회를 수행한다. 이와 함께 유교적 도덕질서에 대한 논의의 무게중심은 우주의 심연으로 이어지는 그 심학적, 자연적 근거에 대한 사변적 성찰로부터 구체적 생활영역에서의 도덕적 실천으로 이동한다. 공공성 문제와 관련해서도 이 전회는 매우 큰 함의를 갖는다. 왜냐하면 이 전회와 함께 사회적 실천을 조직하고 규제하는 공적 원리를 더 이상 자연이 아니라 사회적 실천 내부로부터 끌어낼 수 있는 그야말로 사상사적 혁명의 가능성이 열릴 수 있기 때문이다. 다시 말해서 천리의 공공성과 민이 만나는 두 지점인 민본적 공공성의 영역과 숙의적

---

15) 이지형 역, 『譯註 論語古今註 1』, 사암, 2010, 79쪽.

공공성의 영역 내부로부터 사회의 조직원리를 재구성할 수 있는 가능성이 시야에 들어오기 때문이다.[16] 그러나 아쉽게도 다산의 사상에서 이 가능성은 열리는 순간 닫히고 만다. 왜냐하면 다산은 성리학의 인간/우주 패러다임을 해체하면서 그 모습을 드러낸 사회적 실천의 지평을 다시 인간의 도덕적 실천을 명령하고 감시하는 적극적인 주재자인 상제에로 환원시켜버리기 때문이다. 이로써 사회적 실천 영역의 내부로부터 실천을 인도하는 공적 원리를 재구성할 수 있는 가능성은 배제되고 만다.

이제 인간/우주라는 성리학적 기본틀을 대신하여 인간/신(상제)의 틀이 다산의 실학적 사유를 조직하는 기본틀로 등장한다. 그런데 사실상 양자는 규범적 실천의 사회적 지평이 시야에서 사라질 때 등장하는 일란성 쌍둥이 남매와 같다고 할 수 있다. 즉 규범적 실천의 사회적 지평 자체가 자연에로 환원되면서 투사될 때 도덕원리로서의 천리가 등장하고, 그 지평이 인격체에로 환원되고 투사될 때 일종의 이중화된 인간으로서의 초월적이고 인격적인 주재자인 상제가 등장하는 것이다. 전자에선 도덕질서의 근거가 자연으로 투사되고, 후자에선 신에게로 투사된다.

인간/상제(신)의 틀은 동아시아의 전근대적 사유를 상징하는 것이라고 할 수도 있는 인간/우주의 틀을 깨트리면서 다산 실학 특유의 실천적 인간주의라는 지평을 열었다. 그러나 이 실천적 인간주의에 담긴 근대 지향성이 기이하게도 인간/신이라는 서구적 전근대를 상징하는 사유구도에 의존하여 성립하게 된 것이다. 물론 다산 상제 개념의 동아시아적 연원에 대한 연구들이 나름의 근거가 없는 것은 아니지만 다산의 상제사상에서 결정적 계기는 역시 마테오 리치의 『천주실의』였다는 점을 부인하기는 어렵다.[17] 이와 함께 다산 실학에서는 효제(孝弟)라는 전형적인 유교

---

16) 앞서 언급한 대진의 인(仁) 개념이 그런 대표적 사례의 하나라고 할 수 있다.
17) 마테오 리치, 주희, 정약용 간의 지적 관계에 대한 균형 잡힌 연구로는 백민정, 『정약용의 철학』, 이학사 2007을 참고. 다산의 상제 개념의 사상사적 연원에 대한 기존 연구들에 대한 리뷰로는 백민정의 앞의 책에 실린 「보론 : 정약용에 대한 기존 연구경향과 그에 대한 반성」을 참조.

윤리와 실천적 인간주의라는 근대지향적 요소, 그리고 상제라는 (서구적인) 전근대적 요소가 공존하면서 불협화음을 내는 상황이 빚어지게 된다.[18] 그러나 문제는 이 불협화음 자체가 아니라, 인간/우주 패러다임에서 인간/신 패러다임으로의 이행이 사실은, 특히 오늘의 시점에서 본다면, 득보다 실이 많은 것일 수 있다는 데 있다. 공공성의 문제와 관련해서도 그렇다.

먼저, 인간/신 패러다임의 등장은 유교사상이 오래 전에 벗어난 신적 사유로 다시 회귀했다는 것을 뜻한다. 그런 점에서 그것은 유교적 계몽의 역사적 경로를 거꾸로 되돌리는 특이한 반전이었다. 게다가 천리를 대신하여 신(상제)이 등장하면서 서구적 계몽의 변증법의 달갑지 않은 운명까지 함께 묻어 들어왔다. 왜냐하면 인간/신의 사유모델에서 자연은 신과의 특수 관계에 있는 인간의 향유를 위해 지배와 통제의 대상으로 전락하는 경향이 나타나기 때문이다. 다산의 실천적 인간주의도 이러한 경향에서 자유롭지 않다.

> 천하의 모든 인간은 처음 배태될 때 이 영명스러운 마음을 부여받아 만류를 초월하여 만물을 **향유하고 이용**하고 있다. 그런데도 오늘날 건순오상의 덕을 사람이나 만물이 함께 얻었다고 말한다면 누가 **주(主)**이고 **노(奴)**이겠는가. 아무런 등급이 없으니 어찌 상천이 만물을 낳는 이치가 본래 이와 같겠는가. 인의예지란 이름은 본래 우리 인간의 **행사(行事)**에서 생기는 것이지 결코 마음에 내재한 현리가 아니다. 인간이 천으로부터 받은 것 중에 오직 이 영명만이 인의예지를 행할 수가 있는 것이다.[19]

상제가 인간에게 부여한 영명한 영혼은 단순히 행사 속에서 도덕적 실천을 수행하는 능동적 근거로 작동할 뿐 아니라 "만물을 향유하고 이용"

---

18) 최진덕, 「다산실학의 구조와 그의 상복제도론」, 김형효 외, 『다산의 사상과 그 현대적 의미』, 한국정신문화연구원, 1998.
19) 『國譯 與猶堂全書』(전남대 호남학연구소), [중용강의보] 권1, 전주대 출판부, 1986, 264쪽.

하는 특권의 근거이기도 한 것이다. 사회적-실천적 선회에서 사회적 지평이 사라지면서 실천적 선회의 측면만 남고, 이 실천적 측면이 인간/상제의 틀 속에서 능동적인 도덕적-실천적 "행사"와 "만물의 향유와 이용"을 두 가지 중요한 계기로 갖는 실천적 인간주의라는 모습으로 구체화된 것이다. 그리고 이 실천적 인간주의와 함께, 외적 자연으로부터 해방되기 위해 내적 자연을 통제해야 하는 서구적 계몽의 변증법의 불길한 운명이 다산의 사유의 실학성 속에 스며들게 된다.

그 결과, 적어도 다산의 사상 안에서는, 우리가 "편안히 머무를 안택(安宅)"이 사라지고 만다. 성리학적 사유에서 인이 담당하는 핵심 역할은 바로 이 "안택"을 제공한다는 데 있었다. 여기서 인간과 "안택"의 관계는 새와 새장의 관계 같은 것이 아니다. 안택은 폐쇄공간이 아니라 무한히 열린 공간이다. '인' 개념이 안택을 제공할 수 있었던 것도 인이 자연=우주와의 막힘없는 소통으로 이해되었기 때문이다. 다산에서 기술적 통제의 대상으로 전락한 자연이 그런 역할을 하지 못하리라는 것은 당연한 일이다. 그러나 이보다 더 중요한 점은 자연을 대체하여 새롭게 인륜적 질서의 원천으로 등장한 다산의 상제 역시 우리에게 그러한 안택을 제공할 여유를 지니지 못한다는 데 있다. 오히려 그 상제는 끊임없이 명령하고 감독하고 감시하고 다그친다.

사람이 태어나면 욕심이 없을 수 없다. 욕심대로 채우기 위해 못된 짓이라고는 하지 않는 것이 없다. 하지만 사람이 드러내놓고 나쁜 짓을 저지르지 않는 것은 **삼가고 두려워하기** 때문이다. … 군자가 어두운 방 안에 있을 때 두려워하면서 감히 악을 저지르지 못하는 건 **상제**가 자신에게 임하고 있음을 알기 때문이다. … 지금 명, 성, 도, 교 모두 일리에 귀속시킨다면, **리는 본래 지각도 없고 또한 위능도 없으니 어찌 삼갈 바요 어찌 두려워할 바이겠는가?**[20]

---

20) 『國譯 與猶堂全書』(전남대 호남학연구소), [中庸自箴] 권1, 202~203쪽(번역은 다소

하늘의 영명(靈明)은 인심과 통하여 숨겨 있으되 나타나지 않은 것이
없고, 미세하되 밝혀지지 않은 것이 없어, 거처하는 그 집을 굽어보며
나날이 감시함이 여기에 있다는 것을 진실로 아는 사람이 있다면 비록
대담한 사람일지라도 경계하고 삼가고 두려워하지 않을 수 없을 것이다.[21]

다산은 상제에 대한 존재 증명을 시도하지 않았다. 다산에게 상제는
존재론적으로 근거지어진다기보다는 윤리적으로 요청될 뿐이다.[22] 그것
도 두려움의 기제를 통해 "행사"에서의 도덕적 실천을 감독하고 감시하기
위해 요청된다. 이것은 천리의 공공성을 대신하여 상제와 양심이 제공하는
새로운 도덕적 공적 공간이 감독과 감시의 공간이라는 성격을 갖게 됨을
뜻한다. 그 공간에는 편안함과 여유로움을 안겨줄 윤리적이고 심리적인
여백이 없다. 거기엔 기독교 보편주의 본연의 사랑과 자비의 감각도 결여되
어 있다. 상제가 제공하는 공공성에는 연비어약(鳶飛漁躍)의 생동감이나
열린 소통이라는 이미지보다는 명령과 감시, 닫힘이라는 이미지가 먼저
떠오른다.[23]

이러한 이미지는 상제의 명령을 통해 열리는 규범적 공간에서 인간이
결코 도덕적 자율성을 누리지 못함을 보여준다. 규범적 측면에서 다산의
실천적 인간주의를 특징짓는 중요한 성과는 자주지권(自主之權), 권형(權衡)

수정 : 강조는 필자).

21) 위의 책, 204쪽.

22) 장승구, 『정약용과 실천의 철학』, 2001, 67~69쪽 ; 성태용, 「다산 철학에 있어서
계시 없는 상제」, 『다산학』 5호, 2004, 120, 123~124쪽. 다산에서 상제는 윤리적으로
요청된 상제가 옛 경전의 권위에 의탁하여 기정사실인 것처럼 간주된다. 어떤
점에선 시대적 과제를 해결하기 위해 기능적으로 요청된 것의 존재를 보장하기
위해선 이것이 유일하게 가능한 길이었을지도 모른다. 만약 이것이 아니라면
신존재에 대한 신학적 믿음을 명시적으로 표명할 수 없었기에 그런 경로를 취할
수밖에 없다는 해석이 가능할 것이다.

23) 아마도 이것은 다산의 상제 개념이 기독교의 천주도 아니고 동아시아 고유의
상제도 아니라 양자의 결합의 산물이라는 데서 생기는 의도치 않은 결과일 수도
있을 것이다.

이라는 형태로 자유의지, 선택의 자유라는 개념을 도입했다는 데 있다. 그리고 다산이 자주지권, 권형 개념을 주목한 것은 이를 통해 선과 악에 대한 도덕적 감수성, 자신의 행위에 대한 윤리적 책임의식을 강화시키기 위해서였다.

> 다만 선하지 않을 수 없다면 사람에게 공이 없는 것이다. 이에 또 선할 수도 있고 악할 수도 있는 권형을 부여하여, 그의 자주력에 따라 선으로 향하려고 하면 이를 들어주고, 악으로 나아가려고 하면 이를 들어주었으니, (사람의) 공과 죄가 여기에서 일어나게 되는 것이다. … 이로부터 이후에 선으로 향하는 것은 너의 공이고, 악으로 향하는 것은 너의 죄이니 두려워하지 않을 수 있겠는가?[24]

확실히 자주지권의 도입은 윤리적 책임의식을 일깨우고 강화시키는 효과가 있다. 그러나 선악에 대한 윤리적 감수성의 증대가 반드시 자율성의 증대를 의미하는 것은 아니다. 그것이 외부로부터 부과되는 경우 오히려 윤리적 자율성을 해치는 경우가 종종 있는데 다산에서 바로 그러한 경향이 나타난다. 성리학에서도 그랬지만 다산 실학에서도 제기되는 핵심 문제는 어떻게 우리가 보편적 도심을 행위의 준칙으로 삼을 수 있는가 하는 문제이다. 이때 행위자가 자신의 행위준칙을 선택할 수 있다는 점이 자주지권이다. 그러나 이 선택의 자유 자체는 자율성이 아니거니와 자율성을 보장하지도 못한다. 자율성의 요체는 자발적으로 보편적 도심을 자신의 행위준칙으로 삼는 데에 있다. 이때 보편적 공적 공간이 열린다. 그런데 이것은 자주지권에만 의존해서는 이루어지지 않는다. 바로 이 때문에 다산은 상제의 명령과 감독과 감시를 끌어들인다. 그러나 그 순간 자율성은 타율성으로 뒤바뀐다.
동아시아의 인간/우주의 구도 속에서 도심을 자신의 행위준칙으로 삼는 과제가 바로 천인합일의 과제이다. 그러나 이것은 어디까지나 인간이

---

24) 이지형 역주, 『譯註 論語古今註』 5, 사암, 2010, 79~81쪽.

스스로 이룩해야 할 몫이다. 다시 말해서 도심을 자신의 행위준칙으로 삼는 것은 외부의 힘에 의탁해서가 아니라 인간이 자신의 성찰과 거경함양을 통해 온전히 떠맡아야 할 과제인 것이다. 이 힘든 과제를 수행할 효율성과 지속성을 높이기 위하여 다산은 감독하고 감시하는 상제를 도입한 셈이다. 그것이 실용적 맥락에서 보편적인 신적-도덕적 공공성으로의 진입을 향한 인간의 노력을 좀 더 용이하게 해주었을 수도 있겠지만, 근본적으로는 인간의 자율성을 박탈하고 만다. 자연의 소리에서 얻을 수 있는 어떤 열림에 대한 존재론적 자유의 감각 대신 이제 상제의 목소리에서 우리는 끊임없는 강박과 불안을 느낀다. 성리학에서 천인합일로 가는 길은 비록 험난한 길이지만, 그것은 스스로 다짐하며 걸어야 할 길이었지 다른 누군가에 의해 감독받고 감시받으면 걸어가야 하는 길은 아니었다. 그 길은 단순한 기율과 훈련의 길이 아니라 항상 길옆의 풍경을 완상하면서 걸어가고 또 가다가 쉴 곳도 있는 산책로이기도 했다. 그러나 도덕적 행위의 공과를 기록하는 고적(考績)에 여념이 없는 상제와 함께 가는 길에선 우리의 발길을 잡는 자연의 풍경은 효율성의 이름으로 지워진다. 그리고 그 기율의 길을 통해 마침내 도달하게 될 공간도 자율성의 공간은 아니었다. 유교적 공공성의 파괴에 대응하여 실학적 공공성을 재구성하려는 다산의 기획은 매우 실천적이고 실용적인, 그러나 닫힌 규범적 지평에서 출발한다.

이것이 다산 실학적 공공성의 다른 측면에 어떤 영향을 미칠까? 그 영향은 공공성의 측면에 따라 상이한 양상으로 나타난다. 실학적 공공성이 천리가 아니라 상제의 규범적 안내를 받게 되면서 민본적 공공성의 차원은 실용적 기조 위에서 세분화되면서 근대지향적 특징이 드러나게 된다. 그러나 숙의적 공공성은 오히려 국가적 공공성의 강화라는 과제에 묻혀 약화되는 경향이 나타난다. 이제 이것을 살펴보자.

IV. 민본적 공공성의 이념과 그 분화

전통적으로 유교적 정치의 이념은 인정(仁政)으로 제시된다. 소극적으로 이것은 천리로부터 도출되는 '인(仁)'이라는 도덕원리를 통해 군주의 자의를 규제하려는 정치이념으로 이해할 수 있다. 그러나 적극적인 면에서 보면 그것은 천리의 공공성을 구성하는 인(仁)의 원리를 민생의 장에서 사회적으로 실현하려는 정치적 계몽의 기획이다. 이미 말했듯이, 이런 경로를 통해 천리의 공공성이 민생의 사회적 삶의 차원에서 실현되는 것이 바로 민본적 공공성이다. 다산이 천리 개념을 상제 개념으로 대체하면서, 군주의 자기수양을 강조하는 정적인 수덕주의적 왕정관을 넘어서서 군주의 능동적 통치활동을 강조하는 수행적이고 작위적인 왕정관에 방점이 찍힌다. 그럼 이런 전회의 효과가 민본적 공공성의 차원에서 어떤 형태로 나타나고 그 성격은 무엇인가?

주지하다시피 유교의 기본 정치이념은 덕치를 통한 왕정에 있다. 이 덕치주의의 바탕에는 인간의 인간다움은 공동체의 인륜적 삶 속에서 비로소 실현되며, 이 인륜적 질서를 온전히 실현하는 것이 정치의 목표라는 정치관이 깔려 있다.[25] 다산도 성왕의 덕치라는 정치이념을 계승한다. 그러나 다산에서 덕치는 전통적인 수덕주의적 왕정관과는 다른 중요한 차이를 보여준다.[26] 첫째, 다산에서 덕치의 바탕은 군주의 수덕주의가 아니라 위정자로서의 군주의 능동적이고 적극적인 행위이다. 둘째, 정치의 주된 과제는 민의 욕망을 실현시키는 데에 있다.

이 차이는 명명덕(明明德)과 친민(親民)의 관계에 대한 다산의 해석에서 잘 드러난다. 먼저, 다산에게 명명덕은 위정자가 단순히 좌정하여 내면의

---

25) 이봉규, 「경학적 맥락에서 본 다산의 정치론」, 송재소 외, 『다산 정약용 연구』, 사람의 무늬, 2012, 84~85쪽.
26) 이 점을 잘 보여주는 글로는 김선경, 「다산 정약용의 정치철학 : 대학공의 읽기」, 『한국사상사학』 26집, 2006을 참조.

밝은 덕을 성찰하고 자기수양하는 것이 아니다. 다산에게 명덕은 다름 아니라 효제자(孝弟慈)이고, 명명덕은 위정자가 사람들의 관계 속에서 구체적으로 효제자를 적극적으로 실행하는 것을 말한다. 그리고 위정자가 솔선수범하는 효제자가 민에게 감화를 주어 민이 스스로 효제자를 실행하는 것이 곧 친민이다. 여기까지는 다산의 덕치가 여전히 유교의 덕치사상을 좀 더 실천적인 형태로 계승하는 것에 그치는 것으로 보일 수 있다. 그러나 곧이어 다산은 작은 말바꿈을 통해 매우 중요한 전환을 시도한다.

다산은 위정자의 능동적 측면만이 아니라 민 자체의 능동적 측면을 강조하기 위하여, 즉 '민이 스스로 효제자를 실행한다'는 측면을 강조하기 위하여 친민을 민친(民親)으로 해석한다. "공자는 '선왕이 지극한 덕을 갖추고 있으니 천하가 순종하며 백성들은 화목하다'고 하였으니, 백성들이 화목하다는 것은 백성들끼리 친하다(民親)는 것이다."27) 이것은 사소한 말바꿈으로 보이지만 이 속에 중요한 전환의 단초가 담겨 있다. 이미 말했다시피 그것은 '민이 스스로 효제자를 행한다'는 능동적 측면을 강조하기 위한 것이다. 그런데 이 능동적 측면 뒤에는 더 이상 무시할 수 없는 민의 욕망이 자리잡고 있다. 우선 그것은 도덕적 원망이다. "민친"이라는 용어에는 적어도 도덕적 차원에서 스스로 질서형성에 주체적으로 참여하려는 민의 원망이 반영되어 있는 것이다. 실제로 이것은 소농사회의 기반 위에서 종법체계가 확산되고 있던 당시의 경향과 그 속에 담긴 민의 도덕적 원망을 반영하는 것이기도 하다.28) 요컨대 "민친"이라는 용어 뒤에는 정치의 관건은 민이 자신의 원망을 실현할 수 있도록 하는 데 있다는 관점이 깔려 있는 것이다.

하지만 다산이 인정한 것은 민의 도덕적 원망에 그치지 않는다. 그것보다 더 중요한 것은 부(富)와 귀(貴)에 대한 현실적 욕망이야말로 정치가 다루어

---

27) 『國譯 與猶堂全書』(전남대 호남학연구소), [大學公議] 1, 28쪽.
28) 이에 대해선 이영훈, 「18-19세기 소농사회와 실학-실학 재평가」, 『한국실학연구』 4, 한국실학학회, 2002.

야 할 중차대한 문제라는 것을 다산이 인정했다는 점이다.

> 나라를 다스리는 자의 큰 정책에 두 가지가 있다. 하나는 사람을 쓰는
> 일(用人)이고 다른 하나는 재화를 다스리는 일(理財)이다. 대체로 사람이
> 이 세상을 살아가면서 **크게 바라는 것**이 두 가지가 있다. 하나는 귀하게
> 되는 것이고 다른 하나는 부유해지는 것이다. 위에 있는 사람이 바라는
> 것은 귀함이고, 아래에 있는 사람이 바라는 것은 부유함이다. … 성인이
> 이러한 실정을 잘 알고 있기 때문에 사람을 쓸 때에는(用人) 현자를 현자로
> 대우하고 친족을 친족으로 예우하는 방식으로(賢賢親親) 군자에게 대응하
> 였다. 재화를 다스림(理財)에 있어서는 즐거운 것을 즐거운 것으로 여기고
> 이로운 것을 이로운 것으로 여기는 방식으로(樂樂利利) 소인들에게 대응하
> 였다.29)

여기서 우리는 다산이 정치를 민의 욕망을 실현시키는 문제에 체계적으
로 연결시키고 있다는 것을 확인할 수 있다. 다시 말해서 민이 자신의
욕망을 실현하도록 해주는 것이 정치의 관건이라는 다산의 정치관이 단순
히 민의 도덕적 욕망의 실현에만 국한되지 않고 부와 귀라는 민의 현실적
욕망의 실현이라는 문제에까지 확장되고 있는 것이다. 이러한 정치관을
어떻게 이해해야 할까? 확실히 민의 물질적 욕망의 실현이라는 과제는
효제의 원리의 자발적 실현이라는 유교적 덕치의 본래적 과제와는 구별된
다. 그럼 양자는 어떤 관계일까? 이때 민의 도덕적 욕망을 실현시키는
과제는 쟁점이 될 소지가 상대적으로 덜하다. 하지만 민의 물질적 욕망의
실현과 관련된 용인(用人)과 이재(理財)의 정치는 근본적인 질문을 야기한
다. 이것은 적극적 형태의 덕치로 이해할 수 있는가 아니면 덕치의 논리와
단절된 새로운 정치 패러다임을 함축하는가?

이 문제와 관련하여 이영훈은 특히 1810년대를 기점으로 다산의 정치사

---

29) 『國譯 與猶堂全書』(전남대 호남학연구소), [大學公議] 三, 92쪽(번역은 다소 수정함).

상에선 도덕과 정치의 완연한 분리가 나타나며, 이것은 다산이 전통적인 유교적 덕치의 패러다임을 벗어나 근대적 작위의 정치로 나아가는 방향성을 드러내는데, 용인과 이재의 정치는 그러한 흐름을 잘 보여준다고 주장한다.30) 같은 맥락에서 배병삼은 다산의 정치관이 단순한 수기치인의 태도를 넘어서 영토와 신민을 효율적으로 통치하고 경영하는 작위적 왕정의 정치관을 보여줄 뿐 아니라 더 나아가 그 정치적 공공성은 가(家)의 논리와 완전히 분리되어 심지어는 감찰국가의 판옵티콘적 공공성이라는 면모까지 보여준다고 우울한 진단을 내린다.31)

이러한 정치 패러다임 단절론에 반대하여 이봉규는 다산의 정치사상은 여전히 인륜에 기반한 덕치라는 유교적 정치의 기본 이념을 좀 더 효율적으로 관철하기 위한 재구성으로 이해할 수 있다고 본다.32) 「원정(原政)」에서 다산은 "바로잡는 것"(正)으로서의 정치의 본질을 균산(均産)의 실현에서 찾는다. 토지겸병을 막고 재화를 유통시켜 인민의 수요를 충족시켜 주는 왕정의 법제를 수립하고 수행하는 정치를 이영훈과 배병삼은 작위의 왕정론의 표본으로 간주하지만, 이봉규에게 그것은 효제의 인륜을 실현하는 유교적 덕치 본연의 길과 분리되지 않는다. 다산의 다음 진술이 그 증거로 제시된다.

> 왕정은 백성의 전산(田山)을 제정하고, 뽕나무 심고 가축 기르는 것을 가르치고, 아내와 자식을 인도하여 제각기 봉양하게 하는 것보다 더 큰

---

30) 이영훈, 「다산 경세론의 경학적 기초」, 『다산학』 창간호, 다산 학술문화재단, 2000 ; 「다산의 인간관계 범주구분과 사회인식」, 『다산학』 4, 다산학술문화재단, 2003 참조.
31) 배병삼, 「다산사상의 정치학적 해석」, 김형효 외, 『다산의 사상과 그 현대적 의미』, 한국정신문화연구원, 466~467쪽.
32) 이봉규, 「四書해석을 통해 본 정약용의 정치론」, 『다산학』 7, 다산학술문화재단, 2005 ; 「다산의 정치론—주자와의 거리」, 『다산학』 11, 다산학술문화재단, 2007 ; 「경학적 맥락에서 본 다산의 정치론」, 송재소 외, 『다산 정약용 연구』, 사람의 무늬, 2012.

일이 없다. … 그러므로 토지를 나누어 주고 산업을 제정하는 것은 본래 그것을 통해 봉양하며 효제의 교가 그 봉양하는 가운데 자연스럽게 행해지게 하려는 것이다. 누가 정치와 교화가 별개의 길이라고 말하는가?[33]

요컨대 균산체제를 확립하려는 다산의 개혁정치는 어디까지나 "백성들이 기본적으로 균평한 삶을 향유하는" 체제를 이룩하는 데 있지, 단순히 인민의 생산력을 증대하여 국가재정을 최대화하는 "법가적 국부론"과는 구별된다는 것이다.[34] 확실히 다산의 정치는 효제의 윤리와 분리되지 않는다. 효율적 관료체제를 정비하고 국가 공권력을 강화하는 것 그 자체가 목적인 것은 아니다. 오히려 효제라는 규범적 원리가 실제로 백성의 삶 속에서 실행될 수 있기 위한 물질적 기회와 조건을 균등하게 보장하는데 그 목적이 있는 것이다. 다시 말해서 다산에서 정치의 목적은 어디까지나 백성들이 (당시의 관점에서) 인간다운 윤리적 삶을 누릴 수 있는 물질적 조건을 확보하는데 있는 것이다.

하지만 인륜의 실현을 추구하는 정치라고 해서 모두 도덕정치, 덕치로 환원되는 것은 아니다. 규범적 목표와 그 정치적 수단 사이에 긴장이 있지 않을까? 우리가 주목해야 할 것은 규범적 목표가 유지되고 있는가 혹은 정치적 수단이 새로운 것인가 하는 것이 아니라, 규범적 목표와 정치적 수단 사이의 긴장과 그것의 성격일 것이다. 다시 말해서 다산의 실학적 정치와 실학적 공공성의 특징도 바로 이 긴장에서, 즉 효제의 원리와 다른 방식으로 작동하는 용인과 이재의 정치를 여전히 효제원리의 관철이라는 과제와 연결시키려는 시도와 이 시도에 내포된 긴장 속에서 비로소 드러날 것이다. 이재와 용인의 정치를 도덕으로부터 분리된 정치로 읽거나 반대로 그것을 실천성이 강화된 유교적 덕치의 형태로만 독해하는

---

33) 이지형 역주, 『譯註 茶山 孟子要義』, 현대실학사, 1994, 203~204쪽(번역은 다소 수정).
34) 이봉규, 「경학적 맥락에서 본 다산의 정치론」, 송재소 외, 『다산 정약용 연구』, 사람의 무늬, 2012, 90~91쪽.

경우엔, 이 긴장의 역사적, 이론적 의미를 놓칠 수가 있다.

이 의미를 읽어내기 위해 이영훈과 이봉규의 논지를 다시 한 번 살펴볼 필요가 있다. 이영훈에 의하면 다산은 당시의 조선사회가 상이한 통합원리를 갖는 영역들로 분화되는 경향을 인식했다고 한다.

> ⋯ 18세기까지의 성리학자들과 비교할 때 다산의 사유방법에서 발견할 수 있는 최대의 특징은 사회의 도덕주의적 조화와 통합의 가능성을 부정하고 갈등하고 분열하는 사회를 작위적으로 통합하기 위한 기제를 진지하게 모색하고 있다는 점이다. 바로 그 점에서 다산의 사유는 상당한 정도로 중세의 틀을 벗어나고 있었다. 다산의 사유가 근대의 문턱을 넘은 것은 아니지만 근대를 조망할 수 있는 사유체계의 징후가 그에게서 발견된다.[35]

이 지적은 타당하다. 이영훈이 다산의 저작에서 사회의 분화를 읽어낸 것은 탁견이다. 그러나 그는 분화의 경향을 보이는 상이한 사회영역들에 대해 다산이 어떤 방식의 윤리적 통합을 구상했는지는 고려하지 않고 있다. 하지만 다산 사상의 성격이나 그 현재적 의미와 관련해서 중요한 것은 영역별로 상이한 윤리적 통합방식에 있지 않나 싶다. 다른 한편 이봉규의 논지에 따르면, 이영훈이 도덕과 정치의 분리를 보여준다고 간주한 대목에서 다산이 여전히 양자의 연관을 설정한다. 이봉규가 그 근거로 제시한 것은 다음의 대목이다.

> ⋯ 성인이 그러한 실정을 잘 알았기 때문에 인재를 등용함(用人)에 있어서는 현자를 현자로 대우하고 친족을 친족으로 예우하는 방식으로 군자에게 대응하였다. 재화를 다스림(理財)에 있어서는 즐거운 것을 즐거운 것으로 여기고 이로운 것을 이로운 것으로 여기는 방식으로 소인들에게 대응하였다.[36]

---

35) 이영훈, 「다산의 인간관계 범주구분과 사회인식」, 2003, 50쪽.
36) 『國譯 與猶堂全書』(전남대 호남학연구소), [大學公議] 三, 92쪽.

즉 용인(用人)에서는 "현자를 현자로 대우하고 친족을 친족으로 예우하는 방식"을 쓰고 이재(理財)에선 "즐거운 것을 즐거운 것으로 여기고 이로운 것을 이로운 것으로 여기는 방식"을 사용한다는 점에서 용인과 이재의 정치는 도덕과 분리되지 않는다는 것이다. 이봉규의 이 지적은 타당하다. 그러나 용인과 이재를 도덕에 연결시키는 방식에서 중요한 차이가, 어떤 범주상의 차이 같은 것이 나타난다. 용인의 방식으로 제시된 현현친친은 분명 효제의 원리에 포괄될 수 있다. 그러나 이재의 방식으로 제시된 "즐거운 것을 즐거운 것으로 여기고 이로운 것을 이로운 것으로 여기는 방식"은 효제의 원리에 포괄되지 않는다. 이 차이는 무엇을 의미할까? 그것은 용인의 영역과 이재의 영역이 상이한 통합원리를 따르고 있으며, 그 두 영역이 효제의 원리와 연결되는 방식도 범주상 구별된다는 것을 뜻하는 것이 아닌가?

다시 말해서 이영훈은 용인과 이재의 영역이 효제의 영역으로부터 분화되고 있다는 점만 읽어내고, 이봉규는 용인과 이재의 영역이 다시 효제의 원리에 의해 규제된다는 점만 확인하고 있을 뿐이다. 양자는 분화된 사회영역들에서 효제라는 규범적 원리가 상이한 방식으로 관철된다는 점을 고려하지 못한 것이다. 요컨대 민본적 공공성의 영역 안에서 내부 분화가 발생하고 있다는 점을 보지 못하고 있는 것이다.

그럼 여기서 내부 분화란 무엇을 말하는가? 그것을 가족, 국가, 물질적 생산 및 교환 영역의 분화로 이해해 볼 수 있다. 이영훈은 용인과 이재의 영역을 군자와 소인의 구별과 연계하여 이해한다. 하지만 그렇게 이해할 필요는 없을 것이다. 다산 스스로 말했듯이 두 영역 모두에서 사람들은 부와 귀라는 현실적 욕망을 추구하며, 그런 점에서 양 영역은 구별되지 않는다. 그렇다면 귀(貴)의 추구가 곧 군자의 선(善)의 추구와 같다는 등식은 성립되지 않는다. 오히려 용인과 이재는 국가 관료제의 영역과 물질적 생산 및 교환의 영역이라는 영역 구별과 조응되어야 할 것이다.[37] 그렇다면 이제 다산의 사상에서 우리는 가족, 국가, 물질적 생산 및 교환영역의 분화라는 역사적 과정에 대한 감각과 이 분화된 영역들을 민본적 공공성의 틀 속에서 포괄하려는 다산의 정치적 기획을 함께 읽을 수 있는 것이다.

인륜적 질서의 차원에서 본다면 가족은 효제의 윤리가 순수하게 관철되는 곳이다. 덕치의 정치가 큰 문제없이 적용될 수 있는 부분이다. 그리고 17~8세기 조선에서 종법체제가 확대되고 있었다는 점을 감안하면 이 영역은 여전히 가장 중요한 정치적 통치의 대상이다. 여전히 인구의 대다수를 차지하는 이 영역에서 민이 스스로 효제의 원리를 실현할 수 있는 물질적 조건을 균등하게 보장하기 위해 다산은 정전제에 바탕을 둔 개혁정치를 제시한다.

둘째, 국가관료제의 영역이 있다. 다산에겐 국가 영역 자체가 대대적으로 개편되고 재정비되어야할 대상이다. 이때 이 국가 영역은 주로 용인의 기제를 통해 통치된다. 그러나 이 용인의 기제는 여전히 친친현현의 원리와 연결되어 구사된다는 점에서 효제의 윤리와 밀접한 연관을 갖는다. 다시 말해서 국가 영역을 뒷받침하는 법제와 그것을 운영하는 용인의 메커니즘 모두가 정당성과 안정성을 얻기 위해선 효제의 원리에 닻을 내려야 한다는 것이다.

셋째, 부에 대한 욕망을 추구하는 영역이다. 국가 영역에 비하면 이 영역은 비록 자립화된 사회 영역으로 분화된 정도가 아직 미약했다. 그럼에도 불구하고 이미 다산은 이 영역에선 효제의 원리가 직접 작동하지 않는다는 인식을 보여준다. 부를 추구하고 교환하는 활동 자체가 효제의 윤리를 통해 직접 규제되지는 않는 것이다. 그러나 이 물질적 부의 추구도 효제를 토대로 하는 인륜적 삶의 물질적 토대를 확보하기 위한 활동이라는 범주 속에서 이해되어야 하고, 따라서 공적으로 규제되어야 했다. 즉 더 이상

---

37) 용인의 영역이 군자와 연결된다고 하더라도 그것은 다만 관료 진출이 사대부에게만 허용되었다는 역사적 사실을 반영할 뿐이다. 오히려 이 대목에서 주목해야 할 점은, 이제 사대부까지 현실적 욕망을 추구하는 자로 간주됨으로서, 사대부가 통치의 공동주체가 아니라 통치의 대상에 포함된다는 점이다.

효제의 윤리에 의해 직접 규제되지 않는 물질적 부의 추구 역시 여전히 균산과 균평의 원리에 따른 일종의 유교적 분배정의 원리에 따라 규제받아야 했다. 하지만 이것이 물질적 부를 추구하는 활동 자체를 억제하는 방식으로 이루어져선 안 되는 것이었다. 이 때문에 이재의 정치는 "즐거운 것을 즐거운 것으로 여기고 이로운 것을 이로운 것으로 여기는 방식"을 함께 따라야 한다. 요컨대 효제의 원리로부터 상대적으로 가장 멀리 떨어진 물질적 생산과 교환의 영역도 여전히 민본적 공공성의 관점에서 규범적으로 규제되어야 하지만, 그 영역의 고유한 작동원리가 고려되어야 한다는 것이다.

세 영역 간의 이러한 차이는 무엇을 의미하는가? 어떤 점에선 다산은 부와 귀를 추구하는 영역을 더 이상 효제의 원리에 의해 직접 규제될 수는 없는 일종의 목적합리적 행위영역으로 생각했는지도 모른다. 그러나 이와 동시에, 다산이 보기에, 그런 행위영역으로서의 관료체계와 경제적 활동영역 역시 윤리적 에토스 속에 뿌리내리고 자리를 잡아야 한다. 그렇지 못할 경우엔 그 영역이 안정성을 갖지 못할 뿐만 아니라, 무엇보다도 민본적 공공성의 관점에서 볼 때 견디기 어려운 역설이 발생할 것이기 때문이다. 다시 말해서, 인륜적 삶의 실현 조건을 확보하기 위한 정치가 역으로 인륜적 삶의 원리를 침해하고 파괴한다는 역설이 발생할 수 있기 때문이다. 이 역설을 방지하기 위해선, 목적합리적 행위영역이 인륜적 질서의 틀 안에 배태되어야 하고 규범적으로 규제되어야 했다. 요컨대 내적으로 분화된 민본적 공공성의 전체 영역이 여전히 예학적 질서를 통해 규제되고 정당화될 수 있어야 했다. 바로 이 때문에 다산은『경세유표』에서 법제를 개편하면서 그것을 법이라고 하지 않고 굳이 예라고 불렀다.[38] 이는 새로운 법제와 이에 기초한 국가적 공공성이 민본적 공공성을 보장하기 위한 방편임을 망각하고 자립화되는 것을 방지하기 위한 의식적 조치로

---

38)『경세유표 1』, 한길사, 1997, 73쪽.

이해할 수 있다. 그리고 다산이 예학의 문제에 그렇게 관심을 집중한 것도 물질적 욕망의 충족을 보장하는 제도가 어떻게 인륜적 질서 안에 안착하고 또 규제될 수 있을 것인가 하는 유교 특유의 도덕정치적 문제의식 때문이라고 할 수 있을 것이다. 하지만 국가 영역과 물질적 생산 및 교환 영역이 인륜적 질서 안에 배태되는 방식은 범주상 구별된다. 용인과 이재의 차이는 바로 이것을 의미한다고 할 수 있을 것이다.

여기서 다산의 사유는 매우 현대적인 면모를 보여준다. 그러나 이 현대적인 면모는 단순히 정치가 도덕으로부터 분리되었다는 데에 있는 것이 아니라, 반대로 분리 경향을 파악하면서도 계속 도덕적 규제의 가능성을 모색했다는데 있다. 즉 효제원리와 가족, 국가, 물질적 생산 및 교환영역 사이의 관계라는 다산의 문제의식은 오늘날 인간다운 삶의 실현이라는 과제가 시민사회, 국가, 시장에 대해 각기 상이한 방식으로 관계를 맺으면서 사회 전반적으로 어떻게 관철될 수 있는가 하는 문제와도 직접 연결될 수 있다는 점에서 현대적인 면모를 보여주는 것이다. 다산의 실학적 공공성 개념의 가장 중요한 의의를 여기서 찾아볼 수 있지 않을까 한다.

물론 다산의 구상은 역사적 한계를 벗어날 수 없었다. 사실 이익충족을 제도화하는 장치를 구상하면서 그것을 효제의 윤리 속으로 안착시키려는 것은 홍수로 터진 재방을 임시방편으로 모래 가마니로 막는 것과 같다. 유교적 도덕정치의 기본 원칙은 오늘날의 용어로 말한다면 목적합리적 행위체계를 인륜적 틀 속에서 배태시키고 이를 통해 그것을 윤리적으로 규제할 수 있는 경로를 확보하는 것으로 이해할 수 있다. 같은 맥락에서 다산은 목적합리적 행위 양식을 제도적으로 보장하는 법제 개편을 인정하면서 여전히 그 영역을 전통적인 효제의 윤리로 규제할 수 있다고 생각했다. 여기서 어떤 엇박자가 생긴다. 분명 다산은 효제의 원리로부터 분리된 이익추구의 영역이 등장하고 있다는 것을 인식했다. 이것이 그의 사상의 실학적 측면을 구성한다. 그러나 동시에 유교적 정치가로서 그는 여전히 그 분리된 영역을 규범적으로 매개하고 규제하는 과제를 포기할 수는 없었다. 하지만 이 과제를 담당할 수 있는 새로운 규범적 원리를 다산은 발견하지 못했다. 효제의 원리로부터 분리된 법치의 영역을 윤리적으로 규제할 수 있으려면 효제의 원리를 넘어선 새로운 도덕적 진화가 함께 이루어져야 한다. 그러지 않으면 법제를 통해 보장된 이익추구의 홍수는 효제라는 낡고 허약한 윤리적 제방을 쉽게 무너뜨릴 수밖에 없을 것이다. 하지만 다산은 새로운 도덕의 가능성을 포착하지 못했다. 아마 다산의 어쩔 수 없는 시대적 한계일 것이다. 그러나 유교적 공공성 속에는 적어도 그 문법적 수준에서는 법제의 진화에 상응하는 도덕적 진화의 가능성이 열려 있었다. 그것이 바로 공론정치의 공공성에 내장된 가능성이다. 하지만 그 가능성은 다산 자신에 의해 닫혀버리고 만다.

V. 국가적 공공성의 강화와 숙의적 공공성의 축소 : 공공성의 탈언어화

송대 이후 유교적 공공성에서 숙의적 공공성은 천리와 민의의 만남이 이루어지는 장이다. 이 공공성은 한편으로는 국가적 공공성을 구성하면서도 다른 한편으로는 국가적 공공성 바깥에서 그것에 대해 협력과 비판의 관계를 맺고 있었다. 이것이 유교적 정치의 가장 중요한 특징이었고, 숙의적 공공성의 이러한 정치적 문법을 가장 모범적으로 보여준 것이 조선의 공론정치였다. 그런데 바로 이 공론정치와 숙의적 공공성의 축소가 다산의 실학적 정치와 실학적 공공성의 중요한 특징이기도 하다.

그렇게 된 이유를 우선은 조선후기 공론정치의 파행에서 찾아볼 수 있을 것이다. 주지하다시피 조선후기 공론정치는 붕당정치 본연의 긍정적 역할과 비판적 기능을 상실하고 권력투쟁의 전위로 전락했다. 이 와중에, 적어도 다산이 보기엔, 진시황의 법치가 사대부에게 주었던 트라우마에 상응할 트라우마가 공론정치를 통해 일어났다. 그것이 사도세자 문제였다. 어떤 점에서 사도세자 문제는 단순한 비극이 아니라 사대부가 왕권에 부과한 트라우마라는 성격을 갖는다. 이 트라우마의 직접적 당사자인 정조는, 어쩌면 당연한 일일 수도 있겠지만, 왕권강화와 함께 공론정치의 축소를 체계적으로 추진했다. 그리고 정조의 정치적 기획과 밀접히 연동되어 있었다는 점도 있지만,[39] 그러나 그것에 국한되지 않고 다산은 정조보다 훨씬 객관적으로 그 트라우마의 정치적 의미를 진지하게 고려하지 않을 수 없었다.[40]

그러나 공론정치의 축소에는 역사적 현실만이 아니라 이론 내적 근거도 작동한 것으로 보이고, 우리의 맥락에서는 이것이 더 중요하다. 먼저, 정치적 정당성의 원천이 천리에서 상제에로 넘어갔다는 점을 들 수 있다. 여기서 우린 신성의 언어화를 가져왔던 유교적 계몽의 과정을 거꾸로 되돌리는 현상을, 공공성의 탈언어화라고 부를 수도 있을 현상을 발견할 수 있다. 전통적으로 민본주의 사상에선 말 없는 하늘의 뜻을 파악하기 위해선 민심에 귀를 기울여야 한다고 보았다. 민심이 곧 천심이었다. 그러나 민심의 말은 또한 위태로운 것이었다. 유교적 공론장은 바로 이 말없이 은미한 천리와 위태로운 민심의 말 사이의 중(中)을 잡기 위해 필수적으로 요구되는 기제였다. 공론은 천명을 에워싸고 있던 신성의 막을 벗기고 은미한 천리와 위태로운 민의 간의 만남으로부터 민의의 합리적 핵심을 끌어내고, 그것으로 정치를 정당화하는 동시에 비판하는 장이었다. 그런 점에서 천명에서 천리로의 이행은 일종의 신성의 언어화 과정을 수반한다. 그러나 정치적 정당성의 원천이 천리에서 상제로 회귀하고, 성인과 왕을 결합하여 성왕을 형성하는 매개 중심이 매일매일 경연에서의 정책토론을

---

39) 다산의 정치사상과 정조의 관계에 대해선 박현모, 「정약용의 군주론 – 정조의 관계를 중심으로」, 『정치사상연구』8, 2003.

40) 이런 점에서 다산의 정치기획은 단순히 왕권강화라기보다는 국가공권력의 강화와 효율화라는 성격을 갖는다고 할 수 있다. 이에 대해선 김태영, 「다산 경세론에서의 왕권론」, 『다산학』창간호, 2000 ; 이봉규, 앞의 논문 2005, 2012 참조. 그리고 실학 전반에서 나타나는 국가공권력 강화에 대해선 정호훈, 「실학자의 정치이념과 정치운영론」, 연세대학교 국학연구원 편, 『韓國實學思想硏究 2』, 혜안, 101~154쪽.

요구하는 성학(聖學)으로부터 경건한 마음으로 상제를 섬길 것을 요구하는 소사지학(昭事之學)으로[41] 이행하면서, 공론의 탈언어화 현상이 일어난다. 그것은 정치적 정당성의 탈언어화이고, 공공성의 탈언어화이기도 하다.

게다가 민본적 공공성을 수행하기 위해 강한 국가적 공공성이 요구되면서 이러한 경향은 한층 강화된다. 이는 정조시대 왕권강화를 위한 탕평책과 함께 청요직이 혁파되고 공론의 무력화 현상이 일어났다는 역사적 사실과도 맞물린다. 그리고 다산 자신도 『경세유표』에서 청요직을 혁파해야 한다는 속내를 드러낸다. "이제 간원을 혁파하고 그 직장을 공경대부로서 존귀하고 친밀한 자에게 맡겨서 진언하는 길을 넓히고자 하나 …."[42]

물론 다산이 혁파하려고 했던 것은 소수 벌열이 장악한 파행적인 공론정치였을 뿐이고, 그의 개혁정치의 진정한 목표는 오히려 언로의 확대에 있었다고 볼 수 있다. 다산의 다음 말이 그것을 증거하는 듯하다.

> 선왕 때는 간관이 없었는가? 간관이 없었던 것이 아니라 사람마다 간관이 아닌 사람이 없었다. 삼공도 간관이고, 삼고도 간관이고 육관의 경·대부도 모두 간관이었고, 좌우에 시어하는 신하도 모두 간관이었다. 그런데 별도로 한 관청을 설치하여 전적으로 간쟁을 관장하도록 한 것은 한나라 때부터 시작되었다. 이것은 진언하는 길을 활짝 여는 것이 아니고, 이에 진언하는 길을 막아서 좁게 한 것이었다.[43]

실제로 다산의 꿈이 모든 신료가 간관이 되는 것에 있었을 수도 있다. 그러나 "「홍범」에서 경계하는 것은 오직 위세와 복록을 행사하는 권력이 아래로 이동하는 것"이라는 「홍범」 이해에서 출발하고,[44] 또 하극상을

---

41) "천지귀신이란 바깥에 널려 있는데 그 중에서도 지극히 크고 지극히 높은 것은 상제이시다. 문왕이 조심조심하는 마음으로 밝게 상제를 섬겼던 일과 중용에서의 계신공구(戒愼恐懼)가 어찌 밝은 마음으로 상제를 섬기는 학문(昭事之學)이 아니겠는가?", 『國譯 與猶堂全書』, [중용강의보] 권1, 308쪽.

42) 『경세유표 1』, 한길사, 1997, 130쪽.

43) 『경세유표 1』, 위의 책, 128쪽.

막으려는 문제의식에서 출발하는 중앙집권화된 관료체계 안에서 아무런 독립적 지위와 권한도 보장받지 못한 채 위계적 직위에 따라 배열되어 있는 말(言)이 과연 얼마나 권력에 저항할 수 있는 힘을 가질까? 일정한 자율성을 갖는 공론에 정치적 정당성의 원천이 있는 한, 말은 정치적 힘을 갖는다. 그러나 천리의 이름으로 모든 사람들의 마음에 내재하면서 군주를 향해 행사되는 도덕적 비판의 무기를 다산의 상제는 일괄 회수한다. 마치 법가적 군주가 사회 도처에 산재되어 있던 폭력을 모두 자기 수중으로 거두어들이듯이, 상제는 모든 인간의 마음에 산재되어 있는 도덕적 권력을 거두어들였다가 천명의 이름으로 위정자에게 넘겨준다. 사대부가 성학 교육을 통해 왕을 성왕으로 인도하는 것이 아니라, 오히려 소사지학을 통해 이미 성왕의 길에 들어선 군주가 이제 도덕적 자원과 자율성을 박탈당하고 그저 하나의 관료로 전락한 사대부를 통치의 대상으로 삼는다. 말의 힘을 상실한 사대부는 더 이상 (말의) 정치의 주체가 아니라 작위적인 군주의 통치의 대상일 뿐이다. 이제 사대부는 국가로 진입하기 전에는 "귀함"(貴)을 향한 욕망을 실현하려는 자로 존재할 뿐이고, 국가에 진입하고 나면 고적제도를 통해 통제되는 관료로 존재할 뿐이다. 이러한 관료적 공공성 속에서 관료가 하는 말은 결코 숙의적 공공성 속에서의 간관이 하는 말과 동일한 무게를 갖지 못한다.

그런 점에서 모든 관료가 간관이 되어야 한다는 명제는 사실은 정치의 관료화와 탈언어화 경향을 벗어나기 어렵다. 언관권을 대폭 축소한 정조의 탕평책이 세도정치로 나아가는 길을 열었다는 진단도 이 맥락에서 중요한 함의를 갖는다.[45] 세도정치는 이미 탈언어화된 정치질서에서 강한 군주가 사라지면서 생긴 권력의 공백을 외척이 장악함으로써 등장한다. 박현모는 세도정치기의 공론이 "침묵과 동원의 널뛰기"의 양상을 보여주었다고

---

44) 『與猶堂全書 7』, 『尙書古訓』 권4, "威福洪範所戒者, 唯威福之權移于下也."(이봉규, 앞의 글, 2012, 97쪽에서 재인용).

45) 박현모, 『정치가 정조』, 푸른역사, 2001, 287, 397~399쪽.

한다.[46] 이런 양상은 세도정치가 아니더라도 탈언어화된 중앙집권 체제에서 얼마든지 나타날 수 있는 양상이다.

사실 관료체제 안에서 행해지는 말(言)은 본연의 공론정치가 갖는 '공적' 성격을 갖지 못한다. 물론 그것은 국가라는 공적 무대에서 공적 업무와 관련한 말이라는 점에서 공적이라고 할 수도 있을 것이다. 하지만 공론의 공공성이라는 관점에서 보면 그것은 '공'적이지 않고 오히려 사적이다. 관료가, 그것도 '귀함'에 대한 욕망을 지닌 관료가 직업상 사용하는 이성은 진정한 의미에서 공적인 것이 아니라 오히려 사적인 것이다.[47] 원래 유교적 공론에는 이런 의미에서 단순히 국가적 공공성으로 환원되지 않는 공공성의 의미가 담겨 있다. 유교적 공론에서도 공적인 말은 단순히 말하는 자가 공직자이고 말의 대상이 공적 업무라서 공적인 것이 아니다. 유교적 공론은 말 없는 천리의 의미를 토론 속에서 포착하는 메커니즘이다. 여기서 사대부는 천리를 따르고 민심에 일치하는 것을 토론의 장에서 파악해내기 위하여 자신의 사유를 사용한다. 이것은 단순히 주어진 직무를 수행하기 위한 사적 사용과는 다르다. 하지만 천리에서 상제로 이행한 바탕 위에 세워진 다산의 실학적 공공성 속에서 말은 그런 공적 의미를 갖지 못한다. 정치적 정당성의 원천이 탈언어화되면서 말은 권력에 대항하는 힘이라기보다는 권력에 예속된 것 내지 권력의 일부로 바뀐다.

따라서 본래의 공론의 숙의적 공공성은 관료를 모두 간관으로 만드는 방식으로 확장될 수 있는 것이 아니다. 오히려 사대부에 의해 독점되어

---

46) 박현모, 「세도정치기(1800-63) 정국운영과 언론연구」, 『동양정치사상사』 제6권 1호, 2006, 174쪽.

47) 칸트에 의하면, 관료가 직무를 수행할 때 사용하는 이성은 오히려 사적인 것이고, 시민들 사이의 토론공간 속에서 이성을 사용할 비로소 공적인 의미를 갖는다. "내가 말하는 이성의 공적 사용이란 사람들이 학자로서 자신의 이성을 전체 독서세계의 공중 앞에서 사용하는 것을 의미한다. 이에 비해 사적 사용이란 사람들이 이성을 특수한 시민적 위치에서 혹은 그에게 부여된 공직 속에서 사용하는 것을 말한다. … 여기서는 논증이 허락되지 않는다. 사람들은 그저 복종해야할 뿐이다." I. Kant, Werke, 9, pp.55~66.

있던 공론을 민에게로 확장하고 민을 공론의 주체로 인정할 때 그것이 가능해진다. 그것이야말로 신성의 언어화를 온전하게 확대심화하는 길이다. 어쩌면 이것이 다산이 말한 온 백성의 양반되기를 향한 하나의 길이었을 수도 있을 것이다. 그러나 이론적이고 역사-정치적인 이유에서 다산에겐 이 길은 허용되지 않았다.

역사-정치적으로는 신분질서가 그 길을 허용하지 않았다. 다산에게 민은 공론의 대상일 뿐 공론의 주체가 아니었다. 민이 도덕적 주체로서 인정되는 것도 오직 효제의 주체라는 의미에서였다. 물론 내용의 측면에서 역사적 한계를 안고 있더라도 사유의 문법적 측면에서는 그 한계를 돌파할 가능성이 있을 수도 있다. 예컨대 다산이 사회적 실천으로서의 말의 내부로부터 새로운 윤리적 원칙을 이끌어내고 그것으로 효제의 윤리를 벗어날 수 있었더라면 민을 공론의 주체로 설정할 수 있는 가능성이 열릴 수도 있었을 것이다.

그러나 다산에서 이 가능성은 인간/상제 모델에 의해 막힌다. 실천의 사회적 지평이 상제에게로 환원/투사되지 않았다면, 다산은 민의의 합리적 핵심이 형성되고 확산되는 소통과 토론과정 내부로부터 새로운 규범적 원리를 찾는 길을 모색해볼 수도 있었을 것이다. 그러나 다산에게 그 길은 닫혔다. 이런 폐쇄 위에서 욕망의 균등충족이라는 민본적 공공성을 확보해야 하는 과제와 이를 위한 국가공권력의 강화 논리는 숙의적 공공성의 확장을 가로막는다. 어떤 의미에선 균산과 균평의 민본적 공공성을 추구했던 사회주의 기획이 국가주의의 덫에 빠지면서 민주주의 결핍의 문제에 시달렸던 것과 같은 형국이라고 할 것이다.

VI. 맺음말

다산의 실학적 선회는 사회적-실천적 선회였지만, 상제 개념이 도입되면서 사회적 지평은 사라지고 실천적 선회만 남는다. 이 실천적 선회는 인간/우주의 틀이 인간/상제의 틀로 바뀌는 대체 속에서 이루어졌고, 후자의 틀 속에서 자주지권에 바탕을 둔 실천적-실용적 인간주의가 출현하여 다산 실학의 실학성을 규정한다. 이 실학성이 다산의 실학적 공공성 개념에도 중요한 영향을 미쳤다. 우리 시대에 공공성에 대해 제기된 몇 가지 도전과 관련하여 다산의 실학적 공공성의 현재적 의미를 언급하는 것으로 결론을 대신하겠다.

먼저 신자유주의적 세계화가 초래한 극심한 사회적 불평등이 던지는 도전이다. 우리의 논의맥락에서 보면 이것은 민본적 공공성의 차원에서 제기된 도전이다. 이 맥락에서 다산의 민본적 공공성 개념은 많은 것을 시사해준다. 민본적 공공성의 차원에서 다산은 민의 욕망을 실현시키는 것을 정치의 주된 과제로 설정하면서도 그것이 유교적 인륜 속에 닻을 내릴 수 있는 기제를 모색했다. 특히 다산은 가족, 국가, 물질적 생산 및 교환영역의 사회적 분화를 인식하고 이 세 영역에서 욕망/이익의 정치와 도덕의 정치가 매개되는 상이한 방식을 고려하면서도 전체적으로 인간다운 삶의 물질적 조건을 균평의 원리에 따라 보장하는 정치 구도를 제안했다. 그 기본방향은 국가의 법적 편제가 효제의 원리에 안착할 때 정당성을 획득할 수 있다는 점을 핵심 연결고리로 삼아서, 효제의 규범적 원리를 통해 국가운영의 방향을 제어하고, 국가의 법적 수단을 통해 균평의 원리를 물질적 생산의 영역에서 관철하는 데 있다고 할 것이다.

이것은 우리 시대에 민본적 공공성의 차원에서 제기되는 도전에 어떻게 대응할 것인지와 관련해서도 많은 것을 시사해준다. 무엇보다 그것은 오늘날 신자유주의의 반민주적 권력순환, 즉 시장이 국가를 통제하고 국가가 시민사회를 통제하는 권력순환에 대항하는 민주적 권력순환의 방향을 가리켜준다. 즉 시민사회가 정치의 정당성이라는 고리를 통해 국가에 영향을 미치고, 그리고 국가의 법적 수단을 통해 시장에 개입하는 방향을 시사한다.

그러나 다른 한편 다산의 실학적 공공성 개념은 이 기획을 실패로 몰아갈 위험도 내장하고 있다. 그것은 다산이 공론정치의 숙의적 공공성을 체계적으로 약화시키는 경향을 보이고 있기 때문이다. 이 때문에 다산의 실학적 공공성에 과도한 국가주의의 위험이 내장된다. 물론 그것은 민본적 공공성을 확보하기 위해 요구된 것이라고 볼 수 있다. 그러나 오늘날의 용어로 말한다면 민주적 공공성이 뒷받침되지 않을 경우, 민본적 공공성을 추구하는 시도는 위태로운 결과를 가져올 수 있다. 현실 사회주의의 실패가 공공성 문제에 던지는 도전의 함축이 바로 여기에 있다. 그리고 다산에서 이러한 국가주의적 위험이 발생하는 중요한 이유 중의 하나는 인간/상제의 틀 때문에 체계적으로 정치의 탈언어화 경향이 발생하는 데서 찾아볼 수 있다. 그리고 이 인간/상제의 틀은 다산의 사회적-실천적 선회에서 사회적 선회의 차원이 소멸되면서 발생한 것이다. 따라서 그 사회적 차원을 복구한다면 정치의 탈언어화를 벗어나 정치의 재언어화의 역동성을 출범시킬 가능성도 열릴 수 있다.

마지막으로 이 사회적 차원의 복구는 인간/상제 구도에서 빚어진 규범적 지평의 폐쇄를 해소하고, 자연과 도덕의 범주오류를 피하는 가운데 자연에 대해 열린 태도를 가질 수 있는 가능성도 열어줄 수 있다. 예컨대 언어라는 사회적 지평은 자연과 마주할 때 직선의 구조가 아니라 구멍이 숭숭 뚫린 점선의 구조를 갖고서 마주할 수 있다. 그리고 이 점선의 언어는 오늘날 환경 문제가 공공성 문제에 던지는 도전에 대응할 수 있는 가능성을 열어줄 수도 있다. 즉 오늘날 국가와 시장의 재언어화는 점선의 구조를 지닌 공공성의 구조로 환경문제와 대면할 수 있는 가능성을 열어줄 수 있을 것이다. 이렇게 본다면 오늘날 우리 시대에 공공성이 직면하는 도전을 풀어가기 위해서는 다산의 실학이 민본적 공공성의 문제와 관련하여 보여준 분화된 대응방식을 적극적으로 수용하되 숙의적 공공성의 약화로 인한 과도한 국가주의의 위험을 피하고 자연을 인간의 향유의 대상으로만 여기는 관점을 벗어날 필요가 있을 것이다. 이를 위해선 천리 개념을 중심으로 형성되었던 유교적 공공성의 통찰이 함께 활용되어야할 것이다. 21세기 실학이라는 것이 가능하다면, 어쩌면 이것이 하나의 방향일 수도 있을 것이다.

유교 지식인의 공(公) 관념과 공공(公共) 의식
이익, 정약용, 심대윤의 경우를 중심으로

백 민 정

I. 들어가는 말

오늘날 우리가 사용하는 '공공성(公共性)' 개념 혹은 '공공(公共)' 의식이란 말은 한자어 용례가 많다. 하지만 조선시대 지식인 사이에서 주요 쟁점으로 부각된 것은, 사회구성원 다수 혹은 인민대중(人民大衆)[衆人]의 의미를 포괄하는 공공(公共) 개념보다 오히려 공론(公論), 공도(公道), 공사(公私) 개념에서 발견되는 공(公) 관념이었다고 본다.[1] 한편 서양근대 부르주아 시민사회의 형성 및 민주정의 발달과 관련된 특수한 역사적 배경을 가진 공공성(publicness), 공공선/공동선(public good/common good), 공론(public opinion), 공동이익(common interest) 등의 용어들을 이에 상응하는 한자어 개념으로 단순 비교하기도 어려울 것이다. 공동체 구성원 각자의 인신(人身)과 재산(財産)을 보호하기 위해 합의적 의결 기구로서 상정된 서양근대 국가의 공적 성격 및 공공 의식은 본론에서 살펴볼 조선시대 유교사회의 공 관념과는 서로 상이한 맥락을 갖기 때문이다. 본고에서는 이와 같은 불가피한 이질성을 전제하면서, 현재 우리사회의 바람직한 공적 운영

---

* 이 글은 『동방학지』 제160집(2012. 12. 30)에 실린 논문을 재수록한 것이다.
1) 公과 公共 개념의 의미 차이에 대해서는 본론에서 재론한다.

원리를 모색하는 지적 작업의 일환으로 유교 지식인의 공 관념 및 이와 연관된 공공 의식의 성격을 살펴보고자 한다.

'공(公)'이란 단일 한자어는 이미 중국 전국시대 이전 유가 경전 가운데 다수 등장한 반면 '공론'이나 '공도'라는 표현은 『회남자』, 『세설신어』 등 몇 경우를 제외하고는 대부분 『속자치통감』을 비롯한 북송 초기 저작에서 빈번히 등장한 것으로 알려져 있다.2) 송대 신유학 체계를 구상한 주희에 따르면 공론이란 국시(國是)로서 '천리(天理)에 따르고 인심(人心)에 부합되어 천하 사람들이 모두 함께 옳다고 여기는 것(天下之所同是者 天下萬口一辭之公論)'을 의미했다. 조선의 정치도 공론정치라고 불릴 정도로 공론이 정치현안을 결정하는 주요한 관건이 되었고 이미 왕조 초기부터 공론이란 표현이 실록에 수시로 등장했다.3) 공론을 명분으로 훈척세력을 몰아내고 사림이 본격적으로 정계에 진출한 15세기 말 16세기 초 조선에서는 공론정치의 가장 화려한 막이 오르며 그 대표주자는 주지하다시피 조광조라는 인물이다. 그는 '언로(言路)의 통색(通塞)이 국가의 관건'이라고 주장하며 공론 형성 및 표출의 주체가 자신들 집단이라는 점을 강조했다(『정암집』 권2, 「啓辭」). 이이도 주희와 유사한 공론 정치관을 피력한다.4) '공론은

---

2) 이상익, 「정치적 정당성의 유교적 근거 : 천명, 민심, 공론」, 『유교문화연구』 7, 2004 참조.

3) 조선시대 공론정치의 성격과 의미에 대해서는 다음 선행연구를 참조할 수 있다. 김돈, 「선조대 유생층의 공론 형성과 붕당화」, 『진단학보』 78, 1994 ; 김돈, 「조선중기 사림의 公論과 그 구현형태」, 『국사관논총』 86, 1999 ; 김영수, 「조선 공론정치의 이상과 현실 : 당쟁발생기 율곡 이이의 공론정치론을 중심으로」, 『한국정치학회보』 39-5, 2005 ; 김용직, 「한국정치와 공론성 : 유교적 공론정치와 공공영역」, 『국제정치논총』 3-3, 1998 ; 이상익, 위의 글, 2004 ; 이승환, 「동양에서 공적 합리성의 특성과 근대적 변용 : 성리학적 공론관을 통해 본 '진리의 정치'와 '관용의 정치'」, 『철학연구』 29, 2005 ; 이현출, 「사림정치기의 공론정치와 전통과 현대적 함의」, 『한국정치학회보』 36-3, 2002 ; 최이돈, 「16세기 공론정치의 형성과정」, 『국사관논총』 34, 1992 ; 최정호, 「조선조 공론권의 구조변동에 관한 시론」, 『사회과학논집』 17, 1986 등.

4) 『栗谷先生全書』 권4, 疏箚二, "人心之所同然者, 謂之公論. 公論之所在, 謂之國是. 國是者, 一國之人, 不謀而同是者也. 非誘以利, 非怵以威, 而三尺童子, 亦知其是者,

국가를 존립케 하는 원기'이며 "상하에 공론이 없으면 그 나라는 결국 망한다"고 본 것이다(『율곡전서』권4, 「疏箚」2). 물론 공론이란 말이 가장 바람직한 공적 의론이 아니라 단순히 세를 과시하는 다수의 여론이라는 뜻의 부정적 함의로 사용된 경우도 있다.[5] 그러나 대개의 경우 공론은 천하의 정론으로서 정치행위와 통치의 방향을 판가름하는 최종 준거로 작동했다.

본고에서 다룰 조선후기의 대표적인 유교 지식인 이익과 정약용, 심대윤의 공 관념을 살펴보기 위해서는 우선 이들이 전제한 주자학적 맥락의 공사(公私) 관념과 이에 대한 비판적 성찰로 등장한 명말청초의 경세가 황종희(黃宗義), 고염무(顧炎武) 등의 논의를 잠시 살펴볼 필요가 있다.[6]

此乃國是也."

5) 공론이란 표현은 단순히 다수의 견해(public opinion)로서 올바르지 못하지만 세를 갖고 있는 여론이란 뜻의 부정적 의미로 쓰인 경우도 많았다 : "임금(세조)이 충순당에 나아가 병조 판서 金國光·이조 판서 韓繼禧·호조 판서 盧思愼 등을 불러 藝文館 儒臣에게 經書를 講하게 하니 金宗蓮이 『論語』를 강하다가 말이 朱子의 太極說에 미치자 그가 아뢰길 "주자의 말은 틀린 곳이 많이 있는데 臣이 임금의 명령에 따라서 아뢰려고 했지만 천하의 公論이 두려워 감히 비난하지 못할 뿐입니다."하니 임금이 말하기길 "이미 틀린 곳이 있다고 말했으니 어찌 公論을 두려워하겠는가? 또 공론이란 무엇을 이름하는가?"하니 김종련이 대답하기길 "무릇 儒者에게는 모두 공론이 있게 마련인데 신이 젊었을 때부터 배운 바를 하루아침에 毁棄한다면 유자들이 신을 비웃을까 두렵습니다." 하였다. 임금이 또 묻기를 "유자들이 모두 공론이 있다면 조정의 대신도 모두 유자인데 그대가 두려워하는 사람은 누구인가? 지금 나라에는 權臣이 없는데 그대가 두려워하는 사람은 어떤 사람인가?"(세조 12년 8월 29일)

6) 공과 사 개념은 각각 天理[天道]와 人欲[私欲]으로서 대립적 관계로 사용된 경우를 포함하여 이 외 다양한 맥락의 의미로 사용된 것을 알 수 있다. 가령 정부나 관공서 등의 국가 공적 기구(公)와 대비되는 의미의 친속 및 가문을 가리킬 때의 사(私)는 일차적으로 영역적 의미를 갖는 개념이었고, 상황에 따라 친친(親親)의 감정에 기반한 사은(私恩)이나 사정(私情)을 의미했던 사(私) 개념은 오히려 이념적으로 볼 때 이것이 더 근본적인 천리의 함의를 갖는 것으로서 공(公)의 실질적 바탕으로 간주되기도 했다. 가령 부모에 대한 선천적인 효도의 정감이 천리·인정의 대표적 사례로 간주된 것이 그 한 예이다. 그러나 본고에서는 공사 개념의 다양한 맥락을 살피는 것이 아니라 주자학의 일반적인 공사론에 드러난 공 관념과 이에 대한 후대 유학자들의 비판적 관점을 다룬다. 전통적 공사론에 대한 연구로는 다음 논문을 참조. 권향숙, 「주희의 공과 사 : 미조구치 유조의

황종희의 『명이대방록(明夷待訪錄)』 「원군(原君)」에는 '자사(自私)·자리(自利)' 및 '천하공리(天下公利)' 등의 중요 개념이 수시로 등장하며 고염무의 『정림문집(亭林文集)』 「군현론(郡縣論)」에도 '용천하지사(用天下之私), 이성일인지공(以成一人之公)'이라는 독특한 표현이 등장한다. 천하의 보편적 사(私)[欲]를 바탕으로 한 개인의 공적 가치를 이룬다고 본 고염무의 발언은 황종희가 강조한 '천하지인(天下之人)'의 공적 이익[公利]과도 어느 정도 상통하는 의미를 담고 있다. 이것은 결국 기존의 주자학 전통에서 강조된 '존천리(存天理), 알인욕(遏人欲)'의 천리인욕 및 공사 개념의 대립구도를 넘어서려는 의지를 담은 것이기 때문이다.

주희는 "천리와 인욕이 비록 동시에 존재하는 것은 아니지만 그 선후와 공사, 사정(邪正)의 상반됨으로써 말하면 역시 대립적이라고 하지 않을 수 없다."(天理人欲, 雖非同時並有之物, 然自其先後公私邪正之反而言之, 亦不得不爲對也. 『주희집』 권42, 答胡廣仲第五書), "지극히 공정한 대동(大同)의 마음이 없으면 사에 매이는 것을 면치 못하기 때문에 인색해진다 … 사특함에 얽매이기 때문에 대동할 수 없다."(無至公大同之心, 未免係於私, 故有吝 … 以其係於私慝, 而不能大同. 『주자어류』 70-138)라고 주장함으로써 공과 사 개념을 천리와 인욕 혹은 도심과 인심의 상반된 개념으로 사용했다.

물론 윤리적 가치를 함축한 경우 외에도 가치중립적으로 사 개념을 사용한 용례도 있다. 혹자가 "'형기(形氣)의 사(私)에서 생겨난다'는 말이 무슨 뜻입니까?"라고 물었을 때 주희는 이렇게 답했다. "배고픔, 배부름, 추위, 더위 등은 모두 내 몸의 혈기와 형체로부터 생기는 것으로 다른 사람이 간여할 수 없는 것이기에 '사(私)'라고 말한다. 좋지 않다고 말할 수도 없지만 그렇다고 계속 따를 수도 없는 것이다."[7] 이때의 사는 극복해야

주희 공사관 비판적 검토」, 『철학연구』 30, 2002 ; 이승환, 「한국 및 동양의 공사관과 근대적 변용」, 『정치사상연구』 6, 2002 ; 이원택, 「顯宗朝의 復讐義理 논쟁과 公私관념」, 『한국정치학회보』 35-4 ; 조남호, 「조선 주자학에서 公과 私의 문제」, 『법사학연구』 23, 2001 등.

7) 『朱子語類』 62-37, "問或生於形氣之私, 曰如飢飽寒暖之類, 皆生於吾身血氣形體, 而他

할 부정적 사욕이나 인욕이 아니라 보통 사람들이 선천적으로 가지고 있는 다양한 형태의 생리적 욕망이나 욕구를 의미한다고 볼 수 있고, 이렇게 가치중립적인 의미의 사는 결국 '기(己)'나 '아(我)' 개념과 유사하게 타인과 구별되는 개별적 존재로서의 자신을 가리키는 용어로 사용된 것임을 알 수 있다.

그런데 주희가 이와 같은 중립적 의미의 사 개념으로 개인의 불가피한 생리적 욕망을 인정했다고 해도 결국 그가 강조한 공 관념은 천리, 천도(天道), 도리(道理)를 전제한 것으로 이것은 수양을 통해 개인의 사적 욕망과 의지를 넘어선 소수의 지식인이 실현할 수 있는 수준 높은 윤리적 가치이자 존재론적 원리를 의미했다[天理公]. 따라서 배우지 않은 보통사람[天下人]의 선천적 욕망이 아무리 불가피한 보편적인 것이라고 하더라도 주희는 그것을 추종하거나 그대로 따라서는 안 된다고 말할 수밖에 없었다. 그래서 좋지 않다고 말할 수도 없지만 그대로 계속 따를 수만도 없다고 말한 것이다. 주희의 이런 관점은 공 개념을 언급한 경우는 말할 것도 없고, 간혹 그가 '의시중인공공(義是衆人公共)'과 같은 표현(性是自家所以得於天底道, 義是衆人公共底.『주자어류』74 : 177)을 사용해서 사회구성원 다수[衆人]를 공공(公共)의 성격을 갖는 것으로 지칭한 경우에도 마찬가지로 적용된다. 이곳의 공공이란 말도 공동체 구성원 혹은 사회대중을 집합적으로 가리키거나 그 성원들 간의 합의를 통해 만들어지는 어떤 정의 관념을 가리키는 것이라기보다 여전히 이미 존재하는 세상의 보편적 이치[天理]나 존재원리를 다수가 공유하게 된 것을 의미한다고 볼 수 있다.[8]

그런데 황종희나 고염무의 논의는 바로 이와 같은 기존의 천리 개념 중심의 공 관념을 비판하면서, 천하 사람들의 보편적 사욕(私欲)과 자사(自私)·자리(自利)의 경향성을 거꾸로 공을 구현하기 위한 정당한 토대로 인정

人無與, 所謂私也. 未能便是不好, 但不可一向徇之耳."

8) 권향숙, 「공사 개념을 통해 본 이익의 철학」, 서울대학교 철학과 박사학위논문, 2005, '주자학에서 공과 사' 참조.

하기 시작했다는 점에서 중요한 의미를 갖는다. 황종희는 군주권을 강력하게 견제하면서 천하 사람의 사적인 욕망과 이익 추구가 정당하고 보편적인 것이며 이것을 실현함으로써 천하공(天下公), 천하공리(天下公利)를 달성할 수 있다고 보았다.9) 비록 황종희가 민(民) 일반의 욕구를 보편적으로 실현하는 것을 '천하공'으로 생각한 것은 아니지만, 공 개념의 의미를 소수만이 이해하고 체현할 수 있는 윤리적 가치가 아니라 보통사람 모두 배우지 않고도 느낄 수 있고 욕망할 수 있는 보편적 경향성의 실현으로 이해한 점에서 중요한 사상적 의미를 갖는다고 볼 수 있다.10)

필자는 바로 이 지점에서 '천리공(天理公)'으로서의 공 관념과 그 함의가 달라지는 '천하공(天下公)' 관념 및 다수 대중에 기반한 공공 의식이 새로운 층위에서 부각될 수 있었다고 본다. 가령 후자의 경우 기존의 주자학적 발상과 달리 천하 대중, 유교사회를 구성하는 대다수 보통 사람의 보편적 욕망과 욕구를 공을 실현하기 위한 바탕으로 인정했던 점에서 비로소 '공공'이라는 표현에 부합될 만한 공적이면서도[公] 포괄적인[共/衆] 사회적 가치를 함축할 수 있게 되었다고 본다.

여기서 '천하지사(天下之私)'를 곧 '천하공(天下公)'으로 설명하는 고염무

---

9) 『黃宗羲全集』 권1, 『明夷待訪錄』 「原君」, "有生之初, 人各自私也, 人各自利也. 天下有公利而莫或興之, 有公害而莫或除之. 有人者出, 不以一己之利爲利, 而使天下受其利, 不以一己之害爲害, 而使天下釋其害. 此其人之勤勞, 必千萬於天下之人 … 後之爲人君者不然. 以爲天下利害之權皆出於我, 我以天下之利盡歸於己, 以天下之害盡歸於人, 亦無不可. 使天下之人不敢自私, 不敢自利, 以我之大私爲天下之大公 … 古資以天下爲主, 君爲客, 凡君之所畢世而經營者, 爲天下也. 今也以君爲主, 天下爲客, 凡天下之無地而得安寧者, 爲君也 … 然則爲天下之大害者, 君而已矣. 向使無君, 人各得自私也. 人各得自利也. 嗚呼, 豈設君之道固如是乎 … 雖然使後之爲君者, 果能保此産業, 傳之無窮, 亦無怪乎其私之也. 旣以産業視之, 人之欲得産業, 誰不如我?"

10) 황종희는 지식인 중심의 재상위임통치를 내세웠고 사대부 학자관료들의 역할, 지주층과 도시 상공인층의 특수한 이익을 대변했다고 볼 수 있다. 이것은 황제의 독점권에 의해 상대적으로 피해를 많이 보게 되는 부유층, 고위 정치가들의 이익을 우선적인 것으로 간주했던 것을 보여준다. 결국 황종희의 입장은 뒤에 거론한 고염무와 마찬가지로 민 일반의 보편적 혹은 개별적 사권(私權)을 옹호하려고 했던 것은 아니었다.

의 논의도 함께 살펴볼 필요가 있다. 그는 군주가 국가를 사유화함으로써 군현제의 폐단이 발생했다고 보았지만 그럼에도 위정자의 '사천하(私天下)'에 대한 현실적 욕망은 이미 돌이킬 수 없는 역사적 현실이라고 판단했다.[11] 집안과 자식을 사사롭게 여기는 것은 이미 인간의 상정(常情)이기 때문에 성인은 오히려 이와 같은 천하 사람의 보편적 욕망[天下之私]을 이용하여 그것으로써 개인의 공적 가치[一人之公]를 실현하고 세상을 통치할 수 있었다고 말한다.[12] 고염무가 중앙정부에서 지방관을 파견하되 지방의 수령직을 세습시키며 추천을 통해 관료를 임용하는 등 봉건의 요소를 군현제에 가미함으로써 독특한 방식의 군현론을 제시한 것도, 천자의 사적 욕망과 마찬가지로 지방관 역시 자신의 소유를 중시한다는 점에 착안, 사적 욕망의 충족을 정치행위를 유도하는 바탕으로 삼은 것이다. 이처럼 고염무의 군현론에는 천자를 포함한 모든 인간에게서 사욕 추구의 우선성을 용인하는 태도가 보이며, 보통 사람의 공통된 욕망을 보편적으로 실현하는 것을 '천하공'으로 이해한 점에서 결과적으로 황종희와 유사한 입장을 가졌다고 본다.

그렇다면 17세기 명말청초 학인들의 이와 같은 관점은 조선후기 지식인들 사이에서는 어떤 방식으로 표출되었을까? 조선후기 유학자들은 공 개념과 공공 의식의 문제에서 어떤 관점을 견지했을까? 본고는 양자 사이의 사상적 연관관계를 추적하려는 것은 아니다. 다만 동시대 중국 사상가의

---

11) 이봉규, 「경학적 맥락에서 본 다산의 정치론」, 『다산 정약용 연구』, 실시학사 실학연구총서, 2012, '다산 정치론의 동아시아적 맥락' 참조.

12) 『亭林文集』 권1, 「郡縣論」 5, "天下之人各懷其家, 各私其子, 其常情也. 爲天子爲百姓之心, 必不如其自爲, 此在三代以上已然矣. 聖人者因而用之, 用天下之私, 以成一人之公而天下治. 夫使縣令得私其百里之地, 則縣之人民皆其子姓, 縣之土地皆其田疇, 縣之城郭皆其藩垣, 縣之倉廩皆其囷窌. 爲子姓, 則必愛之而勿傷, 爲田疇, 則必治之而勿棄, 爲藩垣囷窌, 則必繕之而勿損. 自令言之, 私也, 自天子言之, 所求乎治天下者, 如是焉止矣. 一旦有不虞之變, 必不如劉淵・石勒・王仙芝・黃巢之輩, 橫行千里, 如入無人之境也. 於是有效死勿去之守, 於是有合從交之拒, 非爲天子也, 爲其私也. 爲其私, 所以爲天子也. 故天下之私, 天子之公也. 公則說, 信則人任焉. 此三代之治可以庶幾, 而況乎漢唐之盛, 不難致也."

새로운 공사론을 배경으로 이익, 정약용 등 조선후기 유교 지식인의 관점이 어떤 위상과 성격을 갖는지 고찰하고자 한다.

II. 이익 : '천하공(天下公)' 관념과 사(私), 욕(欲), 이(利) 개념

이익의 공사론을 이해하기 위해서는 이기(理氣)·심성(心性) 문제를 논한 그의 『사칠신편(四七新編)』 및 이후 성리학 관계 저술의 내용을 살펴볼 필요가 있다. 그는 사단칠정 및 인심도심의 문제를 결국 공과 사, 중절(中節)과 부중절(不中節)의 개념을 중심으로 풀이했기 때문이다. 공희노(公喜怒), 공칠정(公七情) 등의 표현도 이 맥락에서 등장했다. 그러나 여기서는 다만 천하 사람의 개별적[私] 욕망[欲]과 이익[利] 추구에 대해 인정한 이익의 관점이 기존의 이(理)와 성(性) 개념에 대한 그의 입장과 어떤 연관이 있는지 만 살펴보겠다.

이익도 퇴계 이황을 사숙한 성리학자, 도학자로서 이기 및 성정 개념을 중시했다. 사단칠정의 모든 정감이 이(理)의 발동이라고 본 그의 입장도 퇴계 이기론과의 관계에서 주목받았다. 그런데 이익의 관점에서는 추상적 이(理) 개념의 의미가 약화되면서 다양한 형기(形氣)에 따른 개별자의 차이나 는 본성[性]이 강조된 것을 확인할 수 있다. "이(理)는 공공(公共)의 명칭이고 성(性)은 형기(形氣)에 타재(墮在)한 것이다. 그러나 이를 가지고 성을 해석하는 것은 이 자를 가지고 성의 의미를 다 해석할 수 있다는 말이 아니다. 우선 이 자를 가지고 성을 말한 것은 단지 성이 이로부터 나왔을 뿐이기 때문이다."[13] 이를 공공의 명칭이라고 말한 그의 발언은 이 개념이 보편적인 것으로서 모든 존재가 공유한 바탕이라고 생각했던 것을 보여준다. 그런데 비록 이가 포괄적으로 전제되어 있지만 결국 부여받은 형기의 차이에

---

13) 『星湖全書』 권4, 『中庸疾書』 제1장, "理是公共之名, 性是墮在形氣者. 然以理訓性, 非謂一理字, 可以盡性之義也. 姑舉理以明此性, 非他, 只從這裏做成也."

의해 자연과 인간, 인간과 동식물의 본성[性]이 다를 수밖에 없으며, 같은 인간이라도 인간인 한 유사한 본성을 갖겠지만 서로 다른 개별자로 인식될 수밖에 없다는 점에 주목했다.[14] 이것은 이익이 수많은 개별자의 보편적 욕구와 경향성에 기반해서 사회의 공적 가치를 이해하게 되는 단서를 제공했다고 볼 수 있다. 이가 다양한 본성[性]을 떠나서 추상적으로 말해질 수 없듯이 공 개념도 사적이지만 동시에 보편적인 개인들의 기호와 욕망을 떠나서 성립될 수 없다고 본 것이다. 이 경우 경험적 차원에서 모든 사람이 비슷하게 공유한 칠정(七情) 그리고 호오(好惡)의 감정이 인간종의 보편적 이(理)와 공(公) 관념을 이해하는 토대가 된다.

이익도 주희 입장과 유사하게 공사 개념을 인심도심의 대립적 관계로 이해한 경우가 있지만 이보다는 오히려 '사(私)'가 타인이 간여할 수 없는 개인의 영역, 즉 형기로 이루어진 개별적 층위를 가리키는 가치중립적 개념이라는 점에 좀 더 주목한다. "대개 형기는 사람의 개별적인 것(私)이다. 대상이 접촉하여 움직이는 가운데 혹 발산하기도 하고 온결(蘊結)하기도 하고 격렬하게 일어나기도 하고 함축(含蓄)하기도 한다."[15] "형기지사(形氣之私)란 가령 배고프면 먹고 싶고 추위와 더위를 피하고 싶은 것과 같은 종류이니 모두 내 몸의 혈기와 형체로부터 생기는 것으로 타인이 간여할 수 없는 것이기 때문에 '사'라고 부른다."[16] "나는 인심(人心)은 인욕(人欲)이 아니라고 생각한다. 정이천은 '인심도심은 곧 천리인욕이 바로 그것이다'고 했다. 주희는 처음에 이 학설을 따랐지만 나중에 그것이 옳지 못함을 깨닫고 인심이 곧 인욕은 아니라고 여겼다. … 주희가 만약 끝내 인심을

---

14) 『星湖先生全集』 권15, 書, 答洪亮卿 重寅 庚午, "從理在物上說則只須言氣質之性. 理自有爲而質各不同. 故在水爲水之性, 在火爲火之性, 牛爲牛性, 馬爲馬性, 比如水一也, 和丹則渥然, 和墨則黣然, 此理無不通, 而爲氣所局."

15) 『星湖全書』 권7, 『四七新編』 15, 演乘馬說. "蓋形氣者, 人之私也. 觸物而動中, 或發散或蘊結或激作或含蓄."

16) 『星湖全書』 권10, 『四七新編』 8, 七情便是人心. "問形氣之私, 曰如飢飽寒暖之類, 皆生於吾身血氣形體, 而他人無與, 所謂私也."

인욕으로 간주했다면 「중용장구서」에서 어찌 '비록 상지(上智)라도 인심이 없을 수 없다'고 말했겠는가?"[17] 위 인용문들은 사가 공과 대립적 개념이 아니라 인간이라면 누구나 가진 선천적이면서 개별적인 욕구의 영역을 가리킨다고 본 이익의 입장을 잘 보여준다.

나아가 성호는 사가 개별자 혹은 자신을 일반적으로 가리키는 '기(己)'나 '아(我)' 등의 용어와 비슷한 함의를 갖는 것이고, 기(己)가 사라면 '천하(天下)' 혹은 '천하지인(天下之人)'이 공이라고 상대해서 설명하기도 했다. "사와 공은 서로 상대하는 것인데 그 명칭이 많아서 '기(己)'라고도 하고 아('我')라고도 한다. 모두 내 자신이 본래 가진 것으로서 다른 타인과 함께 할 수 있는 것이 아니다."[18] "기(己)는 아(我)인데 천하 사람들과 상대해서 말한 것이다. 기(己)는 사이고 천하는 공이다."[19] 이익에게 사란 형기에 바탕을 둔 개별자를 가리키는데 형기란 다양하기는 하지만 누구나 느끼는 보편적인 감각적 실제이기도 하다. 위에서 비록 사와 '천하인지공(天下人之公)'을 상대해서 말했지만 성호는 사를 확장하여 천하공(天下公)을 이룬다는 관점을 전제하고 있었다.

이익은 개별적인 사의 층위를 확대하고 넓힘으로써 세상 사람이 함께 그 사를 공유하는[天下同其私者] 공공[共]의 보편적 차원으로 나아갈 수 있다고 보았다. 그 역시 이(理)의 편만성과 보편성을 중시했지만 그렇다고 해서 천리공(天理公)의 선험적 원리를 강조하기보다는 오히려 다양한 형기 혹은 칠정과 호오를 공유하는 아래로부터의 일반인의 보편적 욕망을 공적 보편성[公共]을 구성하는 근본적인 바탕으로 이해했던 것이다. 이 점은

---

17) 『星湖全書』 권7, 『四七新編』 附錄 「讀李栗谷書記疑」, 星湖第一說. "謹按, 人心非人欲也. 伊川說, 人心道心, 天理人欲便是. 朱子初從此說, 後來覺得非是, 以爲人心非人欲 … 然朱子若終以人心爲人欲, 則其序中庸, 何云雖上智不能無人心也?"

18) 『星湖全書』 권6, 毋我. "私與公對, 其名亦多, 曰己曰我, 皆吾身之自有, 而非與於他人也."

19) 『星湖全書』 권4, 『論語疾書』, 顔淵 1조목. "己我也, 對天下之人而言也. 己則私, 而天下則公."

아래 인용한 글 가운데 "방시자오신욕오지사(方是自吾身欲惡之私), 이추향 공거야(而推向共去也)"라고 주장한 대목에서도 잘 드러난다. 한 사람의 개별적 욕구함과 미워함[欲惡]이 오히려 타인의 감정과 정서를 이해하는 공감과 연대의 바탕으로 간주된 것을 알 수 있으며, 이것은 배움을 통한 학자의 지위에 있느냐 그렇지 못하냐에 관계없이 모든 사람이 함께 공감할 수 있는 보편적 정서와 유대감을 가리킨 것이었다고 볼 수 있다. 성호는 바로 이와 같은 사의 보편성을 바탕으로 '천하동기사(天下同其私)'의 공공성 을 주장할 수 있었다.

> 이른바 맹자가 기뻐했던 일, 순임금이 화를 냈던 일 등은 성인과 현인의
> '인(仁)'을 [타인과] 함께 하는 사사로움'[聖賢同仁之私]이라고 말할 수 있다.
> '호색(好色)하는 것을 백성과 더불어서 하고, 재물을 좋아하길 백성과 더불어
> 서 한다'는 말이 있다. 이는 바로 자기 자신의 좋아함과 싫어함이라는
> 사사로움[私 : 개별성]을 보편적인[共] 것으로 미루어 간 것이다. … 이것이
> 어찌 물욕이 깨끗이 없어지고 천리가 유행하게 되어 천하와 더불어 그
> '사'를 함께 공유하는 것이 아니겠는가.[20]

이익은 천하라는 세계의 영역과 그 안에 함께 살고 있는 천하 사람을 모두 천하 혹은 천하공(天下公)으로 지칭한다. 이것은 사회공동체나 인민대 중을 '천하공'으로 인식하기 시작한 것을 의미하며, 천리를 깨닫고 실현하는 소수의 선각자가 아니라 일반인 모두의 자연스런 삶의 모습이나 욕구를 공공(公共)한 것으로 이해하게 된 것을 보여준다. 따라서 개인 혹은 개별자의 위상이 높아지면서 보통 사람이 배우지 않고도 선천적으로 가진 보편적 욕망에 주목하고 이것을 사회적으로 광범위하게 실현하는 것을 공적 상태 로 간주한 것을 알 수 있다. 성호 역시 위 인용문에서 여전히 천리의

---

20) 『星湖全書』 권7, 『四七新編』 4, 聖賢之七情. "若向所謂孟子之喜, 舜之怒之類, 亦是聖賢 同仁之私也. 傳曰, '好色則與百姓同之, 好貨則與百姓同之'者, 方是自吾身欲惡之私, 而推向共去也 … 豈非物欲淨盡, 天理流行, 與天下同其私者乎?"

유행을 말하고 있지만, 기존의 공 개념이 전제한 천리나 도리의 추상적 의미보다 다수 대중의 욕망을 반영한 '천하지사(天下之私)'의 의미를 천리의 실제 내용으로 이해했고, 모든 사람들의 보편적 욕구의 실현을 공으로, 그것을 추구하고 실현하는 사회공동체를 공공한 것으로 이해했던 것을 알 수 있다.

한편 이익은 사람이 태어날 때 선천적 욕망[欲]을 가진다는 점에 주목했다.[21] 배고플 때 먹고자 하고 추울 때 따뜻해지고자 하는 원초적 욕망은 선한 것이며 바로 이런 기본적 욕망을 충족시키지 못하는 것 때문에 불선(不善)이 생겨 인심으로부터 인욕이 발동하게 된다고 보았다. 그러나 욕망을 가진 다양한 개인들이 모여 공적인 사회공동체를 구성하기 위해서는 단순히 각자 타고난 자신의 욕망만을 실현하려고 해서는 안 되고 욕구와 이익을 천하 사람과 함께 실현하기 위해 자신을 조절하고 노력하는 공부가 필요하다고 보았다.[22] 주희는 사대부가 자신의 사욕을 극복하고 천리를 보전함으로써 사회의 공적 질서를 수립할 수 있다고 보았다면, 이익은 중인과 양인을 포함하는 다양한 계층의 사회구성원 모두가 자기수양과 공부의 과정에 의미 있게 동참할 수 있다고 보았다.[23] 이것은 인간이라면 학자와 성인, 일반인을 불문하고 누구나 동일한 욕오(欲惡)의 칠정(七情)을 가지고 있고, 이런 보편적 칠정의 욕구를 어떤 방식으로 실현하고 충족시킬지 고민할 수 있다고 본 것이다.

칠정은 과연 공인가 사인가? 음식과 남녀에 대한 욕구, 죽음과 가난함과 고통을 싫어하는 것은 성인이나 어리석은 자나 모두 지닌 것이다. 그런데 욕구[欲]가 마땅히 하고자 해야 하는 것에 머무르고, 싫어함이 [惡] 마땅히 싫어해야 할 것에 그치는 것이 바로 '사 가운데 있는 올바름'이다[私中之正

---

21) 『星湖全書』 권5, 『星湖僿說』 권19, 經史門, 性善 참조.
22) 『星湖全書』 권5, 『星湖僿說』 권10, 人事門, 匹夫體天 참조.
23) 권향숙, 앞의 글, 2005, 33~38쪽 참조.

也]. 정(正)이란 무엇인가? 비록 자기의 사에서 떠나지 않더라도 사특함으로 흐르지 않는 것이다. 세상 사람이 모두 함께 하고자 하는 바를 자기도 하고자 하고, 세상 사람이 모두 함께 싫어하는 바를 자기도 싫어하는 것이 사 가운데 공이다[私中之公也]. 공이란 무엇인가? 비록 자기의 사에 관계되지 않은 것이라도 자기[己] 일처럼 여기는 것이니 이것은 곧 이(理)가 행하는 것이다. 이(理)는 칠정(七情)으로 하여금 공(公)하게 할 수는 있지만, 칠정으로 하여금 사(私)에서 나오지 않도록 할 수는 없다.[24]

위 인용문에서 이익은 '사중지정(私中之正)'과 '사중지공(私中之公)'을 언급하면서, 이것은 마땅히 욕구해야 할 것만을 욕구하고 마땅히 미워해야 할 것만을 미워하며 그 결과 천하 사람이 모두 좋아하는 것을 자신도 좋아하고 천하 사람이 모두 싫어하는 것을 자신도 싫어하는 것이라고 말한다. 이 점에서 보면 그가 생각한 공 관념과 중인공공(衆人公共)의 정신은, 구성원 각자가 자신의 다양한 욕망 충족을 위해 상호 투쟁하면서 다수의 견해를 기반으로 최상의 결론을 도출하는 것과는 성격이 매우 다른 것이었음을 알 수 있다. 비록 대다수 중인의 욕망, 이들의 보편적 욕구가 유교 지식이었던 이익의 감각 속에 중요한 쟁점으로 부각되었지만, 그럼에도 천하의 보편적 사사로움[私]은 혼자 욕망하는 것이 아니라 모든 사람들과 함께 욕망하는 것으로서 마땅히 그리해야만 하는 것만을 욕구한다는 당위적, 윤리적 의미를 함축한 개념이었다.

그는 "보통 사람의 개인적인 관심은 가까이에만 미치고 성인의 개인적인 관심은 멀리까지 미친다. 멀리까지 미치는 까닭은 이(理)가 주재하기 때문이니 이(理)가 어찌 사(私)이겠는가? 그러나 사라고 말해도 되고 공이라고 말해도 된다. 사는 본래의 정(本情)으로써 말한 것이고 공은 이(理)를 근거로

---

24) 『星湖全書』 권7, 『四七新編』 4, 聖賢之七情. "七情果公乎, 果私乎? 飮食男女之欲, 死亡貧苦之惡, 聖愚同有, 而欲止於所當欲, 惡止於所當惡, 乃私中之正也. 正者, 何也? 雖不離己私, 而不流於邪. 欲天下之所同欲, 惡天下之所同惡, 乃私中之公也. 公者, 何也? 雖不繫吾事, 而一視於己也. 此卽理之爲也. 理能使七情爲公, 而不能使七情不出於私."

말한 것이다"라고 구분한 적이 있다.[25] 이 대목에서 사란 나의 배고픔, 나의 고통을 의미한다면 이(理)의 차원에서 공은 인간이라면 누구나 느끼는 보편적 배고픔, 보편적 고통을 의미한다고 볼 수 있다. 기본은 개별자의 사정(私情)으로부터 시작하지만 이것이 결국 공공(公共)한 욕망으로 인정되어 공적 감정 혹은 욕망의 토대가 되려면 그에 합당한 분명한 윤리적 기준, 즉 인간이라면 누구나 그렇게 욕망한다는 존재론적 보편성을 담보해야만 했다.

이익은 세 종류의 사(私) 개념을 일시적으로 구분하면서 결국 이 세 층위가 마지막에 통일된다고 보았는데, 그 첫째가 바로 개인적·개별적 사이고, 두 번째는 모든 사람을 하나로 여기는 천하 대중의 사이고, 이것이 결국 마지막 세 번째 가장 공적이며 공공한 것으로서 의리와 부합되는 그런 차원의 사 개념이다.[26] 끝에 의리라는 표현을 사용했지만 의리 역시 개인적이고 사적인 욕구로부터 시작된다고 보았고, 다만 나 혼자만의 욕구가 아니라 '천하동체지사(天下同體之私)'라는 성격을 전제한 '사'가 중요하다고 보았음을 알 수 있다. "비록 자기 한 사람의 사가 아직 모든 만물을 일체(一體)로 여기는 가운데 발출한 것이 아니라고 해도, 이것은 [物我一體의] '일(一)'과 분리해서 그 글자가 성립될 수 없는 것이니 「예운」에서 가리키는 것과 그 근원이 같다. 아직 그렇게 되지 않았기에 공과 사 두 가지로써 사단(四端)과 칠정(七情)을 구분한 것이다."[27] 이렇게 보면 이익이 사를 말하고 욕오(欲惡)를 말하고 칠정을 말했어도, 이것은 만물일체, 물아일체, 천하동체라는 용어의 빈번한 사용이 보여주듯이, 천하인 모두가 공감하고 공유하는 것으로서 마땅하고 정당한 어떤 한계 내지 법도를

---

25) 『星湖全書』 권7, 『四七新編』 4, 聖賢之七情. "衆人之私及近, 聖人之私及遠. 所以遠者, 理爲之主也. 理何嘗私? 然則謂私, 可也, 謂之公, 亦可也. 私以本情言, 公以理言."

26) 『星湖全書』 권1, 答尹幼章(壬辰). "有發於一己之私者, 有發於同體之私者, 有發於義理者, 必須分三段說, 究極於毫忽之際, 方可以語此矣."

27) 『星湖全書』 권1, 答尹幼章(壬辰). "雖非一己之私, 皆從萬物一體中發出, 此離一, 其字不得, 則禮運所指, 畢竟同根. 未然者, 可以公私二者, 斷四與七矣."

갖추어야 하는 것으로 간주된 것을 알 수 있다. 천하 사람의 보편적이고 공통된 호오(好惡)와 칠정의 정감을 인정하면서도 그것이 동기(同氣) 간의 소통을 통한 만물일체(萬物一體)의 인(仁) 개념과 연결되어야 비로소 최종 가치를 부여받을 수 있다고 본 다음 설명도 함께 살펴보자.

하늘이 고르게 사람을 만들었으니 사해가 모두 형제이며, 백성의 실정은 진실로 크게 한 가지라서 호오의 정서는 자연히 근거가 있다. 그러나 모습이 다르고 어리석음과 지혜에 차이가 있으니 사회적 지위나 품계는 다를 수 있다. 비록 현달한 자가 아니라도 떳떳할 수 있으니, 천하고 쓸모없고 지나친 사람도 넉넉한 자와 함께 노닐 수 있기 때문이다. 어진 사람은 [모든 존재를] 일체로 본다. … 인(仁)이 빠지면 대중을 교화하는 것이 오히려 경쟁하여 다투게 하는 것이 된다.28)

「예운」에서는 형기의 칠정을 논할 때 반드시 천하와 일체가 되어야 한다고 말했다. "기가 서로 관통하기에 만물이 모두 나에게 속한다. 다른 사람에게 기쁨이 있으면 그에게 이익이 될 것이 분명하기에 나도 기뻐하고, 다른 사람이 성내면 그의 근심이 전달되어 나도 성이 난다. 상대방의 이로움과 걱정거리가 나를 찌르듯이 하지 않는 것이 없다"고 했다. 이것이 옛사람 말의 핵심이다. 이미 형기가 발동하고 내가 그것과 더불어 일체가 되고 정(情)을 함께 하는 것이기에 기발(氣發)에 속한다고 말해도 된다.29)

대개 사람은 한 가족을 사랑하지 않음이 없으니 한 가족을 자기 한 사람으로 여긴다. 성인은 인류를 두루 사랑하기에 천하를 한 가족으로,

---

28) 『星湖全書』 권1, 詩, 戲作反絶交詩. "賦天均爲人, 四海乃兄弟, 民情固大同, 好惡自根底. 然如面貌, 別愚智, 異品第. 非賢達可矜, 則卑替泛與同優遊. 仁者視一體 … 闕仁, 化衆尚競 奔."

29) 『星湖全書』 권7, 『四七新編』 重跋. "禮運將論形氣之七情, 而必先言與天下一體. 其義若 曰, 氣與相貫, 萬物屬己. 人之有喜, 必明於其利而吾亦喜. 人之有怒, 必達於其患而吾亦 怒. 彼之利患, 莫不如針箚己也. 此古人立言之旨也. 彼旣形氣之發, 而吾與之共體同情, 則屬之氣發, 恐似無妨."

중국을 한 사람으로 여긴다. 이미 한 사람으로 생각하면 대상이 모두 자기에게 속해서 기가 저절로 관통하여 천하 사람의 기쁨과 성냄이 곧 나의 기쁨과 성냄이 된다. 마치 사지와 온 몸의 통증과 가려움이 반드시 외물을 느껴 자기에게 절실하지 않음이 없는 것과 같다. 그래서 "그것을 의도하지 않아도 반드시 그 실정을 안다"고 말한 것이다.[30]

이익이 인이 빠지면 결국 교화함에 있어 다투는 상황[競奔]이 된다고 본 점이 중요하다고 생각한다. 그는 개별자의 욕망 충족과 그것의 보편적 실현으로서의 공공의 의미를 강조하면서 이것이 '천하동체(天下同體), 동리 (同利)'라는 인(仁)의 성격을 갖추지 못하면 결국 상호경쟁과 투쟁의 장으로 변질되고 말 것이라고 우려했다. 그는 사적인 욕망, 이익추구를 인정하되 만약 '이기이불리인(利己而不利人)'한다면 이것이야말로 부정적 의미의 사[私慝]이고 공은 아니라고 보았으며, '이기이리인('利己而利人)' 할 수 있어야 진정으로 공이며 공공한 것이 될 수 있다고 보았다.[31] 이미 시대적으로 조선후기, 18세기에 이르렀는데도 불구하고 이익이 여전히 중농주의적 관점을 견지하고 상업과 화폐의 폐단을 지속적으로 비판한 것은, 화폐의 운영이 누군가를 이롭게 하면서 동시에 누군가에게는 피해를 준다고 보았기 때문이다.[32] 상인의 행위를 자신의 사사로움을 충족시키는 것에 불과하다고 보고 백성 전체의 욕구를 충족하는 것과는 아무런 관계가 없는, 다시 말해 공공한 행위가 될 수 없다고 비판한 것도 같은 이유에서다.[33]

---

30) 『星湖全書』 권7, 『四七新編』 4, 聖賢之七情. "凡衆人, 莫不愛一家之人, 是以一家爲一人 也. 聖人偏愛人類, 是以天下爲一家, 以中國爲一人也. 旣是一人, 則物皆屬己, 而氣自貫 通, 天下之喜怒, 則吾之喜怒也. 如四肢百體, 痛痒必覺, 外物之感, 莫不切己, 故曰, 非意之也, 必知其情也."

31) 『星湖全書』 권4, 『論語疾書』, 理仁 12조목. "利者, 義之和也. 天地間, 元有此理. 利若無人 己之別, 則何所往而不可. 聖人者, 以四海爲家, 固欲同仁而極利之. 則愈利愈善, 惟恐其 一毫之不利也. 若主一國, 則利吾國, 而未必利他國 … 主一身, 則利吾身, 而未必利他身. 此利己而不利人, 私也, 非公也, 利所以不可行也. 若利吾身吾家, 而達之天下, 亦無害者, 亦不害爲公利."

32) 『星湖全書』 권5, 『星湖僿說』 권11, 人事門, 錢害. "財非天降, 此益則彼損, 民如何不損?"

농사짓는 경우도 만약 타인에게 피해를 주지 않고 자신만 이롭게 하는 정도라면 괜찮지만 이 또한 오직 자기 이익만 계속 추구한다면 마찬가지로 타인에게 해를 입히는 다툼과 경쟁이 초래될 것이라고 경계했다. 공공의 이익, 다시 말해 '공리(公利)'라는 것은 '이기이리인(利己而利人)'이라는 두 측면을 모두 충족시켜야 하는 것이라고 보고, 이를 위해서는 사회적 합의나 토론이 필요하다고 보기보다 개인 각자의 자기조율과 통제를 통한 수양 공부가 필요하다고 보았던 점에서 이익 역시 전통적 유교 지식인의 면모를 보여준다.

III. 정약용 : 본성[性]의 욕망[嗜好]과 도심(道心)의 공적 의미

정약용의 공 관념과 공공 의식에 대해 살펴보기 위해서는 그가 공사 개념의 이분법을 통해 강조한 인심도심(人心道心)의 문제, 도심의 존재론적 근거인 본성[性], 인심의 중요한 실제 작용인 권형(權衡)의 문제를 함께 살펴보아야 한다. 한편 공공성 개념과 관련해 다산의 입장을 살펴보면 이익의 경우처럼 천하인(天下人)의 보편적 욕망 혹은 공리(公利) 개념 등으로 분명하게 설명하기 어렵다는 것을 알게 된다. 정약용이 사용하는 공공 개념과 관련된 몇 가지 용례를 보면, 『대학(大學)』이란 책을 주자가 귀족자제가 아닌 '모든 사람들이 보는 것[公共之物]'으로 만들어버렸다고 언급하거나34) 마을 공동체 전체의 일을 감당할 때 모습을 공공이라고 표현하거나35)

---

33) 『星湖全書』권5, 『星湖僿說』권6, 萬物門, 馬蹄. "彼商賈之類, 不過其人之私, 顧於齊民何益."

34) "先儒習見此俗, 不嫺古制, 故以太學爲萬民所游之地. 以太學之道, 爲萬民所由之路. 看太學二字, 原不淸楚, 謂治國平天下, 未必爲太學所專之道, 故改之曰大人之學, 欲以之爲公共之物耳. 然古之太學, 原有主人, 編戶匹庶之子. 雖冠而爲大人, 恐太學未易入也."(第二集經集第一卷 ○大學公議一[舊本大學]大學之道).

35) "議曰, 天下之最可憎最可殺, 卽悖戾乘醉, 呼唱道路, 竝擧數百戶大村, 而叱辱無倫者也. 數百戶大村, 無一箇男子敢出一聲, 安承廉往日無恩. 近日無怨, 特以血氣之憤, 擔當公

여러 사람이 뇌물을 주고받으며 거짓된 행동을 하는 것을 서로 모른 척한다고 말할 때 대다수 사람을 가리켜서 말하거나[36] 향리의 수많은 사람들이 의론하고 따진다고 말할 때 중인다수(衆人多數) 혹은 마을공동체 전체를 가리켜서 공공(公共)이라고 표현했던 것을 알 수 있다.[37] 다산이 언급한 공공 개념의 구체적 용례를 통해서는 공동체 구성원의 전체 모습이나 성격을 가리켰다는 점 외에 어떤 공적 원리나 정당한 이치 등을 정약용이 이 용어를 통해 해명하려고 노력한 흔적을 분명하게 찾아보기 어렵다. 따라서 우리가 원하는 방식의 공공성 논의와 연관된 다산의 관점을 살피기 위해서는 결국 공사론 및 이와 연관된 다산의 공 관념을 포괄적으로 살펴볼 수밖에 없다.

정약용이 공과 사 개념을 대립적으로 강조해서 설명한 대목은 앞서 언급했듯이 '인심도심론'에서다. 그런데 다산의 인심도심론은 그의 독특한 심성론 구조, 다시 말해 '기호성(嗜好性)'으로 알려진 인간의 선천적 본성[天命之性]과 이 본성의 경향성을 따를지 말지 선택하는 '권형(權衡)' 작용, 그리고 이것을 방해하는 또 다른 육체의 기질적 욕망[氣質之性]과 함께 살펴보아야 한다. 정약용의 인성론이 기존의 주자학적 논의와 달라지는 독특한 점은 그가 본성[性]을 본체나 이치가 아니라 욕망작용 혹은 욕구작용

共之事, 思欲爲一村, 除兇雪恥, 亦所謂殺人而義者也."(第五集政法集第三十六卷○欽欽新書卷七, 祥刑追議九, 豪强之虐二頑氓醜罵, 土豪行威, 根由使氣, 實因被打).

36) "鄭俠奏議云, 建言者, 以諸門及本務稅額虧折, 皆是官員饒稅過多, 而吏人受財, 公共偸瞞不知. 乃爲市易拘攔, 商旅不行, 稅乃大虧也. 每納稅錢一百文, 別取事例錢六文, 以給專攔等, 已而所收之稅, 不及十文亦收事例錢十文."(第五集政法集第十卷○經世遺表卷十, 地官修制賦貢制三, 關市之賦)

37) "朱子示星子諸縣書云, 將來糶米, 亦請一面, 早與上戶及糴米人戶, 公共商議, 置場去處, 務令公私貧富遠近之人, 各得其便."(第五集政法集第二十八卷○牧民心書卷十三, 賑荒六條, 勸分賑荒第二條) ; "朱子示星子諸縣書曰, 根括貧民, 請詳本軍所立帳式, 行下諸都隅官保正, 仔細抄箚, 著實開排, 再三叮嚀, 說諭, 不得容情作弊. 妄供足食之家, 漏落無告之人, 將來供到, 更於本都, 喚集父老貧民, 逐一讀示, 公共審實, 衆議平允, 即與保明, 如有未當. 就令改正, 將根括隅官保正, 重行責罰."(第五集政法集第二十八卷○牧民心書卷十三, 賑荒六條, 規模賑荒第三條)

[嗜好]으로 해석했던 점이다. 그는 사람 마음에 인심과 도심의 두 종류가 있는 것처럼 사람이 타고난 본성에도 두 가지 종류가 있다고 보았고 기질지성과 천명지성이 바로 이 두 가지 본성인데 이것은 모두 무엇인가를 선천적으로 좋아하고 미워하는 기호작용이라는 점에서 공통된다고 주장했다.

> 기질지성(氣質之性)이 이미 기호(嗜好)로써 이름을 얻었으면 천명지성(天命之性)도 마땅히 기호로써 그 의미를 찾아야 한다. 기질지성은 단 것을 좋아하고 쓴 것을 싫어하며 향기를 좋아하고 악취를 싫어하는 것이고, 천명지성은 선을 좋아하고 악을 미워하며 의를 좋아하고 탐욕을 미워하는 것이니, 기호라는 이름은 같지만 기호하는 대상이 다르다. … 공자도 원래 기호로써 성(性)을 말했다. 『시경』에는 '백성이 떳떳한 것을 잡고 있으니 이 아름다운 덕을 좋아한다'라고 했다. … 떳떳한 것을 가지고 있음은 성을 말하는 것이고 덕을 좋아한다는 것은 기호가 아니겠는가? 맹자도 원래 기호로써 성을 말했다. 『맹자』는 '입은 맛에 있어 좋아하는 것이 같고 귀는 소리에 있어 듣는 것이 같고, 눈은 빛깔에 있어 아름답게 여기는 것이 같다'고 했고 역아, 사광, 자도 등을 널리 인용해 마음이 기호하는 것이 같다는 뜻을 밝히면서, 의리가 내 마음을 기쁘게 하는 것이 마치 가축 고기가 내 입을 기쁘게 하는 것과 같다고 했다. 이것은 분명 저 성의 기호를 인용하여 이 성의 기호를 증명한 것이니 이른바 기질지성과 천명지성이 모두 기호로써 이름을 얻은 것이 아니겠는가.[38]

사실 다산의 인심도심설이나 공사론은 앞서 언급한 이익과 뒤에서 다룰

---

38) 『梅氏書平』「閻氏古文疏證抄」4 : 24, "氣質之性, 旣以嗜好而得名, 則天命之性, 亦當以嗜好求之. 氣質之性, 嗜甘而惡苦, 嗜香而惡臭, 天命之性, 嗜善而惡惡, 嗜義而惡貪, 嗜好之名雖同, 乃其所嗜好不同, 何得驅之於告子乎? 不唯是也. 孔子原以嗜好言性. 詩云 : 民之秉彝, 好是懿德, 孔子曰 : 爲此詩者, 其知道乎! 秉彝非性, 好德非嗜好乎? 孟子原以嗜好言性. 孟子謂 : 口之於味同所嗜, 耳之於聲同所聽, 目之於色同所美, 廣引易牙 ·師曠·子都之等, 以明心之於義同所嗜, 乃曰 : 理義之悅我心, 猶芻豢之悅我口. 斯則明引彼性之嗜好, 以證此性之嗜好, 所謂氣質之性·天命之性, 非皆以嗜好得名者乎?"

심대윤의 경우보다 도덕주의적 색채가 다소 강하다고 할 수 있다. 공사의 엄격한 판별과 도심에 대한 절대적인 윤리적 복종은 다산의 입장을 오히려 주자학의 그것에 근접한 것으로 보이게 만든다. 그러나 그의 '성기호설(性嗜好說)'을 다시 살펴보면 이미 인간의 잠재적 본성을 형이상학적 실체가 아닌 느끼고 감지할 수 있는 보편적 욕망작용으로 해석하려고 한 시대적 요구를 읽을 수 있다. 그가 기질지성과 천명지성을 다른 저작에서 곧바로 '기질지욕(氣質之欲)'과 '도의지욕(道義之欲)'이라는 '욕(欲)' 개념을 통해 설명한 것도 이 때문이다.[39] 다산 역시 인간에게 선천적으로 타고난 '원욕(願欲)'이 있다는 점을 강조했다. 만약 이런 '욕구하는 마음[欲心]'이 없으면 세상에서 어떤 일도 할 수 없다고 경계하며, 어떤 사람이 담백하여 아무런 욕심도 없을 경우 악도 저지를 수 없지만 마찬가지로 선도 행할 수 없기 때문에 이미 쓸모없이 버려진 자와 같다고 주장했다.[40] 사람의 보통 마음인 인심에는 자신이 완전히 갖추지 못한 것을 밖으로부터 타물(他物)을 통해 채우려고 하는 선천적 경향이 있다고 말한 것도 같은 의미에서다.[41] 다산이 『대학』 전10장에 대한 주석에서 '용인이재설(用人理財說)'을 풀이하면서 백성에게는 원래 욕망[欲]이 있는데 하나는 부욕(富欲)이며 다른 하나는

---

39) 『孟子要義』「告子」, '告子曰生之謂性, 犬牛人之性'章. "今論人性, 人恒有二志, 相反而竝發者, 有饑而將非義也則欲受而兼欲不受焉, 有患而將成仁也則欲避而兼欲不避焉. 夫欲受與欲避者, 是氣質之欲也, 其欲不受而不避者, 是道義之欲也. 犬與牛也, 投之以食, 欲食焉而已, 怵之以刃, 欲避焉而已, 可見其單有氣質之性也. 且人之於善惡, 皆能自作, 以其能自主張也, 禽獸之於善惡, 不能自作, 以其不得不然也. 人遇盜, 或聲而逐之, 或計而擒之, 犬遇盜, 能吠而聲之, 不能不吠而計之, 可見其能皆定能也, 夫人性之於禽獸性."

40) 『心經密驗』「心性總義」. "案吾人靈體之內, 本有願欲一端. 若無此欲心, 卽天下萬事, 都無可做. 唯其喩於利者, 欲心從利祿上穿去, 其喩於義者, 欲心從道義上穿去. 欲之至極, 二者皆能殺身而無悔. 所謂貪夫殉財, 烈士殉名也. 余嘗見一種人, 其心泊然無欲, 不能爲善, 不能爲惡, 不能爲文詞, 不能爲産業, 直一天地間棄物, 人可以無慾哉. 孟子所指, 蓋利祿之慾耳."

41) 『中庸講義補』권1, 朱子序. "欲之爲字, 從谷從欠, 谷者虛也, 欠者欲也. 凡物之虛欲者, 常欲取他物以盈之, 人心之有願欲, 其象如此. 故會意制字, 由是觀之. 欲之爲字, 雖不加心, 與私慾之慾, 無差殊也."

귀욕(貴欲)으로서 이 두 가지 선천적 욕망을 충족시키기 위해 용인이재에 대해 마지막 장에서 논한 것이라고 보았다.[42] 이처럼 다산의 인성론에는 이미 인간이 불가피하게 충족하고 실현해야 할 보편적 욕망에 대한 논의가 깊이 개입되어 있다.

그렇다면 이 본성이 발현되어 구체적으로 드러난 마음으로서의 도심[性之所發者]에 대해 다산은 어떻게 접근했을까?[43] 정약용은 선을 좋아하고 악을 부끄러워하는 선천적 본성[性]이 발동해서 드러난 마음을 도심이라고 했고, 이것을 달리 표현해서 덕을 좋아하고 악을 미워하는 마음이라고 설명했다.[44] 좋아하고 싫어함[好惡/欲惡]이라는 기호작용을 강조함으로써 도심을 일종의 선천적 욕구로 풀이한 점은 맞지만, 다산이 여전히 선과 악 그리고 덕과 악을 대립적 개념으로 사용하고 뒤에서 보듯이 이 대립적 개념에 공사 개념을 연속적으로 적용한 것을 엿볼 수 있다. 다산의 '호선오악(好善惡惡)'이라는 표현은 다음 장 심대윤의 '호리오해(好利惡害)'와 비교하면 욕구에 대한 인정은 유사하더라도 욕구 대상이 달랐던 것을 알 수 있다. 심대윤은 명시적으로 이해(利害)를 인간의 욕오(欲惡)의 대상으로 보았지만, 다산은 욕오(欲惡)를 언급하면서도 여전히 인간이 욕망하는 것은 선과 덕이라고 보는 도덕주의적 성격을 강하게 견지했다. 한편 도심과 대비되는 인심은 비록 여러 대목에서 사 혹은 사욕의 의미로 간주되어

---

42) 『尙書古訓』「皐陶謨」 2 : 32. "賢賢親親, 非官人之德乎? 樂樂利利, 非惠民之德乎? 治天下之大經大法, 唯斯二者, 故大學以此而結局也. 治平之術, 九經八統, 其目甚廣, 奚必斯二者之爲大乎? 原夫生民有欲, 其大欲有二, 一曰富, 二曰貴. 凡君子之族, 仕於王朝者, 其所欲在貴. 小人之族, 耕於王野者, 所欲在富. 官人失其宜, 則怨詛興於貴族, 惠民有不周, 則怨詛興於小民, 二者皆足以失國."

43) 『中庸自箴』 1 : 3. "性之所發, 謂之道心. 道心常欲爲善, 又能擇善. 一聽道心之所欲爲, 玆之謂率性. 率性者, 循天命也."

44) 『論語古今註』 9 : 11. "其在古經, 以虛靈之本體而言之, 則謂之大體, 以大體之所發而言之, 則謂之道心, 以大體之所好惡而言之, 則謂之性. 天命之謂性者, 謂天於生人之初, 賦之以好德恥惡之性於虛靈本體之中, 非謂性可以名本體也. 性也者, 以嗜好厭惡而立名.";『論語古今註』 9 : 11. "人之大體, 旣生旣知, 復有靈明神妙之用. 故含萬物而不漏, 推萬理而盡悟, 好德恥惡, 出於良知. 此其迥別於禽獸者也."

극복 대상으로 여겨졌지만, 그럼에도 다산 역시 기본적으로는 주희와
유사하게 인심이란 권형으로서 어떤 윤리적 선택을 내리려는 위험한 마음
일 뿐이지 그 자체로 악한 대상은 아니라고 보았다.[45]

　다산에 앞서 주희가 먼저 사람에게는 성인과 일반인을 불문하고 인심과
도심 두 가지가 없을 수 없다고 보았지만[46] 이 두 가지가 뒤섞인 채로
구분할 줄 모르면 도심은 가려져서 더욱 어두워지고 인심은 더욱 위태로워
져서 '천리지공(天理之公)'이 '인욕지사(人欲之私)'를 이기지 못할 것이라는
점을 다시 강조했다.[47] 사실 주희가 『중용장구』 서문에서 강조한 천리와
인욕, 도심과 인심, 공과 사의 이와 같은 대비 구도는 다산의 윤리적 심성론의
근간을 이루는 핵심 구도 중의 하나다. 그는 천리와 인욕이 마음속에서
싸움을 벌이는 것이 마치 재판에서 송사를 벌이는 것과 같다고 했고[48]
인심과 도심이 싸우는 것도 결국 천리가 이기는지 사욕이 이기는지의
싸움이라고 보았다.[49] 도심은 항상 본성[性]을 따르려고 하는 반면 인심은

---

45) 『心經密驗』 2 : 29. "人心惟危者, 吾之所謂權衡也. 心之權衡, 可善可惡. 天下之危殆不
　安, 未有甚於是者. 道心惟微者, 吾之所謂性好也. 天命之謂性, 率性之謂道, 斯之謂道心
　也. 孟子曰人之所以異於禽獸者幾希, 幾希者微也. 性之樂善, 雖根於天賦, 而爲物欲所
　蔽, 存者極微. 唯君子察之."

46) 『朱子語類』 62 : 41. "若專用人心而不知道心, 則固流入於放僻邪侈之域 ; 若只守道心,
　而欲屏去人心, 則是判性命爲二物, 而所謂道心者, 空虛無有, 將流於釋老之學, 而非虞
　書之所指者."

47) 『中庸章句』 「中庸章句序」. "心之虛靈知覺, 一而已矣, 而以爲有人心·道心之異者, 則以
　其或生於形氣之私, 或原於性命之正, 而所以爲知覺者不同. 是以或危殆而不安, 或微妙
　而難見耳. 然人莫不有是形, 故雖上智不能無人心, 亦莫不有是性, 故雖下愚不能無道
　心. 二者雜於方寸之間, 而不知所以治之, 則危者愈危, 微者愈微, 而天理之公卒無以勝
　夫人欲之私矣. 精則察夫二者之間而不雜也, 一則守其本心之正而不離也. 從事於斯, 無
　少閒斷, 必使道心常爲一身之主, 而人心每聽命焉, 則危者安, 微者著, 而動靜云爲自無
　過不及之差矣."

48) 『論語古今注』 2 : 44. "天命人欲交戰于內, 克己如克訟然. 人能自見其過·令二者對辯于
　內, 必能見其是非, 而知所以改過矣."

49) 『孟子要義』 2 : 41. "人恒有二志相反, 而一時幷發者. 此, 乃人鬼之關, 善惡之幾, 人心道
　心之交戰, 義勝欲勝之判決. 人能於是乎猛省而力克之, 則近道矣. 所不爲所不欲, 是發
　於道心, 是天理也. 爲之欲之, 是發於人心, 是私欲也. 無爲無欲, 是克制人心而聽命於道
　心, 是所謂克己而復禮也."

육체적 욕망을 따르려 한다고 이분법적으로 주장한 많은 사례를 찾아볼 수 있다.50)

인심도심설을 공사론과 연계해서 다음과 같이 일관되게 대립적으로 해명한 것도 위의 관점과 상통하는 발언들이다. "퇴계가 말한 이(理)는 바로 본연지성(本然之性)이며 도심이고 천리지공(天理之公)이요, 그가 말한 기(氣)는 바로 기질지성(氣質之性)이며 인심이고 인욕지사(人慾之私)다. 사단과 칠정이 발동하는 데 있어 공과 사의 나눔이 있으니 사단은 이발(理發)이 되고 칠정은 기발(氣發)이 된다고 한 것이다."51) "군자가 고요할 때 존양(存養)하고 움직일 때 성찰(省察)하는 것은 무릇 한 생각이 발동하면 즉시 두려워하여 용기 있게 반성하기를 '이 생각이 천리지공(天理之公)에서 발한 것인가, 인욕지사(人慾之私)에서 발한 것인가? 이 생각이 도심인가, 인심인가?' 하고 세밀히 절실하게 추구하여, 천리지공이면 북돋아주고 길러서 충실하게 하며 혹 인욕지사에서 나왔으면 막아버리고 꺾어서 극복한다."52)

위의 발언을 살펴보면 다산이 생각한 공사론과 공 관념이 인심도심설과 관련해 매우 도식적이고 원리주의적으로 강조된 듯한 인상을 받게 된다. 비록 다산이 도심의 마음, 인간의 본성을 기질이나 형기의 욕망과 마찬가지로 욕구[欲/願欲] 개념으로 이해했지만 오로지 도심만을 공적인 마음으로 간주하고 이것을 천리의 발현으로 해석한 반면, 개인의 사욕을 지나치게 억압적인 극복 대상으로 간주함으로써 기존의 주자학 논의로 다시 퇴행한 것이 아닌가 하는 우려마저 든다. 이미 백성 일반의 보편적 욕망, 사회공동체를 형성하는 개별자들의 식욕(食欲), 이성욕(異性欲), 재산욕(財産欲) 등을, 사적으로 느끼는 것이지만 천하의 보편적 욕망으로 간주, 이를 충족하는 것을 공의 실현으로 보는 사상적 움직임이 대두된 상황에서 정약용의

---

50) 『孟子要義』 2 : 29. "大體者, 無形之靈明也, 小體者, 有形之軀殼也. 從其大體者, 率性者也, 從其小體者, 循欲者也. 道心常欲養大, 而人心常欲養小. 樂天知命則培養道心矣, 克己復禮則制伏人心矣, 此善惡之判也."
51) 『茶山詩文集』 제12권, 辨, 「理發氣發辨一」 참조.
52) 『茶山詩文集』 제12권, 辨, 「理發氣發辨二」 참조.

관점이 지나치게 공사 개념을 이분법적으로 구획하면서 원리주의적 '공' 관념을 강조한 것이라고 볼 만한 혐의가 있다.

그러나 다산의 심성론적 논의가 본성과 도심을 천명의 발현 혹은 공적 마음 등으로 정의내린 지점에서 끝나는 것은 아니다. 사실 이 개념들은 추상적 범주에 속하는 것들이고, 오히려 다산이 진정 강조하려고 한 것은 '행사(行事)'의 실천적 가치였다고 볼 수 있다. 그는 성(性)과 도심을 모두 선을 좋아하고 덕을 좋아하는 선천적 마음이라고 정의 내렸다.[53] 그런데 문제는 그가 말한 선과 덕, 특히 덕 개념이 인간 마음 안에 주어진 것이 아니라 인륜관계에서 타인과 관계 맺고 직접 실천함으로써 완성될 수 있는 윤리적 가치로 상정되었다는 점이다. 그는 우리 마음에는 덕이 없고 오직 곧은 본성과 곧은 마음만이 있을 뿐인데 전자가 기호성(嗜好性)이라면 후자가 도심(道心)이라고 말한다.[54] 그에 따르면 덕이란 곧은 마음으로서의 도심을 실천함으로써 완성되는 것이다. 정약용이 덕의 의미를 가장 잘 풀이한 『시문집(詩文集)』 「원덕(原德)」을 보면 천명지성으로 받은 본성과 그 본성이 드러난 도심의 마음에 결국 행사(行事)의 실천을 덧붙임으로써 비로소 덕의 명칭이 형성된다고 강조한 것을 엿볼 수 있다.[55]

같은 맥락에서 다산은 『대학』의 명덕(明德)을 효제자(孝弟慈)라고 풀이하

---

53) 『論語古今註』권9, 11장. "人之大體, 旣生旣知, 復有靈明神妙之用. 故含萬物而不漏, 推萬理而盡悟, 好德恥惡, 出於良知. 此其逈別於禽獸者也."

54) 『大學公議』권1, [舊本大學] '在明明德'. "鏞案, 孝經首章曰, 先王有至德要道, 以順天下. 旣而曰, 孝, 之本也. 鄭康成以明德爲至德者, 至德, 乃孝弟也. 又按, 孔疏雖不悖古義, 而微啓後弊, 何也? 心本無德, 惟有直性, 能行吾之直心者, 斯謂之德(德之爲字, 行直心). 行善而後, 德之名立焉. 不行之前, 身豈有明德乎?"

55) 『茶山詩文集』권10, 原, 原德. "因命與道, 有性之名, 因己與人, 有行之名, 因性與行, 有德之名. 徒性不能爲德. 己之與人, 必由親親, 親親者孝弟也. 堯之峻德, 孝弟之行也. 孝弟也, 故峻德克明而九族以親也. 得一家之歡心, 以事其祖先, 得一家之歡心者, 本之孝弟而親其九族也, 是之謂明德 … 仁義禮智, 謂之四德, 然有子曰孝弟也者, 其爲仁之本, 仁爲四德之統. 然孟子又以四德之實, 歸之孝弟, 則是孝弟之外, 德之名無所立也. 孔門四科, 德行顏淵閔子騫冉伯牛仲弓, 而此四子者, 皆以孝聞. 孔子謂曾子曰先王有至德要道, 以親百姓, 其云至德者孝弟也 … 故曰人人親其親長其長而天下平, 故曰徒性不能爲德."

며, 이 효제(孝弟) 개념 역시 실천해서 이루는 덕목이지 우리 마음 안에 있는 이치가 아니라고 주장했다. 그렇다면 다산이 생각한 공적인 도심의 마음이란 과연 어떤 의미에서 공적이라고 할 수 있는 것인지 의문이 든다. 비록 효제 관념은 노골적이고 분명한 윤리적 가치처럼 보이기도 하지만 이 또한 부모와 자식이라는 두 사람 관계, 다산 표현에 따르면 '기(己)[자기]' 와 '인(人)[타인]'이라는 자타 관계에서 직접 실행함으로써 사후적으로 완성될 수 있는 것이다. 따라서 다산의 공사이원론에 근거한 완고한 논법은 표면상의 이미지이고, 그 내막을 들여다보면 도리어 공이 무엇이고 공적인 것이 무엇인지 이에 대한 상당한 논쟁의 여지를 남긴 것을 알 수 있다.

성(性)을 따르기 위해서는 공부가 필요하다. 성이란 본래 순선한 것이지만 인욕이 항상 악에 빠뜨리려고 하기 때문에 반드시 모든 힘을 다 해서 그 본성대로 따른 뒤에야 바야흐로 도(道)에 나아갈 수 있다. 그러므로 성을 따르기 위해서는 공부가 필요하다.[56]

도(道)는 길이며 길이란 사람이 따라서 가는 것이다. 그러므로 공자는 "누가 문을 통하지 않고 나갈 수 있겠는가. 어찌해서 아무도 이 도를 따르지 않는가"라고 했으니, 이는 사람이 따라야 하는 것이 도임을 밝힌 것이다. 태어나서 죽을 때까지 이 한 길을 따라갈 뿐이다. 만일 내 마음에 갖추어진 본성의 덕(德)을 도라고 생각한다면 성(性)도 도가 되며 마음[心]도 도가 되어 뒤섞여서 구분이 없어지고 지향할 바가 없게 될 것이다.[57]

도(道)란 사람이 따라서 가는 길이다. 인(仁)이란 두 사람의 관계다. 부모를 효로써 섬기는 것이 인이니 아버지와 자식은 두 사람이다. 형을

---

56) 『中庸講義補』 권1, '率性之謂道'. 臣對曰, "率性有工夫, 蓋性本純善, 而人慾恒欲陷惡, 必十分用力. 循其本性, 然後方可適道, 則率性有工夫也."
57) 『中庸講義補』 권1, '道也者, 不可須臾離'. "道者路也. 路者人所由也. 故孔子曰, 誰能出不由戶, 何莫由斯道也, 明人所由爲道也. 自生至死, 由此一路而已. 若以爲本性之德, 具於吾心者, 則是性亦道也, 心亦道也, 渾雜無分, 靡所指向."

공경으로써 섬기는 것이 인이니 형과 동생은 두 사람이다. 군주를 충성으로써 섬기는 것이 인이니 군주와 신하는 두 사람이다. 목민관이 자애로움으로써 백성을 다스리는 것이 인이니 목민관과 백성은 두 사람이다. 부부와 친구도 두 사람의 관계에서 그 도를 다 하면 모두 인이다. 그런데 효제가 그 근본이다.58)

정약용이 이해한 공 개념의 실질적 토대인 기호성(嗜好性)과 도심이란 것은 사실 잠재적 가능성 혹은 경향성을 의미하고 이것을 확충하고 실천하여 인륜관계에서 덕을 완성함으로써만 공적 가치를 구현했다고 말할 수 있다. 이 점에서 다산의 공 관념은 오히려 그 구체적 성격과 함의를 미래의 논쟁 대상으로 열어 놓았다고 볼 수 있다. 물론 이익의 경우처럼 정약용 자신도 유교 지식인으로서 자신이 언급한 덕 개념의 공적 의미를 천명과 같은 어떤 존재론적, 형이상학적 지평으로부터 정당화하려는 의지를 갖고 있었다. 주자학의 이기론을 비판했지만 여전히 대다수 유학자들에게 성선설 등에 바탕을 둔 인간 마음의 도덕성은 세계의 어떤 존재론적 근원으로부터 도출 가능한 것이지 결코 사회구성원의 논쟁과 합의를 거쳐 만들어지는 역사적 산물 같은 것이 아니었기 때문이다. 하지만 이런 기본 전제의 제약에도 불구하고 덕론(德論)을 중심으로 본 정약용의 공 관념은 오늘날 우리사회가 필요로 하는 공적 가치에 대한 미리 전제된 어떤 선험적 원칙도 불충분하다는 것을 상기시키며, 향후 구체적인 인간관계를 통해 바람직한 사회의 공적 가치와 규범을 구성할 수 있는 이론적 가능성을 제공해준다고 본다. 공동체 성원인 우리는 함께 공존할 수 있는 최소한의 잠재적 가능성과 능력[性]을 갖고 있지만, 그것이 과연 어떤 규범과 가치로 현실화[德]될지는 우리의 실천과 성취에 따라 얼마든지 달라질 수 있기 때문이다.

---

58)『論語古今註』권1, 學而, '有子曰其爲人也孝弟.' "道者, 人所由行也. 仁者, 二人相與也. 事親孝爲仁, 父與子二人也. 事兄悌爲仁, 兄與弟二人也. 事君忠爲仁, 君與臣二人也. 牧民慈爲仁, 牧與民二人也. 以至夫婦朋友, 凡二人之間, 盡其道者, 皆仁也. 然孝弟爲之根."

Ⅳ. 심대윤 : '호리오해(好利惡害)'의 본성 개념과 '천하동리(天下同利)' 관념

백운 심대윤(1806~1872)의 대표 저작은 알려진 바대로 『복리전서(福利全書)』다. 그는 고조부 심육이 양명학파의 태두 하곡 정제두의 고제로 알려지면서 그 역시 양명학 계열의 학자로 인식되었다.[59] 그런데 『복리전서』 서문에서 밝혔듯이 심대윤은 백성에게 복(福)과 이익[利]을 주고 재앙을 피하게 해주기 위해 이 책을 썼다고 했는데, 이것은 구복적 의미를 강하게 담은 서양 천주학의 충격에 대응하기 위해 유교 지식인이 내놓은 대안적 텍스트라고 볼 수 있다.[60] 유교적 전통에 따라 윤리적으로 선하게 사는 것이 결국 복과 이익을 준다는 것을 설파하려 한 것이다. 심대윤은 정약용의 발언과 유사하게 민(民)에게는 태어날 때부터 욕망[欲]이 있는데 그것을 천명지성(天命之性)이라고 불렀다.[61] 천명지성이란 용어는 동일하나 다산이 그것을 선과 덕을 좋아하는 것이라고 해석한 반면 심대윤은 이익[利]을 좋아하고 명성[名]을 좋아하는 것이라고 말했던 점에서 차이가 난다.

아래서 살펴볼 『백운문초(白雲文抄)』에서는 보다 분명한 형태로 인간의 본성, 태어날 때 선천적으로 받은 천명지성을 '호리오해(好利惡害)'하는 것으로 개념 정의했다. 정약용의 '호선오악('好善惡惡)'하는 본성 개념에 정확히 대응하는 문구라고 볼 수 있다. 하지만 심대윤이 강조한 이익[利] 개념도 다양한 개인들이 사적으로 자신의 욕망을 충족하는 것이라기보다 천하 사람과 더불어 함께 이익을 공유한다는 의미의 동리(同利), 공리(公利), 전리(全利)의 의미를 가진 것이었고, 바로 이 때문에 심대윤은 위와 반대되는

---

59) 다카하시 도오루, 『조선의 유학』, 소나무, 1999, '조선의 양명학파' 해설 참조.

60) 임형택, 「19세기 서학에 대한 경학의 대응 : 정약용과 심대윤의 경우」, 『실사구시의 한국학』, 2002, 214~219쪽 참조.

61) 『沈大允全集』, 卷一, 『福利全書』, "書云, 天生民有欲, 欲者, 天命之性. 人物之所同得, 而不可移易增滅者也. 是故欲爲性心情之主也, 人而無欲, 則無以異於木石也. 言動視聽 思慮食色, 以有欲故作也. 人而無欲, 何以爲人哉."

부정적 개념들로서 편리(偏利), 사리(私利), 쟁리(爭利) 개념들을 언급하였다. 『복리전서』에서 '여인동리(與人同利)', 즉 다른 사람들과 함께 이익을 얻는 것이야말로 지극히 공정한 도[至公之道]라고 강조한 것도 이 때문이다. 천하인이 모두 이익을 얻을 수 있어야 가장 공적인 상태이고, 그렇지 않고 혼자 이익을 독식하는 것은 그것이야말로 철저히 사라고 부정했던 점에서 19세기 유학자 심대윤의 관점도 18세기 선배 유학자인 성호 이익의 공 관념과 크게 다르지 않았다고 볼 수 있다.

　다만 이익에게서 잘 드러나지 않던 다른 면모도 보이는데, 그것은 심대윤이 이익을 함께 공유하는 동리(同利)가 가장 공적이라고 보면서도, 그 바탕에 나의 이익과 타인의 이익이 상호 충돌할 수 있는 가능성을 염두에 두었던 점이다. 그는 이익의 속성상 남에게 이로우면 나에게 해가 되기 쉽고 나에게 이로우면 남에게 해가 되기 쉬워서 둘 모두에게 이익을 온전히 실현하기는 어렵다고 토로한다. 그래서 모두에게 이로운 일을 가장 먼저 추진하고 나에게 이롭지만 남에게 해를 주지 않거나 남에게 이롭지만 나에게 해를 주지 않는 일을 그 다음으로 실행하며, 나와 남에게 각기 이롭지만 상대에게 조금밖에 해가 되지 않는 경우 이것을 세 번째로 실행하고, 마지막으로 나에게 이롭지만 남을 해치거나 남에게 이롭지만 나를 해치는 일은 결코 해서는 안 된다고 명확히 구분해서 설명했다. 결국 나의 이익과 남의 이익을 저울질해 보아 한쪽으로 치우치지 않도록 해야 이익이 비로소 지극히 공정한 도리가 될 수 있다고 본 것이다.[62] 천하인이 함께 이익을 공유하는 것이 공이라고 보면서도, 사람들이 욕망하는 이익은 다를 수 있고 이 때문에 구성원 간의 이익 추구과정에서 충돌과 대립이 발생할 수 있다고 보았다.

---

62)『福利全書』,「明人道忠恕」. "利之爲物, 利於人則害於我, 利於我則害於人, 不可兩全者也, 如之何而同也? 使有我與人俱利者, 亟爲之, 利我而不害人, 利人而不害我, 亟爲之, 利我多而害人少, 利人多而害我少, 亦爲之, 利於我而甚害人, 利於人而甚害我, 不可爲也. 權衡於人我, 而不偏於一邊, 此利至公之道."

마찬가지 주장이 『백운문초』에서도 확인된다. "무릇 자신에게 손해가 되고 남을 이롭게만 하는 것은 이미 인정(人情)이 아니다. 자기가 근본이요 타인은 말단이며 자기는 체요 타인은 용이다. 그러므로 자기를 굽혀 타인을 곧게 하고 자기에게 손해를 끼치면서 남을 이롭게 하는 것은 있을 수 없다. 일의 작은 조목이 대부분 저쪽과 이쪽 양편이 모두 이롭게 되기는 어렵다. 성인은 이해(利害)의 경중을 살펴 가벼운 쪽을 버리고 무거운 쪽을 취한다. 그런 까닭에 자기에게 손해가 되면서 남에게 이로운 때가 있고 남에게 손해가 되면서 자기에게 이로울 때도 있는데, 귀결되는 곳은 인의(仁義)의 본뜻에서 어긋나지 않는다. 성인의 권도(權道)는 그 자신의 대두뇌(大頭腦)로 큰 주판을 두드려 전체를 계산하니 한마디로 하면 세상 사람과 더불어 이로움을 함께 누리는 데 있다."[63] 자신과 타인 사이의 이해의 경중을 따져서 가장 큰 이익, 즉 천하인과 더불어 이익을 나누는 공리(公利)를 실현해야 한다고 말한 것인데, 그 과정에서 구성원 간의 손익표가 달라질 수밖에 없다고 보았다. 따라서 이익에게서 드러난 천하공(天下公)의 관념과 인민대중(人民大衆)의 공공성(公共性)이라는 의미 맥락이 심대윤 저작에서 보다 구체적으로 드러난다고 볼 수 있다.[64] 공적 가치는 다양하고 폭넓은 공동체 구성원 간의 이해관계를 조율하면서 실현되는 것이라고 본 관점이 미약하나마 심대윤의 주장에 드러나기 때문이다.

후술하겠지만 유학자로서 심대윤이 강조한 '이(利)[公利]' 개념은 단순한

---

63) 『白雲文抄』 권3-39. 柳君名字說. "曰, 夫損己而利物者, 而已非人之情也. 己本也, 人末也, 己體也, 人用也, 未有枉己而能直人, 損己而能利人者也. 故事之小條目, 多有彼此不得兩利者. 聖人審其利害之輕重, 舍輕而取重. 是以亦有損己以利人之時, 亦有損人以益己之時. 然要其歸, 不越乎仁義之本意, 此乃復卦之出入無疾, 反復其道也. 聖人之權也, 自其大頭腦打得大算盤通計之, 則一是與物同利而已."

64) 물론 심대윤이 직접적으로 중인(衆人) 혹은 대중(大衆)을 들어 공공 의식을 표명한 것은 아니나 천하동리(天下同利)를 도모하는 구성원들 사이의 이익 추구가 갈등과 대립을 빚을 수 있다는 점에 주목했던 것으로 보아 사회구성원 한 사람 한사람을 개별적인 존재로 인식했던 정도가 이전 시대에 비해 좀 더 심화되었다고 추정해볼 수 있다.

상업적 이윤추구 같은 것으로 이해하기 어려운 면모를 갖고 있다.[65] 그는 배고파서 먹는 음식이야말로 사람이 추구하는 가장 큰 이익[利]의 본질인데 이 경우 이익[利]은 낳고 기르는 '생양(生養)'의 근본이기 때문에 하늘도 가장 중시할 수밖에 없는 것이라고 보았다.[66] 음식이 없고 음식에 대한 추구가 없으면 만물도 생장할 수 없다고 존재론적 차원에서 이익 개념을 옹호했던 셈이다. 나아가 심대윤은 이 때문에 음식과 이익은 결코 혼자서 사적으로 독차지할 수 없는 것인데 만약 이익 추구가 '불공(不公)' 해지면 결과적으로 어떤 이익도 보존되지 않는다고 경계한다. "이익은 공정하지 않으면 오래도록 보존될 수 없고 음식은 절제하지 않으면 오래도록 얻을 수 없다. 이익을 공정하게 하는 것이 바로 이익을 오래 보존하는 방법이고 음식을 절제하는 것이 바로 음식을 오래 얻을 수 있는 방법이다."[67] 따라서 그가 생각한 이익, 다시 말해 공리(公利)란 모든 인간이 원초적으로 해결해야 하는 보편적 욕구 및 그 욕구의 충족을 말한 것으로, 자신의 이익만을 추구하는 것이 사라면 남과 더불어 함께 이익을 추구하는 것이 공이라는 점을 다시 한 번 강조한다. 심대윤이 이(利)와 선(善), 명(名)과 선(善)을 같은 것으로 보고, 선(善)과 이(利)의 존재론적 동근원성을 주장한 것도 이 때문이다.[68]

---

65) 『白雲文抄』 권1-23. 題「貨殖傳」後. "食貨者, 人之所恃而生養之原也, 豈顧不重哉! 然爭訟·姦慝·禍敗之端, 恒由此而起. 是故君子處之以義, 守之以分, 不爲唯財利之是務, 夫豈餘力而讓財哉. 顧惡其悖而入則悖而出耳. 且夫貨之所殖者, 多自姦利汚辱下流之處, 惟棄禮義·無廉恥, 椎埋俯仰者乃能焉, 淸士不爲也."

66) 『白雲文抄』 권2-23. 食戒. "飮食者, 利之本也, 利者, 生養之源也. [色者, 食之妃也, 名者, 利之子也, 故不別表列也.] 人之所欲, 莫大大焉 ; 天之所寶, 莫重重焉, 盈乎天地之間者, 惟其是乎! 無飮食則無利, 無利則無生養, 無生養則無萬物, 無萬物則無天地矣."

67) 『白雲文抄』 권2-23. 食戒. "人之所同欲, 不可以獨得也, 獨得則人必爭 ; 天之所愛寶, 不可以偏多也, 偏多則天必刑. 是故利不公, 則不可以久存 ; 食不節, 則不可以長得. 公其利者, 乃所以存利也 ; 節其食者, 乃所以得食也."

68) 『白雲文抄』 권2-20. 朋黨論. "君子小人之分, 公利之判也. 獨善專利, 其爲小人一也. 東漢以來黨禍, 皆由於是也. 不公則有偏黨, 必然之理也. 凡善卽利也, 非二致也, 名亦利也, 非二致. 專取善則不善, 取取利則不利, 專取名則虛名也. 專於己謂之私, 同於人謂之公. 公私之分, 君子小人之判也. 賢者, 專其善, 不賢者, 專其利, 朋黨之所以起也. 若孔子

이 논의는 결국 역설적이게도 천하지공(天下之公)을 추구해야만 자리(自利)를 얻을 수 있고 반대로 자기 일신의 이익만 추구해서 복을 구하면 도리어 얻지 못할 뿐만 아니라 폐망한다고 보는 주장을 낳았다.[69] 심대윤은 조선후기의 도시화 및 상공업 발달에 따른 시대적 변화를 주시하고 본인 스스로 상인으로 살지 않으면 안 되었던 특수한 삶의 이력을 가졌으면서도, 결국 이해의 문제가 개인의 사적 이윤추구와 연관된 것이라기보다 천하사람 모두가 천명으로 부여받은 불가피한 보편적 욕구를 함께 충족시키는 일이라고 보았다.

무릇 선(善)을 행하는 이에게 하늘이 복으로 응답하고 사람들이 이익으로 갚아주는 것은, 하늘과 사람이 사적으로 사랑을 베풀기 때문이 아니요, 그의 행동이 절로 복과 이익을 부르는 것이다. 선을 행하지 않는 이에게 하늘이 재앙으로 응답하고 사람들이 손해로 갚는 것은, 하늘과 사람이 사적으로 증오하기 때문이 아니요, 그의 행동이 절로 재앙과 손해를 부르는 것이다. … 사람이 처음 태어나 입을 오물거리며 먹을 것을 구하는 것은 이익을 좋아하는 시초요, 조금 자라나 지각이 생겨서 칭찬을 들으면 좋아하는 것은 명예[名]를 좋아하는 단초다. 이는 하늘로부터 품부 받은 것으로 배워서 얻는 것이 아니며 또한 인력으로 없앨 수 있는 것도 아니다. 온 천하 사람이 하고자 원하는 것을 사람들과 더불어 함께 이루어야[同濟]할 것이요, 홀로 취해서는 안 된다. 함께 이루는 것은 공이요[同濟者公也], 홀로 취하는 것은 사다[獨取者私也]. 무릇 여러 사람과 더불어 선을 행하지 못하고 홀로 취하는 것은 허명(虛名)이지 실명(實名)이 아니며, 여러 사람과 더불어 이로움을 구하지 못하고 홀로 취하는 것은 편협한 이익[偏利]이지 온전한 이익[全利]이 아니다. 그러면 반드시 사람들이 원망하고 하늘이

之道復明, 則雖欲一得朋薰, 不可得矣, 若天下有事, 則其禍必相炭盡. 故曰：予有所大懼也."

69) 『白雲文抄』권3-1, 封建論擬柳州. 先王之計, 公於天下, 不圖利於身而利自至, 不求福於子孫而福自來. 後王之計, 私於一己圖利而求福矣, 終以不得, 而大抵滅絕愈暴矣. 故理安之術, 莫要於封建, 封建之制, 莫善於三代.

노할 것이니, 이것은 반드시 망하는 도이고, 동주공제(同舟共濟)하는 것이 반드시 흥하는 도이다. 반드시 망하는 도는 불선(不善)하고, 반드시 흥하는 도는 선하다.70)

천지의 마음은 이로움을 주로 하고 해로움을 멀리하며, 인간과 짐승의 본성은 이로움을 좋아하고 해로움을 싫어하니, 성인의 도는 이 본성을 부정하고 거역해서 인의(仁義)를 세우는 것이 아니다. 인의는 이롭게 해주는 것이다. … 정성이 부족한 자는 도덕과 인의의 이로움을 보지 못한다. 진실로 마음속에서 인의의 이로움을 느끼지 못하는데 어디서 정성스러운 뜻이 나오겠는가? 무릇 인의와 공정(公正)은 만물과 더불어 함께 이롭게 하는 것이니 하늘의 미리(美利)이다. 탐비와 음사는 남에게 해를 끼치면서 자기 이익만 챙기는 것이니 인간의 욕리(慾利)다. … 인간이 살아감에 혼자 이로움을 만들 수 없고[不生自利] 반드시 남을 기다린 뒤에야 이로움이 생긴다. 남을 기다려서 생기는 이로움을 혼자서 차지하면 그 이로움은 쉽게 바닥나고 해로움이 뒤쫓아 온다.71)

『복리전서』 서문에서 심대윤이 강조했듯이 백성에게 복리를 전하고 재앙을 없애주기 위해 책을 썼다고 했는데 위 인용문을 보면 그 방법이 결국 선을 행하는 데 있다고 말한 것을 알 수 있다. 물론 그가 생각한 선이란 천하인과 함께 이익을 추구하는 것이며 그 추구의 대상은 결국

---

70) 『白雲文抄』 권2-21, 驗實篇. "凡爲善者, 天應之以福, 人歸之以利, 非天人之有私愛也, 彼之所爲者, 自可必福利也 ; 爲不善者, 天應之以禍, 人歸之以害, 非天人之有私憎也, 彼之所爲者, 自可必禍害也 … 夫人之初生, 噍嘬而求食, 此好利之始也. 及其孩提有識, 見譽則喜, 此好名之端也. 是稟於天, 非學而得之者也, 亦非可以人力去之者也. 擧天下之所欲, 可與之同濟也, 不可以獨取者也. 同濟者公也, 獨取者私也. 夫不能與人爲善而獨取者, 虛名也, 非實名也, 不能與人爲利而獨取者, 偏利也, 非全利也. 人必怨而天必怒, 此謂必亡之道也, 其同濟者, 必興之道也. 必亡之道者, 不善也, 必興之道者, 善也."

71) 『白雲文抄』 권3-39. 柳君名字說. "天地之心, 主利而去害, 人物之性, 好利而惡害, 聖人之道, 非戕賊其性而爲仁義也. 仁義, 乃所以利之也. … 誠不足者, 以其不見道德仁義之利也. 苟不心服其利, 意何由誠乎? 夫仁義公正, 與物同利者, 天之美利也. 貪鄙陰私, 損人益己者, 人之慾利也 … 人之生也, 不能自利, 必須人以後利. 須人以利, 而欲專有之, 其所爲利者易窮, 而害從以隨之矣."

선천적으로 부여받은 보편적인 욕망이다. 천하 사람이 똑같이 원하는 것을 함께 추구하는 것이 공이고 이것을 홀로 추구하는 것이 사인데, 전자가 곧 전리(全利) 혹은 공리(公利)를 말한다면 후자는 편리(偏利) 혹은 사리(私利)를 말한다. 이익을 추구하되 어떤 이로움을 추구하느냐에 따라 공사의 판별이 나누어진다고 본 것이다. 이 점에서 보면 한편에서는 심대윤이 이(利) 개념과 욕망의 개인에 따른 다양성 혹은 이질성을 인정하면서도, 결국 모든 사람의 공통된 욕망과 이익 추구를 공적인 것으로 간주한 것을 알 수 있다.

이것은 성호 이익뿐만 아니라 천명지성을 기호작용으로 설명한 정약용의 경우도 마찬가지다. 천명으로 부여받은 본성이란 개념은 그것이 호선(好善)하는 것이든 호리(好利)하는 것이든 결국 인간종 일반의 보편적 욕망으로 상정된 것이라는 점에서 동일하기 때문이다. 이 점은 조선후기 지식인들이 천하공(天下公)의 관점에서 중인공공(衆人公共)의 의식을 갖고 공동체 성원들의 개별적 욕구와 존재 의미 등을 가치 있게 고려하면서도, 이와 아울러 이들 사회성원들이 보편적 기반으로 공유한 어떤 최후의 윤리적 보루가 있다고 본 것을 말해준다. 함께 공유한 그 최종 기반을 가장 폭넓게 그리고 포괄적으로 실현할 수 있을 때 그 사회와 성원 모두를 공적인 것으로 이해했다고 볼 수 있다.

한편 위에서 언급한 심대윤의 두 번째 인용문을 보면 호리오해(好利惡害)하는 것은 모든 존재의 타고난 본성적 성향이며 바로 이런 이익에의 추구 욕망을 실현해주는 것이 다름 아닌 인(仁)과 의(義)라고 주장하고 있다. 인의야말로 참된 이로움, 다시 말해 공리를 이루어주는 것이다. 심대윤은 만약 타인과 함께 모두를 이롭게 하는 이러한 인의의 이념을 목표로 삼지 않으면 결국 자리(自利)도 이루어질 수 없다고 말한다. 이 점은 황종희 등 중국 명말청초 지식인들의 발상과 어느 정도 거리가 있는 것이다. 그들도 천하공(天下公)과 공리(公利)의 실현을 염두에 두었지만 사람들이 각기 자사자리(自私自利)를 추구할 수 있도록 함으로써 비로소 공을 실현할 수 있다는 점을 강조했다. 그러나 이익이나 심대윤 등은 사(私)와 욕(欲), 이(利) 개념을 중심으로 사회구성원의 개별적 의미를 고려하면서도, 이러한 개별적 욕구 충족과 실현이 곧 공으로 이어진다는 이상적 전망보다는, 오히려 함께 이익을 추구하고[同濟/共濟] 한쪽으로 이익이 편중되는 것을 막기 위한 구성원 각자의 노력 혹은 수양이 중요하다는 점을 더 강조했다고 볼 수 있다. 심대윤이 이익을 좋아하고 해로움을 싫어하는 마음을 타인과 사물에까지 미루어서 적용하는 '충서(忠恕)' 공부를 강조하면서 군자는 이 타고난 본성의 욕구[好利惡害]를 자신에게 치우치지 않게끔 공정하게 외부로 확장해야 한다고 본 점, 그리고 이익을 독차지하면 결국 자신의 이익마저도 소멸될 것이라고 경계한 점도 모두 같은 맥락에서 이해할 수 있다.72)

V. 공사론과 관련된 반성적 쟁점들

조선후기 사회는 사상적으로도 풍요와 혼돈의 시대였다. 각종 이단사설이 횡행하면서 그것을 비방하는 한 쪽의 전통주의자와 외래의 이질적 사유경향을 주시하며 비평과 해석의 장을 연 새로운 지식인 집단이 혼재해 있었다. 뿐만 아니라 경화지역, 서울경기지역을 중심으로 한 도시의 발달, 인구의 증가, 상공업 및 수공업 기술의 축적, 외국과의 교류 등은 지식인의 내면세계를 변화시키는 다양한 현실적 요인을 제공했다.

건국 초부터 공론을 중시하며 공적 사회의 성취를 중요한 유교 공동체의 목표로 강조했지만, 이것은 소수의 계몽적 정치가와 관료지식인을 중심으

---

72)『白雲文抄』권3-39. 柳君名字說. "性也者, 天之命也, 好生而惡死, 好得而惡喪, 好成而惡敗, 好安而惡危. 故曰, '好利而惡害'. 此物與我, 所同得也. 唯其能好利而惡害, 故謂之善爾, 推其好利惡害之心, 以及於物, 謂之忠恕, 則率性之謂道者也. 堯桀之性同, 故君子小人之道, 其本出乎其性而主於好利一也. 君子所推施者, 周而遠, 小人其所推及者, 偏以狹 … 專利, 則無利. 故雖以小人好專之心, 亦不得不推及, 特於其黨而止耳."

로 한, 다시 말해 이들의 특수한 수양과 공부를 통해서만 실현 가능한 수준 높은 윤리 원칙을 전제한 논의였다. 주희가 이미 강조했듯이 지속적인 배움과 자기수양을 통해 사사로운 욕망[人欲]을 억제하고 천리를 보존할 수 있는 자만이 위와 같은 유교사회의 공적 가치를 실현할 수 있다고 보았던 것이다. 이처럼 '천리공(天理公)' 개념에서의 '공' 관념은 천도 혹은 천리 같은 형이상학적인 존재론적 원리에 바탕을 둔 것이었고 개별자의 사적 욕구를 억제함으로써 비로소 실현 가능한 것으로 간주되었다.

그러나 명말청초 혹은 조선후기 지식인들은 구체적 개인의 생리적 욕망 혹은 재화 증식 등의 사회적 욕구를 더 이상 간과할 수 없는 시대의 새로운 변화를 목도했다. 이익, 정약용, 심대윤 모두를 망라하고 그들이 인간의 선천적 본성[性]을 욕망[欲]이나 기호[嗜好] 개념으로 풀이한 것은 이런 배경에서라고 볼 수 있다. 이익과 심대윤은 사회구성원들이 갖고 있는 사적이지만 보편적인 욕망 추구의 경향을 중시했다. 이들은 '천하동체지사(天下同體之私)', '천하동기사(天下同其私)', '호리오해(好利惡害)' 하는 본성 개념을 강조하면서, 천하사람들 모두 자기 욕망을 실현하려는 보편적인 본성을 갖고 있다고 주장했다. 엄격한 윤리적 기준을 중시했던 정약용도 인간이 타고난 천명지성(天命之性)을 이제 도의지욕(道義之欲), 다시 말해 도리나 의리를 선천적으로 욕망하는 본성[嗜好性]이라고 말한다. 이것은 조선후기 지식인들이 사회의 공적 가치를 소수 위정자만이 고원한 형이상학적 원리로써 실현하는 문제가 아니라, 배우지 않고도 즉각적으로 알 수 있는 대다수 사람들의 자연스런 욕구와 이익 추구의 경향성을 공의 실현을 위한 토대로 간주하기 시작했던 것을 보여준다.

그런데 욕오(欲惡)[好惡]와 호리오해(好利惡害) 등을 강조하면서도 조선후기 유학자들이 공사의 엄격한 구별을 다른 방식으로 계속 견지한 것을 엿볼 수 있다. 가령 이익은 개별적 호오(好惡)를 확충하여 사회적 공공의 상태를 이룬다고 말하면서도, 이것은 천하사람 모두 자신들의 욕망을 함께 이루는 것이라는 점을 강조했다. '천하동체지사(天下同體之私)'가 바로 각자가 느끼는 사적 욕망을 더불어 같이 이루는 것을 강조한 표현이다. 그는 자신도 이롭게 하고 타인도 이롭게 하는 '이기이리인(利己而利人)'의 천하동리(天下同利), 천하동체(天下同體)를 실현해야 비로소 공리(公利)이고 공이지, 홀로 자신만의 '일기지사(一己之私)'를 충족시키는 것은 부정적 의미의 사로서 공과 대립되는 것이라고 보았다. 이익이 '사중지정(私中之正)'과 '사중지공(私中之公)'을 강조한 것도 이 때문이다.

이익은 인간이 태어날 때부터 '음식한난(飮食寒暖)'의 욕망을 갖고 있는데, 배고프면 먹고 추우면 입어야 하는 기본적 욕구를 충족시키는 것이 바로 선이라면 불선(不善)은 이것의 결핍 상태로부터 초래된다고 보았다. 따라서 그가 생각한 천하인의 보편적 사욕은 바로 '음식한난'의 충족 욕구를 가리키는 것일 뿐 그 이상의 개인적인 무한대의 이윤추구 등을 용인한 것은 아니었다. 사회성원의 사적 욕망 가운데 천하사람이 보편적으로 공유한 기초적 욕구만을 염두에 두고, 이것을 구성원이 함께 실현하는 것을 공공한 것으로, 이런 보편적 사욕을 폭넓게 실현한 사회를 공적 사회로 이해한 것을 알 수 있다. 이 점은 심대윤이 천하동리(天下同利), 공리(公利)를 주장하면서 나의 호리오해(好利惡害)하는 본성, 즉 이익을 좋아하고 해로움을 싫어하는 본성을 그대로 공평하게 타인에게도 적용할 것을 강조한 것과 유사하다. 비록 그가 자리(自利) 추구를 통해 공리(公利)를 실현할 수 있다고 했지만, 홀로 이익을 독점하는 것은 그것이 바로 사요, 사람들과 함께 이익을 공유하는 것이 공이라고 보면서 이익의 편중[偏利, 私利]을 비판하고 보편적인 이익의 실현을 강조한 것도 결국 성호와 같은 맥락의 주장이라고 할 수 있다.

사실 이들이 생각한 공적 관념과 공공 의식은 오늘날 우리가 생각하는 현대시민사회에서의 공공성과는 상당한 거리가 있는 것임을 알 수 있다. 유교 지식인은 개인 간의 사적 욕망 혹은 사적 이해관계의 충돌이 발생할 경우 다수가 합의하고 조율하여 가장 정당한 원칙 혹은 관념을 도출해내는 그런 과정을 생각한 것이 아니다. 그들은 인간이라면 누구나 보편적으로

[共] 이미 타고나는 선험적, 선천적 전제[性]가 있다고 보았고, 이 점은 이(利)와 욕(欲), 호오(好惡), 칠정(七情)과 같은 감정이나 욕망작용을 예로 들더라도 마찬가지라고 보았다. 욕망이나 이익 추구의 경향성을 말할 때 모든 사람이 함께 공유하는 어떤 보편적 층위가 있고, 이것이 바로 모든 욕망과 이해 문제의 경계인 일종의 윤리적 임계점이라고 생각했다.

따라서 이들이 말한 공리(公利), 천하동리(天下同利)에는 항상 '선(善)' 개념이 함께 동반된다. 더불어 함께 이익을 얻어야 선이고 공이며, 혼자 이익을 추구하면 그것은 불선이고 사라고 말한다. "마땅히 함께 추구할 만한 이익이 있고 마땅히 함께 미워할 만한 해로움이 있다"는 말도 이해관계에 더 깊이 내재된 당위적, 윤리적 전제가 있다고 믿은 것을 보여준다. 이들은 유교적 사회공동체란 인간의 불가피한 선천적 욕망과 이익 추구의 경향을 인정하되, 그것은 최소한의 엄격한 욕구충족이며 타인도 함께 이익을 얻도록 하고 홀로 이익을 독점하는 것을 막음으로써 비로소 실현 가능하다고 보았다.

이익을 비롯한 조선후기의 지식인들도 인간은 본성상 기본적으로 함께 살 수 있도록 만들어진 존재, 구체적 인륜관계를 통해서만 유의미하게 존립할 수 있는 사회적 존재라고 믿었다. 그들의 믿음은 모든 인간이 공통적으로 타고난 기본 바탕이 있다는 입장으로 귀결된다. 배고픔을 충족시키기 위한 생리적 욕망이든 이익을 얻고 명성을 추구하는 욕망이든 선을 좋아하는 좀 더 추상적 욕망이든 간에 모든 사람은 이미 원욕(願欲)을 갖고 있다고 보았고, 바로 이런 욕구[欲]의 보편성을 통해 타인과 공감하고 연대할 수 있다고 믿었다. 다만 모든 종류의 욕구가 아니라 유교사회와 공동체를 지속적으로 유지하기 위한 최소한의 보편적인 공통 욕구에 대한 한계 설정, 그리고 그것을 광범위하게 실현하기 위한 엄격한 개인별 공부와 수양을 요구했다.

이것은 앞서 말했듯이 개인의 인신과 재산을 보호하기 위해, 다시 말해 논리적으로는 어떤 한계도 지울 수 없는 개인의 사적 이기심과 이익 추구

경향을 충족시키기 위해, 치열한 논쟁과 합의로써 정치·사회적 권리를 쟁취하는 공적 과정을 제도화시킨 사회집단과는 성격이 분명히 다른 것이다. 조선후기 지식인은 공동체에서 함께 살아가기 위해서는 자신의 욕망 가운데 공적(共的) 성격을 갖는 보편적 욕구를 선별해야 하고, 타인과 협업을 통해 그러한 공공(公共)의 욕망을 지속적으로 실현시키도록 노력해야 한다는 점을 강조했다. 다시 말해 공동체 성원의 공존을 위한 개인별 공부, 자기수양과 자기변화의 노력을 가장 중요한 사안으로 간주한 것이다. 이 점에서는 정약용이 말한 도심(道心)의 공적 명령과 이에 대한 자발적 복종이 명시적으로 유학자의 신념을 잘 대변한다고 할 수 있다. 경쟁을 통해 상이한 능력과 소유의 차이를 인정하기 위해서가 아니라, 인간 삶을 존속시키는 최소한의 공통요소를 인지하고 그것을 함께 실현하며 공존하기 위해 구성원의 자발적인 자기공부를 강조했던 점은, 우리가 함께 공정한 사회를 이룬다는 '공공(公共)'의 가치를 실현하고자 할 때 반성적으로 되돌아보아야 할 중요한 단서를 제공한다고 본다.

다산 정약용의 '민주(民主)' 기획

김 호

I. 머리말

조선후기의 신분 변동의 문제는 이미 선학들에 의해 충분히 거론된
바 있다.1) 이 글에서는 억강부약 정책에 편승한 범분(犯分)의 폐단을 예로
들면서 '변등(辨等)의 질서'를 강조한 다산 정약용의 주장과 이를 해결하기
위한 '민주(民主)의 기획'에 주목하고자 한다.2)

조선후기에 주자학적 예치론이 강화되면서 상하 신분 모두에게 인간에
게 주어진 '도덕성[明德]'의 회복이 요구되었다. 그러나 높은 수준의 덕성을
요구받았지만 현실에서 이를 충족하기는 매우 어려웠다. 이러한 이상과

---

* 이 글은 『다산과 현대』 6호(2013. 12. 30)에 실린 논문을 재수록한 것이다.
1) 김인걸, 「조선후기 신분사 연구현황」, 『한국중세사회 해체기의 제문제』, 한울,
   1987 참조.
2) '民主'는 '民本'을 넘어선 정치 주체로서의 자각을 염두에 둔 용어이다. 전통적으로
   동아시아의 성리학 사회에서 정치 참여는 修身齊家를 거친 후에 가능하다. 충분한
   수신으로 '도덕적 책임 능력'이 보장될 때 비로소 정치 활동이 가능하다는 점을
   고려한다면, 民主는 성리학적 교화의 기획 목표이기도 하다(정순우, 『서당의
   사회사』, 2013은 조선 건국 이래 국가의 常民에 대한 차별 없는 교화 의지를
   잘 보여주고 있다). 본 논문에서 필자는 천자로부터 庶人에 이르는 모든 이들의
   明德[도덕적 책임능력]을 계발하고 이를 통해 궁극적으로는 모든 인민의 정치
   참여[民主]를 그 목표로 했던 조선 주자학의 기획에 대한 다산 정약용의 기본적
   동의와 비판적 태도를 소개하고자 한다.

현실의 괴리로 인해 상민(上民)에 대한 중민(中民), 중민에 대한 하민(下民)의
도전이 불가피했으며, 이로 인한 사회적 갈등의 증폭은 역사적 현실이었
다.3)

특히 다산은 조선후기에 억강부약의 취지를 악용하는 하민[小民]들의
행동이 증가하고 있다고 걱정했다. 기본적으로 억울한 약자의 호소를
막아서는 안 된다는 억강부약의 정신은 '인정(仁政)'의 핵심 요소였다.
조선초기부터 억강부약 정책이 추진되었지만 이로 인한 '분의(分義)'의
훼손현상을 사회적인 문제로 강하게 인식한 것은 조선후기에 이르러서였
다. 1776년 주강에서 시독관 이재학은 당시의 범분 현상을 다음과 같이
비판했다.

> 우리나라에서 4백 년 동안 유지하여 온 것은 곧 명분인데 중간에 혹
> 이것이 하민(下民)들에게 폐단을 끼치는 단서가 되는 일이 없지 않았으므로
> 위로 조가(朝家)와 아래로 법사(法司)에서 매번 '억강부약(抑强扶弱)'을 행
> 하여 왔습니다. 그러나 굽은 것을 바로잡는 것이 너무 지나침에 따라
> 폐단도 따라서 생기게 되었습니다.4)

또한 이희조(李喜朝, 1655~1724)는 아들에게 보내는 편지에서 당시의
가장 큰 폐단인 상하 명분의 혼란이 억강부약에서 기인한다고 걱정했다.
"근년이래의 풍습이 억강부약을 능사로 하여 상하가 거의 분의가 없어졌으
니 이는 매우 우려할만한 일"5)이라는 것이다. 또한 김종후(金鍾厚,
1721~1780)도 "정치를 운운하는 자들이 대개 억강부약을 주장하여 천한
이들이 윗사람을 능멸하는 폐단에 이르렀다"고 비판했다.6) 억강부약의

---

3) 이하 조선후기 犯分에 대한 서술은 김호, 「조선후기 威逼律의 적용과 다산 정약용의
對民觀」, 『역사와 현실』 87, 2013을 발췌하여 정리함.
4) 『정조실록』 정조 즉위년(1776년) 11월 19일.
5) 『陶菴先生集』 권23, 「寄子」, "近年以來風習 以抑强扶弱爲事 上下幾於無分 此爲可憂之
甚者."

폐단을 우려하는 논의는 성호(星湖) 이익(李瀷)의 고제 순암(順菴) 안정복(安鼎福, 1712~1791)도 예외가 아니었다. 그는 "근래에 억강부약의 논의가 우세하여 아랫사람은 기어오르고 윗사람은 제 권위를 지키지 못한다. 그래서 무식한 상한(常漢)들이 사대부에게 대드는가 하면 심지어 능욕하고 욕하는 데 이르렀다"[7]고 한탄했다. 국가가 억강부약의 의지를 줄기차게 강조한 결과 마침내 범분의 상황마저 벌어졌다는 것이 식자층 다수의 의견이었다.

억강부약의 취지를 성문화한 것이 『대명률』에 처음 등장하는 '위핍률'이다. 『대명률』은 어떤 일[因事]로 말미암아 다른 이를 죽게 한 경우, 장백에 처하며 공무가 아닌데 평민을 협박하여 죽게 한 경우 마찬가지로 장백에 처한다고 명시하였다. 이후 구체적인 경우를 예로 들면서, 존속[대공 이상]을 협박하여 죽게 하거나, 강간이나 도둑질을 하다가 사람을 죽게 한 경우 장백보다 무거운 사형에 처한다고 밝히고 있다.[8]

『대명률』에 최초로 등장하는 '위핍률', 즉 엄연하게 신분과 성별의 차이를 인정하면서도 이와 마찰하는 억강부약의 정신을 입법화한 율문을 어떻게 또 어느 정도까지 사회에 적용할 것인지를 두고 여러 가지 이견(異見)들이 존재했다. 기왕에 없던 위핍치사율이 『대명률』에 처음 등장한 이유를 청대 학자들은 유교정치의 '억강부약' 정신 때문이라고 설명했다. 지방의 호족들이 일반 백성들을 침학할까 걱정하여 인정의 방편으로 법조문을 강화한 것이라는 주장이다. 반면에 위핍인치사조를 '자살' 행위에 대해서 굳이 책임을 물으려는 의지가 강해져서 나타난 잘못된 조문이라고 비판하

---

6) 『本庵集』권9,「仲祖領議政忠靖公行狀」, "言前此爲政者 多主抑强扶弱 其弊至於賤者凌上."

7) 『順菴集』권16,「木州政事」, "竊念風敎之不明 名分之不正 皆由於士大夫失其權而然也 大抵近來抑强扶弱之論勝 而下凌上替 無知常漢 與士大夫抗衡 甚至於凌辱詬罵之境."

8) 『大明律』권19, 刑律2 威逼人致死, "凡因事威逼人致死者 杖一百 若官吏公使人等 非因公務而威逼平民致死者 罪同 竝追埋葬銀一十兩 ○若威逼期親尊長致死者絞 大功 以下遞減一等 ○若因姦盜而威逼人致死者斬."

는 학자들도 나타났다.9)

조선의 경험도 크게 다르지 않았다. 앞서 언급한대로 조선이 오래 유지될 수 있었던 비결은 상하 명분인데 억강부약의 '도덕적 책무'를 강조하다가 도리어 하민들이 사족과 관장(官長)을 모욕하는 일마저 벌어지고 있었기 때문이다. 이처럼 위핍률은 '억강부약'의 입법취지와 위핍률을 악용하여 신분 질서에 도전하는 완민(頑民)에 대한 우려가 교차하는 지점에 놓여 있었다.

특히, 정조는 억강부약의 정신을 강조하여 지방 호강들을 엄형하는 조치를 자주 내리곤 했다. "토호들의 무단과 활리(猾吏)들의 침어(侵漁)는 진실로 소민(小民)들이 지탱하기 어려운 폐해가 되고 있다. 각 고을의 토포(討捕) 교졸(校卒)들이 기찰을 가장하고 촌리를 횡행하면서 평민들을 학해(虐害)하여 사사로이 악형하는 짓을 하고, 심지어는 살해하는 염려가 있으니, 일체로 염탐하여 발견되는 대로 무겁게 다스려야 한다."10) 정조는 무단 토호들의 침학과 공무가 아닌 일로 평민들을 위협하는 관리들을 엄벌하도록 조처하였다. 『심리록』에 나타난 정조의 억강부약의 태도는 일일이 거론하기 어려울 정도이다.11)

다산 정약용은 위핍률에 해당하지 않는데도 불구하고 많은 이들이 위핍을 당했다며 자살하거나 원통함을 상언하며, 또 이를 억강부약을 적용해 잘못 판결하고 있다고 비판했다. 다산은 범분(犯分)을 야기한 원인 중 하나로 위핍률의 잘못된 적용을 꼬집은 바 있다. 예를 들어 7명이 목숨을 잃게 된 최여인 사건을 보자.12) 1778년(정조 2) 8월 황해도 재령에서 최여인

---

9) 中村茂夫, 임대희 역, 「자살을 야기시킨 경우의 罪責」, 『판례를 통해서 본 淸代刑法』, 서경문화사, 2004, 282쪽 참조.
10) 『정조실록』 정조 7년(1783) 10월 29일 「京畿御史事目」 참조.
11) 『審理錄』에 나타난 정조의 刑政論 일반에 대해서는 심재우, 『조선후기 국가권력과 범죄 통제』, 태학사, 2009 참조.
12) 본 사건에 대해서는 김호, 「'義殺'의 조건과 한계 -茶山의 『欽欽新書』를 중심으로」, 『역사와 현실』 84, 2012에서 논의한 바 있다.

은 친척(숙부) 이경휘의 전답에서 이삭을 주워 생계를 꾸리고 있었다. 그런데 이경휘가 최여인을 도둑으로 몰자 억울하다고 생각한 최여인이 자식, 조카들과 함께 모두 물에 빠져 7명이나 사망했다. 당시 황해감사는 위핍조를 적용하여 장(杖) 백을 건의하였다. 정조는 장 백의 가벼운 처벌을 요청한 황해감사를 추고하는 동시에 1784년(정조 8) 다음과 같은 최종 판부를 내렸다.

> 옛날부터 살인 옥사가 무수히 많았지만 어찌 이처럼 지극히 참혹하고 지극히 불쌍한 경우가 있겠는가. … 하물며 친척으로서 이렇게 집안끼리 싸우는 변고가 있었으니, 조정의 풍교를 돈독히 하는 정사에 있어서 더욱 어찌 범범하게 보아 넘길 수 있겠는가. 이경휘는 각별히 엄중하게 형신하여 기필코 사형에 처하는 처벌을 내리라고 추관(推官)에게 엄히 신칙하라.[13]

정조는 최여인을 도둑으로 몰아 7명의 목숨을 죽게 한 이경휘를 사죄에 처하지 않을 수 없다고 판단했다. 후일 다산은 『흠흠신서』에서 이러한 정조의 판결이 공평을 잃었다고 비판했다. 다산은 이경휘의 핍박이 7명의 목숨을 죽일만한 일이 아니었다며, 너무 쉽게 목숨을 끊고 다른 자녀들마저 희생시킨 최소사에게 죽음의 책임이 있다고 강조했다. "7인의 목숨이 끊어진 사실을 판단하여 살인의 죄를 논한다면 최녀에게 있다. 우견(愚見)으로는 단지 최녀가 살인한 것만 보이지 이경휘가 사람을 죽인 죄는 보이지 않는다."[14] 그런데도 억강부약(과 至親의 情理)을 지나치게 강조하여 이경휘를 엄형한다면 이는 법을 굽히고 교화만을 강조한 나머지 법집행의 공평을 잃은 것이 분명하다는 비판이었다.

그동안 조선후기의 상언 격쟁은 '민의 성장'을 증명하는 징표로, 즉 역사 변혁의 에너지로 긍정적으로 평가되어 왔다.[15] 그러나 민의 무분별한

---

13) 『審理錄』 권11, 계묘년(1783) 黃海道載寧李京輝獄.
14) 위와 같음, "斷了七箇之性命 若論殺人之罪 崔女有焉 自殺亦殺人也 殺子女 亦殺人也 以臣愚見 但見崔女之殺人 不見李景輝有殺人之罪也."

'민원(民怨)'과 도를 넘어선 '행동'은 조선후기 범분의 한 조건이었으며 이에 대한 지식인들의 우려는 당시 지배층의 보수성을 보여주는 증거에만 머물지 않고, 실제 조선후기의 '민의 성장'을 어떻게 이해해야 하는가라는 역사적인 물음을 낳게 한다. 하민(下民)까지 명명덕의 주체로 설정한 주자학의 기획으로 인해 야기된 조선후기 분의(分義)의 훼손 현상을 어떻게 이해할 것인가? 왜 다산은 '변등(辨等)'의 정치학을 주장했을까?

II. 변등(辨等)의 정치학

불의와 부당에 분노할 줄 아는 인민들의 도덕적 각성이야말로 조선사회가 추구한 주자학적 통치의 궁극의 도달처였다. 주지하는 대로 천자(天子)로부터 서인(庶人)에 이르기까지 모든 인민들에게는 도덕적 본성의 각성을 통해 공동체 유지의 책임을 나누어질 임무가 부여되어 있다.16) 주자학의 이러한 기획은 인·의·예·지에 토대한 정당한 폭력을 용인하고 권장할 수밖에 없으며, 결과적으로 사회질서를 흔들만한 복수 살인 및 자살도 가능하다는 당위성과 이를 적절히 통제하지 않을 수 없다는 현실 사이의 끊임없는 긴장을 야기했다.

다산은 '정당한 폭력'을 인정하면서도 '진정한 도덕성'을 선결조건으로 강조했다. 모두가 부당한 위핍이나 비법(非法)한 처사에 분노할 수 있지만 이에 대응한 모든 폭력이 정당하거나 의로운 것은 아니기 때문이다. 주자학자들은 모든 사람은 타고난 도덕본성으로 인해 신분에 상관없이 누구나 정당한 폭력의 주인이 될 수 있다고 보았다. 그러나 다산에게 진정한 도덕성이란 주자학에서 말한바 타고난 명덕(明德)을 지닌 인민 '모두'에게 그냥 주어지는 게 아니었다. 다산은 정당한 폭력 이전에 수없는 도덕적

---

15) 한상권,『조선후기 사회와 소원제도』, 일조각, 1996 참조.
16) 피터 K. 볼, 김영민 역,『역사 속의 성리학』, 예문서원, 2010 참조.

실천행위가 선행되지 않는다면 폭력의 진정성과 정당성을 인정받기 어렵다고 보았다.[17]

다산은 "인의예지(仁義禮智)의 이름은 오랜 실천[行事] 이후에 얻어지는 것이다. 이는 사람의 덕(德)이지 본성이 아니다"(『中庸講義補』)라고 하여, 마음 속의 명덕이 자연스럽게 발출하여 누구나 성인이 될 수 있다는 주자학의 전제를 비판하였다. 다산은 성리(性理)의 형이상학적 원리가 선재(先在)한 후 실천이 가능한 것이 아니라 실천 이후에 이러한 도덕의 이름이 생겨난 것으로 주장한다. 즉 선험적으로 내재한 이(理)의 발현을 기대하기보다는 실천 덕목들을 충실히 수행함으로써만 인의예지의 덕성들이 이루어진다는 것이다(『詩文集』). 다산은 '오늘날의 유자들은 인의예지 네 가지가 사람의 뱃속의 오장처럼 들어 있다고 여기고 사단(四端)이 모두 여기서 나온다고 생각하니 이는 잘못'(『論語古今注』)이라고 비판하고 '실천[行事] 이후'에 비로소 인의의 덕이 이루어진다고 주장했다.

마음 속의 허령불매한 도덕성이 발현되기를 기대한 정주학과 달리 다산은 오랜 실천 끝에 얻어진 결과로 덕성을 바라보았다. 따라서 마음 속의 사단이 선재하여 네 가지 덕성으로 발현되기보다는 인간의 다양한 실천과 행동[行事] 이후에 획득된 후천적인 성질을 가리켜 덕이라고 부를 수 있다고 생각했다.

구체적으로 사람을 사랑하는 행위 이후에 인이라 할 수 있으니 사랑하는 행위 이전에 '인'의 이름은 있을 수 없다는 것이다. 또 구체적으로 나를 선하게 하는 행위를 한 이후에야 '의'라 부를 수 있지 그 이전에는 의란 명칭은 설 수 없는 것이다. 그리고 손님과 주인 사이에 읍하고 절하는 행위 이후에야 예라는 이름이 가능하고, 사물을 구체적으로 밝게 분석한

---

17) 이하 다산의 경학에 관한 내용은 다음 연구를 참조. 이을호, 『茶山經學思想硏究』, 乙酉文化社, 1966 ; 금장태, 『茶山 정약용 : 실학의 세계』, 성균관대학교출판부, 1999 ; 한형조, 『주희에서 정약용으로』, 세계사, 1996 ; 정일균, 『茶山四書經學 硏究』, 一志社, 2000 ; 백민정, 『정약용의 철학』, 이학사, 2007.

이후에야 지의 이름도 가능하다는 주장이다. 어찌 인의예지 네 가지가 구체적인 인의예지의 행위를 하지도 않았는데 씨앗처럼 사람의 마음속에 먼저 들어가 있을 수 있겠는가라고 반문하였다(『孟子要義』).

다산은 주희(朱熹)의 '솔성(率性)'이 결국 아무것도 하지 않은 채 인간의 본성이 밝혀지기만을 기다리는 허망한 태도라고 비판한다. 다산의 주장은 결국 아무 일도 하지 않은 채 무언가가 이루어지기를 기대해서는 그 누구도 뜻을 이룰 수 없다는 비판을 함축하고 있다. 다산은 솔성 공부가 아무것도 하지 않는 게 아니라 매우 힘을 써서 노력해야 하는 것인데도 불구하고, 주희가 마치 자연에 맡겨두기만 하면 된다는 식으로 설명하였으니 매우 잘못이라고 주장했다(『中庸講義補』).

이상의 주장을 통해 주자학과 다른 다산의 정치학적 기획을 예상할 수 있다. 다산에게 진정한 군자의 덕성이란 지난한 실천 과정을 절대적으로 요구하는 것으로 아무에게나 주어지는 명예가 아니었다.

그렇다면 다산이 민을 포함한 자율적 도덕공동체의 기획을 포기한 것일까? 다산이 사·민을 엄격하게 구별하고 민의 도덕적 각성의 수준을 낮추었다고 해서 그가 우민론을 주장했다거나 혹은 '향촌 내 도덕 공동체의 완성'을 포기한 채 강력한 국가전제를 천명했다고 결론짓는다면 성급한 태도이다.[18] 다산은 주자학이 목표한 '모든 인민의 도덕적 각성'이 매우 이상적이긴 하지만 불가능한 목표라고 생각하지 않았다. 다만 민의 경제적 조건과 교육의 단계를 고려하여 정교한 교화 시스템[禮治]을 만들어야 한다는 게 그의 진의(眞義)였다.

---

18) 다산은 주자학에서 전제하고 있는 모든 이의 도덕 계발 가능성[明明德]을 오랜 도덕적 실천[行事] 이후에 비로소 성취 가능한 단계라고 주장했다. 이러한 다산의 해석은 일견 도덕 본성의 계발 가능성에 대한 주자학의 신뢰를 부정하는 것처럼 보인다. 그러나 다산은 일본의 古學派처럼 愚民論에 기울지 않았다. 다산은 주자학의 도덕본성론과 고학파의 愚民論 사이의 균형을 모색함으로써 조선후기 주자학의 '실천적 改新'을 추구하였다. 蔡振豐, 『丁若鏞的四書學 : 以東亞爲視野的討論』, 國立臺灣大學出版中心, 2010 참조.

III. 토족(土族)의 교화

다산은 사회질서의 토대인 '변등'을 강조했다. "무릇 변등의 정사는 오직 소민들만 징계하는 것이 아니라, 중민(中民)이 상층을 범하는 것을 미워한다."[19] 다산이 특별히 심각하게 우려한 것은 토족들의 침학이었다. 토족, 즉 이향(吏鄕)들은 단지 소민들을 탐학하는 데 그치지 않고 향촌의 사족들에게 도전하고 있었다. 다산은 토족들이 실권을 틀어쥐고 그동안 억눌려 왔던 수치를 보복하려 든다고 보았다.[20]

그렇다면 이들 토족들을 어떻게 대할 것인가? 다산은 이향들의 일상적인 부도덕을 꼬집으며 '엄형'만이 질서유지의 유일한 방법이라는 혹자의 주장을 강하게 비판했다. 하루는 누군가 다산을 찾아와 엄형 대신에 부드러운 교화를 강조한 다산의 정치를 비꼬았다. "간사한 아전과 교활한 군인과 장교들은 그 양심이 이미 없어지고 악습이 이미 고질화되어 인의(仁義)로는 다시는 감화시킬 수 없고 오직 형벌로써 제압할 수밖에 없다. 그런데도 그대[정약용]는 강아지풀로 만든 회초리로 다스리려고 하니 어찌 어리석지 않은가?"라고 한 것이다. 이에 다산은 "그대가 말한 엄형이야말로 형편없는 정치가들의 수단이다. 잘 다스리고 잘못 다스리는 것은 그 사람에게 있지 형벌에 있지 않다"고 응수했다.[21]

『목민심서』 전편을 통해 이향층의 통제야말로 목민의 근본임을 누누이 강조했던 다산이었기에 이들을 교화하려는 의지는 누구보다 강렬했다. 이향들을 형벌로 다스려서는 안된다는 게 다산의 기본적인 생각이었다.[22]

---

19) 『牧民心書』 권8, 禮典 「辨等」 참조.
20) 『牧民心書』 권4, 禮典 「辨等」.
21) 『牧民心書』 권10, 刑典 「愼刑」, "或曰 奸吏猾校 良心已滅 惡習已痼 不可以仁義感化 唯可以刑罰制伏 子欲以蒲鞭治之 豈不迂哉 … 答曰 此流俗之論也 治與不治 在乎其人 不在乎刑罰 彼以善治得名者 若復緩刑 其治益高 其譽益全 非以嚴刑而致治也 其以不治 得名者 若復峻刑 其治益下 其毀益騰 非以緩刑而誤政也."
22) 다산은 엄한 형벌의 효과를 부정하지 않았다. 전라도 首吏 최치봉의 처벌을 통해 다산은 엄한 징벌의 효과를 강조한 바 있다. 판서 李魯益이 전라 감사가

"타이르고 감싸주며 가르치고 깨우치면 아전들 역시 사람의 성품을 타고난 지라 바로잡아지지 않을 자 없을 것이니, 위엄부터 먼저 베풀지는 말일이다."

다산은 이향들 역시 인간의 본성을 갖추고 있으므로 교화를 통한 변화를 꾀해야 한다고 보았다. 이들을 형벌로 다스리지 않고 예의로써 대해야한다. "이들에게 수치심을 알도록 매질하지 않고 말로 타이른다면 스스로분발하여 복선(復善)할 것"이라는 주장이다. 다산은 고사에서 해당 사례를찾아냈다. "종리의(鍾離意)가 하구의 수령으로 있을 때에, 어떤 아전이도적질을 하거늘 차마 형벌을 주지 않고 그 직임을 파하여 내쫓았더니,그 아전의 아비가 말하기를 '이는 의(義)로써 사람을 벌주는 분이다' 하고이에 자식으로 하여금 약을 먹고 죽게 하였다."는 것이다.[23]

기본적으로 토족들로 하여금 예를 알게 하고 의로 대하는 것이 필요한데,근본 해법은 그들이 장악하고 있는 학교[鄕校]의 개혁이라는 게 다산의주장이었다. 다산은 사또가 해당 군현에 부임하면 바로 다음날 향교의대성전에서 공자에게 제사를 지내는 것으로 공식적인 업무를 시작하도록했다. 공자에 대한 예식을 통해 향교가 학문의 중심으로 각인되기를 바란것이다. "이튿날 향교에 나아가 공자의 사당에 알현하고 이어 사직단을살펴보되 오직 공손히 행하도록 한다. 이 날은 동트기 전에 일어나 횃불을들고 향교에 가서 촛불을 켜고 배례를 행한다. 배례가 끝나면 대성전에올라 봉심한다."[24]

사또의 교화에 대한 의지를 펴 보이는 일이야말로 급선무였다. 그러나

되었는데 감영의 아전 최치봉이란 자가 간활 악독한 吏屬들의 괴수였다. 이노익이
부임한 지 10여 일에 문득 그를 잡아들여 엄벌하여 죽었다. 당시 다산은 강진에서
간활한 아전 여러명이 화가 자기에게 미칠까 두려워 숨을 죽이고 마음을 태워서
뼈가 앙상하게 드러난 형상을 보고 首惡[악의 우두머리] 죽이는 효과가 크다며
칭송했다(『牧民心書』 권4, 吏典 「束吏」).

23) 『牧民心書』 권2, 吏典 「束吏」 참조.
24) 『牧民心書』 권1, 赴任 「上官」 참조.

현실은 어떠한가? 토족들은 사족들의 약파(約派, 향약을 중심으로 한 사족들의 향촌통제책)에 대항하여 스스로를 교파(校派)라 부르면서 면역(免役)의 수단과 자신들의 세를 과시하는 용도로 향교를 악용하고 있었다. 다산은 조선후기에 향교가 무식하고 이익만을 탐하는 토족(土族)들에 의해 장악되면서 염치를 아는 사족(士族)은 발길을 끊어 향교에서 예의가 사라져 버렸다고 보았다.[25]

　　변방의 향교는 사족은 드물고 토족이 많은데, 사족이 그들과 어울리는 것을 수치스럽게 여겨서 결코 왕래하지 않는다. 이에 토족이 향교를 독차지하여 소굴로 삼는데, 이들 무리는 대부분 배운 바 없는 무식장이들로서, 끼리끼리 모이고 당(黨)을 만들어서, 서로 알력하게 되면 남의 숨은 약점을 들추어내고, 이권을 다투면 정권 다투듯이 하며, 간사한 아전과 결탁해서는 감사에게 허튼 소문을 집어넣으며, 수령이 총애하는 기생과 서로 통해서는 수령에게 뇌물을 바치며, 항상 아전과는 스스럼없는 사이가 되어 너나들이 하면서 교제하고 늘 술집에서 만나서 조석으로 싸움질만 한다. 그들이 궁리하는 것은 부잣집 자식을 끌어들이어 재임(齋任)이 되게 하여 제사를 주재하도록 해서 뇌물을 받아 취하고 배불리는 것뿐이다. 수령은 마땅히 이런 풍속을 알아서 단아한 선비를 골라 재임으로 삼아야할 것이다. … 나의 성의가 사족을 움직여서 그 마음을 굽혀 일을 맡아 주게 할 수 있으면 매우 좋을 것이지만, 억지로 불러낼 수 없으면 토족에서 뽑더라도 좋은 사람이 없지 않을 것이다.[26]

　다산은 향교를 일신하기 위해 사족 가운데 방정한 교장을 선발하여 향교 운영을 맡기도록 했다. 물론 부득이 하다면 토족 가운데 좋은 사람도 가능하다. 그리고 교장은 반드시 의로 대우함으로써 향교의 교장과 교생에게 예의와 염치를 회복하도록 북돋워야 한다. 가령 교장이 혹 잘못했더라도

---

25) 조선후기 서원과 향교 등 교육기관의 폐단에 대해서는 정순우, 『서원의 사회사』, 태학사, 2013 참조
26) 『牧民心書』 권4, 禮典 「興學」 참조.

수령이 매질을 해서는 안 된다는 것이다.

> 재임 중에 죄를 범한 자가 있으면 반드시 먼저 유생의 명부에서 삭제하고 상사에게 보고한 후에라야 형장(刑杖)을 쓸 것이다. 오늘날 수령은 이들에게 형벌하기를 노예와 다를 바 없이 하므로 이들도 이미 염치를 몰라서 그대로 받아들이고 있기는 하지만, 내 생각에는 그렇게 하는 것은 매우 부당하다. 학유(學儒)의 명칭을 가진 경우는 명문(名門) 청족(淸族)처럼 대해주어야 한다.[27]

향교의 교장과 유생을 예우해야 이들이 구태를 벗고 염치를 알게 될 것이다. 다산은 향교를 예의를 아는 자들로 채워, 궁극적으로 지방 공론을 이끄는 정치적 장으로 삼고자 했다. 다산은 매년 춘하추동 첫 달 초하룻날에 사또가 향교에 첩문(帖文)을 내려 백성들의 고통을 묻고 각각의 이해득실에 관한 토론의 기회를 제공해야 한다고 강조했다. 다산이 정한 첩문의 형식과 내용은 다음과 같다.

> 하나. 몇 월 며칠에 양곡을 나누어주었고[還穀의 分給], 다음 달 며칠에는 창고를 열어 세곡(稅穀)을 거두었고, 그 다음 달 며칠에는 새로 군보(軍保)를 작성했는데 이 가운데 만일 백성들에게 깊이 해가 되는 부정과 폐단이 있으면 각각 지적해 진술하도록 하라. 하나. 혹 소송을 판결한 데에 잘못이 있거나 죄를 받았는데 억울하거나 무릇 정령(政令)에 문제가 있다면 또한 각각 지적해 진술하라. … 하나. 불효, 불공(不恭)하거나 화목하지 못한 자, 풍교를 손상시키거나 장터에서 소란을 피우며 어른을 능멸한 자는 각각 지적해 진술하라. 만일 아전을 겁내고 토호를 두려워하여 오로지 은폐하기를 일삼거나 또 혹은 개인적인 원한을 품고 이 기회를 틈타 무고나 모함을 한다면 그 또한 죄를 문책할 것이다. 드러내놓고 말할 만한 사안이 있다면 성명을 바로 쓰도록 하고, 드러내놓고 말하고 싶어

---

27) 위와 같음.

하지 않는 것은 성명을 쓰지 않아도 좋다. 모두 얇은 종이로 풀을 발라 봉하고 겉봉에 자신의 도장을 찍어 향교에 제출하도록 하라. 향교의 장의(掌議)는 이를 수거하여 몸소 수령에게 바치도록 한다.28)

다산은 중앙의 성균관에서도 학생들에게 당시 정치의 문제점을 비판하도록 하는 전통이 있으므로, 향교 역시 해당 지역의 정치문제를 논의하는 '공론의 장'이 되어야 한다고 주장했다. "향교는 정사(政事)를 의논하는 곳이다. 성균관에 정록청(正錄廳)이 있어서 밀통(密通, 정치를 비판하는 글을 투서하는 비밀함)을 달아놓고 여러 성균관 유생들로 하여금 그때그때 정치의 득실을 논하게 했으니, 향교에 병폐를 물어보는 것은 다 근거가 있다."29) 다산은 향교의 유생들이야말로 '지방의 공론정치'에 참여할 권리와 의무가 있다고 말함으로써 그들에게 지역사회에 대한 책임의식을 고취시켰다.

한편, 다산은 향교를 예의 실천장(representation)으로 활용했다. 다산은 향교를 단지 책을 읽고 마음을 닦는 학문의 장보다는, 시기마다 구체적인 예제(禮制)를 재현함으로써 예의 학습장이자 전시장으로 삼자고 주장했다.

오늘날 군현의 학교는 곧 옛날의 제후의 학교이다. … 중용의 덕을 강론하고 효우의 행실에 힘쓰며, 시를 낭송하고 글을 읽으며, 때때로 활쏘기를 익히기도 하고 향음례(鄕飮禮)를 행하기도 하면, 역시 흥학(興學)이라 해도 좋은 것이다.

---

28) 『牧民心書』 권4, 吏典 「察物」, "○先於諸鄉 採問耆老有飭躬解事者 鄉取四人 以爲鄉老 ○下帖曰 前月某日放糧[卽還穀分給] 次月某日開倉收稅 次月某日新簽軍保 其間奸弊 如有爲民深害者 其各指陳 決訟有誤 斷獄有冤 凡政令有疵 其各指陳 吏隸出村 私有徵 斂 風約懷奸 私有翻弄 其各指陳 不孝不悌 不睦不和[謂正妻薄待] 以傷風敎 墟市作拏 凌辱尊長者 其各指陳 如或忱吏憚豪 專事掩匿 又或挾憾懷怨 乘機誣陷 其亦有咎 其可 顯言者 直書姓名 不欲顯言者 勿書姓名 幷以薄紙糊封 外著圖書 納于校宮 校宮收之 今初十日 掌議親來納官 右帖下鄉校諸生及諸坊鄉老."

29) 『牧民心書』 권4, 吏典 「察物」, "鄉校者 議政之地 鄭子産 不毁鄉校 見春秋傳 太學有正錄 廳 古者 懸密筩 使諸生論時政得失 鄉校詢瘼 有所據也."

향교는 장유(長幼)와 반상(班常)을 구별하는 예제(禮制) 재현의 장이다. 사또는 때마다 예를 거행하고 백성들로 하여금 관람하게 함으로써 예제에 함축된 변등의 의미를 알도록 해야 한다. 가령 다산은 양로연을 효의 가치를 백성들에게 심어줄 수 있는 중요한 행사로 생각했다.

> 『대학』에 이르기를 '위에서 어른을 어른으로 섬겨야 백성들도 우애를 일으킨다'고 하였으니, 곧 태학(太學)에서 양로연을 한다는 뜻이다. 수령이 양로연을 거행하려고 한다면 마땅히 향교에서 거행하도록 한다. … 양로의 예에서도 의당 여러 노인들 중에서 가장 나이 많은 분을 빈(賓)으로 삼아야 예를 거행할 수 있다. 무릇 절하고 읍(揖)하는 데 있어서 빈만이 절하고 읍할 뿐 다른 손님은 함께 움직이지 않는 것이니 먼저 이 예법부터 밝혀야 할 것이다.[30]

다산은 향교에서 거행되는 예식의 절차와 과정을 통해 존귀한 이를 존귀하게 대접하고 나이든 사람을 어른으로 섬기는 태도가 백성들의 마음속에 자리 잡기를 기대했다. 다산은 단지 경전을 읽고 홀로 앉아 격물치지와 존심양성하는 학지(學知)가 아니라 구체적인 예식과 이에 참여하여 체득되는 실천지(實踐知)를 중시했다. 다산은 『예기』의 '군신과 상하는 예가 아니면 그 질서가 정해지지 않는다'는 구절을 인용하여 변등의 절실함을 강조했다. 예제를 통해 백성들은 각각의 지위와 나이에 맞는 행동을 배우고 실천할 수 있다. 순자의 말대로 '구별'이야말로 질서의 원천이기 때문이다.

예의 실천은 양로연에 국한되지 않았다. "9월에 양로의 예를 행하여 노인을 노인으로 대접하는 도리를 가르치며, 10월에 향음의 예를 행하여 어른을 어른으로 대하는 도리를 가르치며, 2월에는 향고(饗孤)의 예를 행하여 나라를 위해 죽은 이들의 고아를 돌보는 도리를 가르치도록 한다"는 것이다. 효(孝)·제(悌)·자(慈)의 기본 도덕을 육성하기 위해 단순히 이를

---

30) 『牧民心書』 권4, 禮典「興學」참조.

공부하는 것으로는 부족하다. 많은 지역민들이 참여한 가운데 일종의 퍼포먼스[예]를 통해 양로, 향음, 향고의 정신을 전달해야 한다.[31]

향교를 '예제 실천의 장'으로 활용하는데 큰 관심을 기울였던 다산은 복잡한 예식 절차가 도리어 예의 본질인 변등의 효과를 감소시킬 수 있다고 보았다. 특히 향촌에서 거행되는 향례는 더욱 그 절차가 간편하면서 효과적이어야 한다. 이에 다산은 고례가 지나치게 복잡하여 정조 임금이 『향례합편(鄕禮合編)』을 만들어 군현에 반포하였지만 여전히 의식절차가 번거롭다고 보고, 본인이 간결한 향례의 의주(儀注)를 작성하기도 했다.

다산은 향례의 모든 예법은 "장유를 구별하고 귀천을 밝히는 것이 그 큰 뜻이므로 … 그 도수(度數)에 있어서는 들어가고 빠지는 것이 고금(古今)의 차이가 있다 해도 반드시 거기에 구애될 필요가 없다"고 주장했다. 다산은 의식절차가 비교적 간단한 투호례(投壺禮)를 빠뜨리지 않고 시행하도록 요청했다.

> 향음례와 향사례(鄕射禮)는 그 일이 장대하여 자주 시행할 수 없으나 투호의 예만은 그 절차가 간략하여 행하는 것이 어렵지 않으며, 읍양(揖讓)·승강(乘降)·진퇴(進退)·주선(周旋)·수사(修辭)·치용(致容) 등도 역시 그 모습을 익혀서 위의를 갖출 수 있다. 봄·가을 좋은 날을 잡아서 수령이 몸소 향교에 나아가 제생(諸生)과 더불어 항상 이 예를 행하여 그 의리를 일러주면 반드시 보고 느껴서 흥기하는 자가 있을 것이다.[32]

---

31) 예의 실천장으로 향교를 적극적으로 활용하려는 다산의 기획은 전남 장흥에서 활동한 유학자 존재 魏伯珪의 향교론과 비교할만하다(위백규의 '鄕村 敎化論'에 대해서는 김호, 「존재 위백규의 향촌교화 : 주자학 기획을 중심으로」, 『정신문화연구』 134, 2014 참조). 존재는 향교를 관료제의 말단에 진입할 수 있는 기초 학교로 활용하자고 제언했다. 그는 공론의 투표(可否)에 따라 교생의 心行을 판단하고 선발된 자들을 鄕官(좌수, 별감 등 향임)에 임용하고, 이들이 수년간 향임의 역할을 올바르게 수행하면 다시 이들 가운데 천거하여 중앙의 관직과 외관직에 나아갈 수 있도록 해야 한다고 주장했다. 존재는 향교를 모든 이가 입학하여 덕행을 닦은 후 관료로 진출할 수 있는 최초의 학교로 삼아야 한다고 주장했다. 이에 비해 다산은 예제를 통해 변등의 의미를 재현하는 기능을 중시한 것으로 보인다.

예치의 실천을 통한 변등의 중요성을 체득하는 것이 중요하지 지나치게 번거로운 의식은 도리어 실천에 장애가 될 뿐 효과를 기대하기 어렵다. 예치를 강조하는 이유에 대해 다산은 "신분과 나이에 따른 구별[辨等]이야 말로 백성을 안정시키고 그 뜻을 정향(定向)시키는 요체이다. 등위(等威)가 명확치 않아서 위계가 문란하면 백성들은 흐트러지고 기강이 없게 된다"[33]고 강조했다.

IV. 사족(士族)의 도덕성 회복

주자학의 기획대로 '사족에서 소민에 이르는 모든 인민'을 군자로 만드는 것이 이상적인 목표이겠지만 이는 현실적으로 가능한 일도 아니며 가능해서도 안 된다. 다산은 "공복(公服)의 문채에 등급이 있고, 깃발의 술에도 등급이 있으며, 수레와 집 그리고 심지어 지붕의 제도마저 차이가 있으며, 제사와 음식에도 등급이 있어서 그 질서가 정연하여 상하의 등급이 명백하였으니, 이것이 성인이 세상을 통솔하고 백성을 안정시킨 대권(大權)이었다"고 밝힌다.

그런데 조선의 현실은 어떠한가? "우리나라 습속에도 변등이 자못 엄하여 상하가 오로지 각각 그 분수를 지켰는데, 근세 이후로 작록(爵祿)이 한쪽으로 치우쳐 귀족이 쇠잔하자, 호리(豪吏)·호맹(豪甿)이 틈을 타서 기세를 부려서 이들의 집과 말치장의 호사스러움과 의복과 음식의 사치스러움이 모두 법도를 넘어, 아래가 위를 능멸하고 위는 시들게 되어 다시 등급이 없게 되었으니, 장차 어찌 사회를 유지 결합하여 그 원기를 북돋아 그 혈맥을 통하게 하겠는가. 변등은 오늘날의 급무이다."[34]

---

32) 『牧民心書』 권4, 禮典 「興學」 참조.

33) 『牧民心書』 권4, 禮典 「辨等」.

34) 위와 같음.

호리는 호강한 서리들이요, 호맹은 요호부민(饒戶富民) 일속을 가리킨다. 이들이 바로 토족(土族)이요 이향층이다. 다산은 향촌 내 이향(吏鄕)들의 범분(犯分) 행위가 우려할만한 수준이라고 보았다. 이향들은 사족을 능멸할 뿐 아니라 스스로 사족을 자처했다. 다산은 명말청초의 대학자 고염무의 「생원론」을 빗대어 조선의 이와 같은 문제점을 지적하였다. 아무나 양반이 되려는 상황을 비판하고 '변등'의 필요성을 강조한 것이다.

> 중국에 생원이 있다면 조선에는 양반이 있다. 고염무가 온 천하 사람이 모두 생원이 될까 걱정하였다지만 나는 조선 사람 모두 양반이 될까 걱정한다. 사실 조선 양반의 폐단은 더욱 심하다. … 그럼에도 내가 한 가지 바라는 바가 있으니, 이 나라 전체가 모두 양반이 되는 것이다. 온 나라 사람이 모두 양반이 되면 결국 양반이 없어지기 때문이다. 젊은이가 있기에 나이든 자가 드러나는 것이요, 천한 자가 있기에 귀한 자도 나타나는 법이다. 만일 모두가 존귀하게 될라치면 아무도 존귀한 자가 없는 것이 된다. 관자가 말하였다. '온 나라 사람이 모두 존귀할 수는 없는 법이다. 모두 존귀해지면 되는 일이 없으며 나라에 결코 이롭지 않다.'[35]

이 글에 숨겨 있는 다산의 진의는 무엇인가? 정말 조선의 모든 사람이 양반이 되기를 바란 것일까. 그렇지 않다. 다산이 양반답지 않은 사람들이 양반 행세하는 현실을 비판했다고 해서 그가 양반사회 자체를 부정했다고 오해해서는 안 된다. 다산은 모두가 양반이 된다면 결국 세상에 무질서가 도래할 것을 경고했다. 질서는 '구별[차별]'에서 기원하기 때문이다. 구별은 정치에 불가피한 요소이지만, 다산은 구별이 곧 명분은 아니라고 못 박았다. "향원(鄕員)과 냉족(冷族)이 몸소 농사를 짓는데 농사꾼과 어울려 무례하게 잡된 농담짓거리나 하고 개울이나 시장거리에서 술에 취해 싸움을 하며 서로 더러운 말을 떠들어놓고서, 술이 깬 뒤에는 유의(儒衣)를 걸치고

---

35) 『詩文集』 권14, 「跋顧亭林生員論」.

와서 명분을 바로잡아 달라고 호소하는 경우에 수령이 그 말을 듣고 그 농사꾼을 엄중하게 다스린다면 백성이 납득하지 않을 것이다."[36]

다산은 사족이 사족으로 대접을 받으려면 합당한 언행을 보여야 한다고 강조했다. 비루함을 일삼는 사족이 하민들과 다를 바 없이 행동하면서도 자신은 사족이므로 명분을 바로잡아 달라고 요청한다면 이를 수긍할 소민은 없다는 것이다. 다산은 '구별'의 필요성 때문에 변등을 강조하였을 뿐 구별이 곧 명분은 아니라고 강조했다.

> 변등을 엄격하게 하는 것을 시속에서 명분을 바르게 하는 것이라고 말하지만 이는 지나친 말이다. 군신(君臣)과 노주(奴主) 사이의 명분은 마치 천지 차이와 같아 오를 수 없다. 내가 말한 것은 등급이지 '명분'이 아니다.[37]

다산은 질서를 이루기 위해 '구별'은 불가피하지만 구별의 효력은 명분과 합치되었을 때만 가능하다고 역설했다. 사족이 사족의 도덕적 책임과 의무를 다할 때 비로소 명실(名實)이 상부해지고 그래야만 명분이 선다는 주장이다. 때문에 다산은 이익을 탐하는 사이비 양반들, 겉으로는 사족이지만 실제 양심도, 도덕적 책임도 다하지 못하는 가짜들의 세상이 아닌, 공공의 도덕성과 사회적 책임감을 지닌 진정한 군자들의 세상을 바란 것이다. 다산이 '변등'을 강조한 진의는 지역사회에 진정한 도덕성의 회복이 이루어지길 바라서였다.

---

36) 『牧民心書』 권4, 禮典 「辨等」.
37) 『牧民心書』 권8, 禮典 「辨等」, "嚴於辨等者 俗謂之正名分 斯則過矣 君臣奴主 斯有名分 截若天地 不可階升 若上所論者 可曰等級 不可曰名分也."

V. 권분(勸分)의 책임과 공론(公論)

지역에 대한 책임문제와 관련하여 환난상휼의 해결책으로 제시된 권분(勸分)은 매우 중요한 의미를 지닌다. 고대 이래로 기근이나 각종 재난으로 백성들이 곤궁해 처했을 때 이를 구제하기 위한 진황(賑荒)이나 진대(賑貸)의 정책들은 필수적이다. 그런데 대부분 환난의 문제를 해결하는 데 앞장선 것은 국가였다. 사실 최선의 방법은 환난(患難)의 해당 지역, 즉 향촌 공동체가 스스로 상호부조에 의해 문제를 해결하는 것이라 할 수 있다. 주희가 강조해마지 않은 '사창(社倉)'은 바로 지역민에 의한 자발적 상호부조를 계획하고 이를 통해 상하의 결속과 더불어 서로에 대한 도덕적 책임능력을 향상시키려는 의도에서 만들어졌다. 어려울 때 서로 돕는 '권분'이야말로 상족(上族, 사족과 토족)의 소민들에 대한 도덕적 책임능력을 보일 기회이고, 일반적으로 인간에 대한 상호 신뢰의 토대를 구축할 수 있는 가장 효과적인 계기였다.[38]

다산은 환자(還上)의 법은 원래 사창에 근본했기에 의창(義倉)으로 불릴 수 있었던 것이라고 강조한 후 사창법이 처음에는 해당 사(社), 즉 마을에 설치되었다가 점차 현(縣)으로 옮겨지고, 얼마 후에 주·군으로 옮겨 가면서 결국 마을의 상호부조라는 사창의 취지는 사라진 채 국가가 개입하여 곡식을 거두고 나누어주는 환자로 변질되었다고 비판했다.[39] 권분하는 법은 멀리 주(周)로부터 시작되었는데, 시대가 내려옴에 따라 정치가 타락하여 이름과 실제가 같지 않게 되었으니 지금의 권분은 옛날의 권분이 아니라는 것이다.[40] 다산은 이는 주자도 미처 예상치 못한 폐단이었으며, 조선후기

---

38) 부유한 자들이 환난상휼에 적극 나서야 하는 이유에 대해 서유구는 진황이나 구황이 가난한 자를 위한 길이지만 실제로는 부유한 자들이 살기 위한 방법(그렇지 않으면 가난한 자들이 도적이 되기 때문)이라고 주장했다(『林園經濟志』, 「救荒」 참조).

39) 『經世遺表』 권12, 地官修制 「倉廩之儲」 1.

40) 『牧民心書』 권6, 賑荒 「勸分」.

에 이르러 국가에서 강제로 환곡을 거두고 나누어주면서 사창, 즉 지역민의 상호부조라는 권분의 정신은 사라졌다고 주장했다. 한마디로 작금의 권분은 타율적인 것으로 전락하였다는 진단이었다.

> 옛날에는 백성에게 목인임휼(睦婣任恤)[목(睦)은 형제간이 화목함이요, 인(婣)은 인척간의 사랑이요, 임(任)은 이웃 간에 서로 돕는 것이요, 휼(恤)은 가난한 사람을 구제하는 것이다]을 가르쳤으며 그 가르침을 따르지 않는 자는 형벌로써 다스렸다. 흉년에 곡식을 나누어 먹도록 권한다면 백성으로서 어찌 나누어 먹지 않는 자가 있겠는가? 형제에 나누어 주고 인척(姻戚)에 나누어 주고 이웃에 나누어 주고 가난하고 외로운 이에게 나누어 줌으로써 왕명을 받드는 것이요, 그 재물을 관가에 바쳐서 만민에게 나누는 것이 아니다. 후세의 법은 비록 옛날과 다르다고 하지만, 그래도 곡식을 팔거나 꾸어주도록 권했을지언정 거저 주도록[白給] 권하지 않았다. 우리나라의 권분이란 것은 모두가 백성의 재물을 억지로 빼앗아 거저 나누어 주도록 하는 것이다.41)

다산은 지역민의 상호 책임 의식에 기초한 자율적 권분의 회복을 기대했다. 완전한 자율이 어렵다면 중국의 경우처럼 곡식을 돈으로 사고팔아야 한다. 국가가 세금처럼 강제로 거두어 백성들에게 나누어준다면 향촌의 자율성을 절대 기대할 수 없다는 판단이었다.

> 중국의 권분하는 법은 모두 곡식을 팔도록 권하는 것이었지 거저 먹이도록 권하는 것이 아니었고, 모두 베풀도록 권하는 것이었지 바치도록 권하는 것이 아니었으며, 모두 몸소 솔선하는 것이었지 입으로만 말하는 것이 아니다. … 지금 조선의 권분은 비례(非禮)의 극치이다.42)

---

41) 위와 같음.

42) 위와 같음, "中國勸分之法 皆是勸糶 不是勸餼 皆是勸施 不是勸納 皆是身先 不是口說 皆是賞勸 不是威脅 今之勸分者 非禮之極也."

때문에 다산은 흉년이 들고 '권분'의 명이 내려지면 부민(富民)은 크게 놀라고 가난한 사람들은 탐욕스러워진다고 비판했다.

그럼 어떻게 해야 하는가? 다산은 "권분은 스스로 나누어 주도록 권하는 것이다. 스스로 나누어 주도록 권하면 관의 힘을 덜 수 있다"고 강조했다. 스스로 권분에 나서도록 만들어야 한다는 것이다. 다산은 권분의 취지를 살려 지역의 상족들이 소민들을 위해 환난상휼에 나설 때 비로소 변등의 명분이 마련될 수 있다고 보았다. 문제는 호민들 스스로 권분에 나서지 않는다는 사실이다. 그렇다고 강제로 권분을 권할 수도 없다. 다산은 권분에 나설 요호의 결정을 향촌의 공론과 공의에 따라야지 그렇지 않을 경우 타율과 강제가 될 것으로 보고, 먼저 고을의 신망 있는 사람을 뽑고 날짜를 잡아 모이게 하여 그들의 공론을 받아들여 요호를 정하도록 했다. 물론 다산은 요호를 결정하는 일이 기호(饑戶)를 선정하는 일보다 어려운 일임을 인정했다. 요호로 결정되기보다 뇌물을 먹이고 요호를 면하는 것이 이익이었으므로 향임들에게 뇌물을 먹이고 요호를 면하는 일이 자주 발생했기 때문이다.

요호는 재물이 있어 요행히 면하려고 하면 널리 찾아다니면서 청탁하는 데 모두가 뇌물로써 그러한다. 설혹 지공무사한 논의가 있더라도 듣는 사람들은 또한 의심을 면치 못한다. 향승(鄕丞, 향임)이 '이(李) 모는 실제로 가난해서 10석에 합당하지 않고 장(張) 모는 자못 부유하여 100석에 넉넉히 들 것입니다'라고 진언하면, 수령은 이를 듣고 '향승이 그가 가난하다고 주장하는 것은 이모에게서 뇌물을 받아먹은 것이 아니겠는가? 그가 부자라고 내세우는 것은 장모가 뇌물을 주겠다는 약속을 어긴 것은 아니겠는가?' 라고 말한다. 결국 사심이 없는 사람은 묻더라도 답하지 않고 사정(私情)을 가진 자는 말하더라도 믿기 어렵다. 수령이 몰래 사람을 보내어 염탐한다 하더라도 그가 한쪽 말만 듣고 농간을 부리지 않으리라고 어찌 보장하겠는 가. 수령이 공회(公會)에 묻고 싶지만 친한 사람끼리 짜고 뇌동하지 않으리 라고 어찌 보장하겠는가.[43]

다산은 "향청이나 향교에 뻔질나게 출입하는 자는 간민(奸民)이 분명하므로 믿을 수 없다"[44]고 단언하고, 향임의 말이나 혹 공회의 중론(衆論)이 사심 없는 공평한 의견으로 받아들여지기 어렵다고 판단했다. 사심이 없는 자는 말하지 않고 사심을 가진 자는 믿기 어려운 상황은 애초부터 극복이 불가능한 일이었던가? 때문에 일부 수령들은 술자리를 마련하여 요호부민들을 널리 초대하여 스스로 몇 석 낼 것인가를 쓰게 하고 혹 수령이 몇 석을 강제하기도 했다. 요호들에게 맡겨두면 모두 먹을 게 없다고 핑계 댈 것이므로 어쩔 수 없이 수령이 강제하게 되는 것이다. 그러나 이처럼 수령이 엄하게 독촉하면 실제 가난한 자가 곤액을 당할 것이 또 분명했다.

스스로 권분에 나설 자가 없는데다 강제로 할당할 경우 피해자가 발생할 것이 확실하다면 유일한 방법은 '가능한 공평한 공론(公論)'을 취합하는 일이요, 이에 따라 요호를 결정하는 수밖에 없다. 다산은 향촌 내 성실하고 덕이 있는 자들의 공론을 취합하고 이를 따라야 한다고 주장했다. "사족·토족 및 중하족을 막론하고 필경 조용히 살면서 독서하고, 집안을 잘 다스리며 농사에 힘쓰면서 관아에 드나들지 않고 송사하는 마당에 드나들지 않는 사람은 혹 순박하고 양심을 지켜서 그 논의가 공정한 데서 나오기도 한다."[45] 다산은 사족과 토족 그리고 중·하족을 막론하고 조용히 공부하며 덕을 키우는 자들의 공론에 귀 기울이는 수밖에 없다고 주장했다.

먼저 수령은 한 면에서 상족 2명과 중족 2명 모두 4명에게 편지를 보내 정중히 회의에 참석해 줄 것을 요청한다. 다산은 상족을 '사족과 토족'으로 보았다. 그렇다면 중족은 사족과 토족 이하의 부민 정도로 볼 수 있을 것이다. 일단 한 번 모임에 다섯 면을 넘지 않도록 한다. 이렇게 한 면에

---

43) 『牧民心書』 권6, 賑荒 「勸分」.
44) 위와 같음, "凡鄕廳學宮 其出入奔競者 騃是奸民不可信也."
45) 위와 같음, "無論士族土族中下之族 必安居讀書 治家力農 不入城府 不入訟庭者 乃或淳朴保其良心 其所論或出於公正也."

4명씩 다섯 개 면 20명을 불러 모은다. 다섯 면은 모두 인접한 곳이어야 한다. 그래야 다른 지역의 사정을 잘 알 수 있기 때문이다. 회의에 모인 20명에게 해당 면의 요호의 이름에 권점을 치도록 했다. 즉 수령은 20명에게 거명된 요호의 이름 밑에 각각 상, 중, 하의 등급을 정해 기록하라고 요청한다. 20명 각자는 요호부민의 이름 밑에 상중하를 각각 기입하고 이 가운데 상(上)자가 가장 많은 호를 상등으로 정하고 중자가 많은 호를 중등으로 하(下)자가 많은 호를 하등으로 정한다. 만약 중(中)자가 8개, 하(下)자 역시 8개처럼 같은 등급의 글자가 나오게 되면 높은 쪽을 택해 중등으로 결정한다.

20명으로부터 받은 권점이 많은 수대로 요호의 등급이 결정되는데, 앞서 언급한 대로 요호는 상·중·하의 세 등급으로 나누어지고, 상등은 200석에서 1천석까지, 중등은 20석에서 100석까지, 하등은 2석에서 10석까지를 권분할 곡식의 석수로 정했다.

1차 투표로 상중하 등급이 결정되고 나면 다시 상등에 해당하는 요호의 이름을 종이 한 장에 모두 적고, 중등·하등도 이와 같이 한 장의 종이에 이름을 적는다. 그리고 다시 20명에게 상중하로 구분된 요호의 이름 아래에 각각 갹출할 곡식의 석수(石數)를 기입하도록 한다.

가령 하등이면 2석부터 10석까지, 중등이면 20석부터 100석 사이에서 납부할만한 석수를 적어 넣는다. 결과를 수집하여 하등에 기입된 요호 아무개 이름 밑에 2석이 가장 많다면 해당 요호는 2석을 부담하고, 10석이라고 적힌 것이 많은 호는 10석으로 정해진다. 중등이나 상등의 경우도 마찬가지이다. 20석이라고 적힌 것이 많으면 20석으로 정해지고 50석이라고 적힌 것이 많은 호는 50석으로 정해진다. 만일 3석이라고 쓴 자가 7명이고 4석으로 쓴 자도 7명이라면 그중 높은 석수를 따라 4석으로 정한다.

다산은 한 면에 4명의 대표를 뽑아 20명을 만든 후 다른 면의 요호의 등급과 갹출해야 할 석수를 모두 결정하도록 한 이유에 대해, 한 면마다 4명을 불렀으니만큼 이 네 사람으로 하여금 본면의 요호만을 의논하게 해야 할 것으로 보이지만 반드시 다섯 면을 통틀어 권점하게 한 이유는 본면의 의논뿐 아니라 다른 면의 공론도 따라야하기 때문이라고 설명했다. 한 면의 공론만으로는 공정하지 못할 수 있으므로 주변지역의 공론도 들어본 후에라야 공평하게 권분의 석수가 결정될 수 있다고 보았다.

다산은 구체적으로 권분의 결과를 다음과 같이 예시(例示)하였다. 「사장력(私場曆)」이 그것으로 이 표는 상중하로 구분된 요호 아무개가 친·인척과 이웃[절린]을 도운 내역을 정리한 것이다.

	내 역	비 고
上戶 安得秋	①黑石里 幼學 安得雨 上戶十寸弟 該受 米1斗8升 男丁二口 女壯二口 ②黑石里 幼學 李尙殷 上戶異姓六寸 該受 米1斗4升 男丁二口 女壯一口 ③黑石里 良人 李德奉 上戶之切鄰 該受 米1斗3升 男丁一口 女壯二口 (이하 생략)	如是者數十人 (*수십명)
中戶 咸鳳來	①甘水里 良人 咸光雲 主戶八寸弟 該受 米1斗1升 老人二口 小兒一口 ②甘水里 私奴 金介男 主戶異姓五寸 該受 米1斗6升 男丁一口 女壯三口 ③甘水里 幼學 崔啓運 主戶之切鄰 該受 米1斗4升 老人二口 小兒二口 (이하 생략)	如是者十餘人 (*십여인)
下戶 朴尙文	①雀山里 幼學 朴再興 主戶五寸叔 該受 米1斗3升 男丁二口 小兒一口 ②雀山里 幼學 鄭基仁 主戶異姓四寸 該受 米1斗4升 老人一口 男丁二口 ③松谷里 良人 白時卜 主戶之墓村 該受 米1斗4升 女壯一口 小兒三口 (이하 생략)	如是者七八人 (*7~8명)

상호에서 갹출한 곡식으로 수십여 가구를 지원한 내역을 적기하고, 중호의 경우 십여 가구, 하호는 7~8가구를 지원하여 각자 딸린 식솔들을 구료한 내역을 구체적으로 표기하였다. 가령 상호로 결정된 안득추는 수십여 명의 친인척과 이웃을 구료했다. 이 중 세 명을 예로 기록했으니, 먼저 흑석리 유학 안득우는 10촌의 친척 동생이며, 이성(異姓) 6촌의 인척 이상은 그리고 이웃에 사는 이덕봉이 그들이다. 다음 중호 함봉래와 하호 박상문도

십여 명에서 수명에 이르는 친인척과 이웃에 각각 쌀을 지급하였다.

다산은 구체적으로 「사장력」을 기록하여 갹출된 곡식이 누구에게 지급되었는지 확인할 수 있도록 한 후에라도 혹시 모를 불공평을 제거하기 위하여 다시 한번 요호의 등급과 갹출 석수(石數)가 공정한지를 20명의 면 대표들에게 물어보아야 한다고 강조했다. 20명이 모여 등급과 석수를 정한 다음날 다시 다섯 개 면에서 선발된 20명을 불러 모아 회의를 개최한 후 사또는 결정된 문서를 내보이고 '권분의 내역이 혹시 아무개 요호에게는 억울하지 않은지 혹시 지나쳤다고 생각되거나 반대로 요행을 입었다고 생각되는 경우가 있으면 각자 분명히 말해달라'는 요청을 잊지 말아야 한다는 것이다.[46]

다산은 환난상휼의 해결책인 '권분'을 예로 들어 상족, 즉 사족과 토족에게 지역공동체에 대한 강한 책임감을 요구했다. 그러나 당시 상족들은 자율적으로 권분에 나서지 않고 있었다. 국가는 강제로 '권분'하게 되고 권분이란 말이 나오면 부민들은 죽느니만 못하다고 한탄하고 가난한 이들은 이때를 틈타 재물을 탈취하려는 욕심을 키울 뿐이었다.

권분할 요호를 결정하는데 향임의 의견은 물론이거니와 공회의 중론마저 믿기 어렵다면 어떻게 지역공동체의 안녕을 위한 촌민들의 상호부조와 도덕성을 회복할 것인가? 다산은 그나마 상족 가운데 근실한 이들을 선발하여 수차례 숙의(熟議)를 거쳐 공론을 수합하는 방식을 해결책으로 제시했다. 주목할 점은 다산이 공론을 수합하는 과정에 소민들을 참여시키지 않았다는 사실이다. 물론 한 지역의 공론은 단지 사족과 토족의 의견 수합만으로는 불가하다. 당연히 소민들의 의견이 모아져야 비로소 진정한 공론이라 말할 수 있다. 그러나 조선후기 소민들에 대한 다산의 기대는 그리 높지 않았다. 상대적이기는 하지만 다산은 소민들의 경우 믿지 못할 자들이 더욱 많다고 생각했다. 덕성을 함양하는데 필수적인 항산이 충분하지

---

46) 이상의 내용은 「勸分」조를 정리한 것이다.

않기 때문이다. 조선후기의 사족들과 토족들 역시 공공을 위한 도덕성의
회복이 요청되고 있었지만, 다산은 소민들의 경우는 항심(恒心)에 앞서
항산(恒産)의 과제가 선결되어야 한다고 보았다.

VI. '유보'된 소민(小民) 교화

다산에게 향촌공동체의 부족한 도덕성 문제는 단지 토족들의 사족에
대한 도전에 국한된 것이 아니었다.[47] 사실은 다수를 차지하는 소민(小民)들
의 도덕성이 더 문제였다. 이들은 충분한 수양과 실천을 행하지 않은채
자신의 행동을 명분에 합당하거나 의리에 일치한다고 생각하는 경우가
많기 때문이었다.

다산은 모든 사람이 품부받은 명덕으로 누구든지 성인이 될 수 있다고
전제한 후 어떤 노력도 하지 않고 도덕군자가 되기를 바라는 주자학의
이념을 무위이치(無爲而治)의 이단이라고 강하게 비판했다. 다산은, 사소한
모욕에 상대에게 복수하거나 사적인 울분과 의열(義烈)을 구분하지 못하고
자살하는 편협한 상천(常賤)과 부녀들을 효와 의열(義烈)로 칭송할 수 없다고
주장했다. 잘못된 행동이 진정한 효와 의열과 혼동될 수 있기 때문이었다.
다산은 많은 인민들이 덕성을 훈련하지도 않은 채 자신들의 폭력을 정당화
함으로써 군자들의 진정한 의리를 혼란시킬 수 있다고 보았다. 다산에게
이들의 행동은 진정한 의리가 아닌 가짜였다.[48]

---

47) 조선후기 향촌 사회에서 사족들은 자신들의 責務를 다하지 못한 채 쇠퇴하고
   있었고, 이를 틈타 土族인 이향층이 수령과 결탁하여 신분상승을 도모하였다.
   이러한 현상의 역사적 의미에 대해서는 김인걸, 「조선후기 향촌사회에서 '유교적
   전통'의 지속과 단절-향촌 土族의 居鄕觀 변화를 중심으로」, 『韓國史論』 50,
   2004 참조.
48) 김호, 「'義殺'의 조건과 한계 -茶山의 『欽欽新書』를 중심으로」, 『역사와 현실』
   84, 2012 참조.

그런데 최근의 수령들은 어떠한가? 소민들을 위한다는 말만 앞세워 억강부약에만 힘을 쓸 뿐이다. "수령으로서 애민한다면서 편파적으로 강한 자를 누르고 약한 자를 도와주는 것을 위주로 삼아서, 귀족을 예로 대하지 않고 오로지 소민을 비호하는 경우 원망이 비등할 뿐만 아니라, 또한 풍속도 퇴폐해지니 크게 잘못이다." 그렇다고 다산이 무조건 소민을 억압하라고 주장한 것은 아니다. 그는 "변등만을 마음에 두어서는 안 될 것이다." "요컨대 천한 자가 귀한 자를 능멸하는 것도 수령이 걱정할 바이며, 강한 자가 약한 자를 침해하는 것도 수령이 걱정할 바이다. 잘 요량해서 적절히 처리할 것이니 말로는 형용할 수 없다"고 하여 상하가 서로 부당하게 침범하는 것을 모두 경계했다.

다산은 기본적으로 정치의 최종 목적이 소민들의 교화를 통한 자율적인 도덕공동체의 수립에 있다고 보았다. 이에 "백성을 다스리는 직분은 교화하는 일일 따름이다. 토지와 재산을 고르게 분배하는 일도 장차 교화하기 위함이요, 부세와 요역을 고르게 하는 것도 장차 교화하기 위함이요, 고을을 설치하고 수령을 두는 것도 장차 교화하기 위함이요, 형벌을 밝히고 법규를 갖추는 것도 장차 교화하기 위해서이다. 모든 제도가 정비되지 않아 교화를 일으킬 수 없었으니 수세기에 걸쳐 좋은 정치가 없었던 것이 모두 이 때문이다"라고 주장했다. "대저 소민은 어리석어서 군신의 의리도 사우(師友)의 가르침도 없으므로, 귀족과 지체 높은 가문에서 그들에게 기강을 세워 주지 않으면 한 사람도 난민(亂民)이 아닌 자가 없을 것"이기 때문이다.

그러나 가르치지도 않은 채 그들을 엄하게 처벌한다면 망민(罔民)이 되고 만다. 『맹자』에는 '백성을 그물질하는[罔民]' 잘못을 둘러싸고 양혜왕과 맹자의 대화가 자세하다. 선정(善政)을 묻는 양혜왕에게 맹자는 "항산이 없으면서도 불평불만을 갖지 않고 마음을 전일하게 할 수 있는 자는 오직 군자라야 가능하다. 만일 백성들이 항산이 없으면 항심이 사라지고, 진실로 항심(恒心)이 없으면 아무 짓이나 거리낄 바 없이 하거나 사치스러운 일을 하지 않을 자가 없다. 백성들에게 항산을 마련해주지 않은 채 잘못된 행동을 처벌하려고만 한다면, 이는 죄에 빠지도록 한 후 이를 뒤쫓아 잡아다가 형벌을 가하는 것이요 결국 백성을 그물질하는 것[罔民]이니, 어찌하여 어진 사람이 임금의 자리에 있으면서 백성을 그물질하는 짓을 할 수 있겠는가?"⁴⁹⁾라고 답했다.

다산은 주자가 강남에 부임하면서 내린 고유문을 인용하여, "주자의 글은 첫째 민생을 말한 것이요, 둘째 교화를 말한 것이요, 셋째 학업을 말한 것이다. 군자가 백성들을 대함에 있어서 반드시 민생을 먼저 한 후에 교화할 것이다"라고 하여 민생의 안정이야말로 교화를 위한 전제임을 강조했다. 가령 민생의 안정은 기본적인 생활을 가능케하는 토지를 제공하는 일이다. 다산은 항산이 있은 후에 비로소 항심이 가능하다는 율곡의 주장에 동의했다.

> 이이(李珥)가 임금께 아뢰기를, "근일에 여러 신하들이 향약을 시행하기를 급하게 청하는 고로 전하께서 명하여 이를 시행하고 있습니다만, 신은 향약을 시행하는 것이 너무 빠르다고 생각합니다. 양민(養民)이 먼저이고 교민(敎民)은 뒤에 할 일입니다. 민생이 초췌하기가 지금보다 더 심함이 없으니 급급하게 폐단을 구제하여 먼저 백성들의 심한 고통을 푼 연후에 향약을 시행하는 것이 옳을 것입니다."⁵⁰⁾

다산은 항산이 없어도 교화를 지속해야 한다고 주장한 허엽(許曄)을 세상 물정 모르는 학자로 비판했다. 향약은 소민들을 교화하는 좋은 방법이지만 항산을 마련한 이후라야 가능한 교화 수단이다. 다산은 토족 이상의 사족들처럼 항산이 준비된 자들을 먼저 교화의 대상으로 삼고, 소민들은 항산을 마련해주면서 교화로 이끌어야 한다고 주장했다.

향약을 시행하기에 앞서 요구된 두 번째 전제는 향약을 주관하는 자들의

---

49) 『牧民心書』 권4, 禮典 「敎民」 참조.
50) 위와 같음.

도덕성이다. 다산은 향약을 시행하는데 급급한 무능력한 사또들이 무조건 향약을 시행하여 많은 폐단을 불러일으켰다고 비판했다.

> 수령으로 뜻은 높으나 재주가 엉성한 자는 반드시 향약을 실행하는데 이 경우에 향약의 해가 도둑보다 더 심하다. 토호와 향족(鄕族)이 집강(執綱)에 임명되어 스스로 약장(約長)이나 혹은 헌장(憲長)이라 칭하고, 그 아래 공원(公員)·직월(直月) 등을 두어 향권을 농단하여 백성을 공갈하여 술을 토색하고 곡식을 징수하는데, 그들의 요구는 끝이 없다. … 향약은 가볍게 논의할 수 없는 것이요, 깊이 강구하고 곰곰이 생각해야만 실행할 수 있는 것이다.[51]

탐오한 토족들이 향약을 장악하여 향권을 농단하게 되면 폐해가 이루 말할 수 없다는 것이다. 다산은 인민들의 항산을 마련하는 일 그리고 향약을 담당할 향임[좌수·별감]에 덕있는 군자를 선발하는 일이 우선되어야 한다고 강조했다. 다산이 앞서 사족의 도덕성 회복과 토족들의 교화를 강조한 이유는 '향촌의 자율적인 도덕공동체[공공적 삶]'를 꾸리기 위해서 '인적 자원'이 필요했기 때문이다. 다산은 향약이란 선비들의 규약이지 상천들이 할 수 있는 일이 아니라는 율곡의 말을 인용하면서, 향약의 교화가 쉽지 않음을 강조했다.

> 율곡이 말하기를, **여씨향약은 강령이 바르고 조목을 갖추었으나 이는 뜻을 함께 하는 선비가 서로 기약해서 예를 강론하자는 것이라 천한 백성에게 널리 시행할 수 없다. 주자가 동지를 거느리고 강학하려 했으나 끝내 이루지 못하였다.** ① 하물며 오늘날은 백성이 도탄에 빠지고 항심을 잃었으며 부자(父子)가 서로 보전하지 않고 형제 처자가 흩어져 떠났는데 갑자기 속박하여 선비의 행실을 억지로 강요한다는 것은 참으로 어려운 일이다. ② 약정과 직월은 그 적합한 사람을 얻기 어렵고 마을의 세력자가 향약을

---

51) 위와 같음.

이용해서 반드시 가난한 백성들에 우환을 끼칠 것이니 누가 통제하겠는가. 향약을 시행한다면 백성은 반드시 더욱 곤궁해질 것이다.[52]

그렇다면 항산이 마련되고 덕있는 향임이 준비되기 전까지 소민들에 대한 교화는 유보되는 것인가? 다산은 전면적인 교화 대신에 적절한 정치 참여와 이를 통한 학습을 강조했다. 가령, 향촌내 송사를 해결할 때 모든 사안을 사또가 처결하지 않고 민회를 활용하여 처리하는 것이다. 향촌의 문제를 구성원들 스스로 회의를 통해 해결한다면 정치 참여와 도덕적 책임능력을 향상시킬 수 있었다. 다산은 상호(上戶, 頭民 혹은 鄕任)의 주관 하에 공론으로 소송을 해결하는 방식을 권장했다.

지주가 경작권을 빼앗아 전객(佃客)이 소송한 경우라면, 지주가 다른 이의 청탁을 받아 경작권을 빼앗은 것인지 아니면 게으른 전객이 농사에 전념하지 않아서 그러한 것인지를 확인할 필요가 있는데, 이때 다산은 마을의 두민(頭民)에게 이를 맡겨 공론에 따라 공평하게 사건을 처리함으로 써 향촌 내 문제를 스스로 해결한다.[53]

또한 논에 물 대는 일로 다투다가 약한 사람이 소송하는 경우도 마찬가지 이다. 물길을 막은 자가 유력하고 강한 사람인가, 아니면 물길을 훔친 사람이 간사한가 여부를 마을의 여러 상호들이 공평하게 의논하고 결정하여 소송에 이르지 않도록 했다. 이외 머슴과 고용주가 품삯으로 싸워 머슴이 소송한 경우에도 고용주가 신의가 없는가 아니면 머슴이 문제가 있는가를 마을에서 공평하게 의논하여 결정하고 품값을 더 줌으로써 수령에까지 소장이 날아오지 않도록 했다. 작은 사안들은 마을의 민회에서

---

52) 위와 같음, "栗谷云 呂氏鄕約 綱正目備 是同志士子 相約而講禮者 不可泛施于小民 朱子欲率同志講學 竟未果焉 況今民陷塗炭 失其恒心 父子不相保 兄弟妻子離散 遽欲束 縛 馳驟以儒者之行 眞所謂決繩之政 可以代亂秦之緖 干戚之舞 可以解平城之圍者 況約正直月 難得其人 閭里豪强 旁緣鄕約 必貽小民之患 誰得以檢制 若行鄕約則民必益 困."

53) 이하 『牧民心書』 권1, 赴任 「莅事」 참조.

처리하도록 한 것이다. 혹 싸우다가 상처를 입어서 친속이 와서 소송하는 경우에도 피해자가 중상이라도 고한(辜限) 이내에 죽지 않았을 경우라면, 구금했던 범인의 처벌을 마을의 공의에 맡기도록 했다. 이를 상호에게 처리하도록 한 후 공의(公議)를 거쳐 관청에 압송하면 그대로 처리하도록 한 것이다.

이처럼 다산은 향촌 내 사소한 분쟁들을 지역의 두민[상호]을 중심으로 한 민회의 공의를 거쳐 처리하도록 권장하였다. 자율적으로 질서를 유지하도록 한 것이다. 특히 형사사건의 경우에도 사망에 이르지 않은 구타 사건은 피타자가 고한 내에 죽지 않은 경우, 공론에 부쳐 처벌의 수위를 결정하도록 했다. 다산이 비록 소민들의 도덕적 능력에 대해 큰 신뢰를 보이지 않았지만 그들을 '공의의 장'에 불러들였다. 민들의 도덕적 책임능력이나 공공성의 회복은 이러한 실천 행위를 통해 함양된다고 생각했기 때문이었다.

VII. 맺음말

다산의 향촌 교화 기획은 '형정보다는 예약으로 통제할 대상과, 예약보다는 형정으로 통치할 대상'의 섬세한 구별과 밀접하게 관련되어 있다. 즉 향촌 공론의 참여대상을 확대하지만 단계가 필요하다고 보았다. '항산'은 교화에 앞서 해결해야 할 가장 중요한 선결 과제였다. 이는 다산이 '전제(田制)와 교화(敎化)'를 하나의 카테고리로 묶은 이유이기도 하다.[54] 항산이 없는 대부분의 소민들은 쉽게 예의염치를 버리고 성기호(性嗜好)의 인간 본성을 거스를 가능성이 높기 때문이다. 항산이 제공되지 않은 이들을 무조건 교화의 대상으로 이끌 수 없다고 본 다산은 현실적으로 이들에게

---

54) 『經世遺表』와 『牧民心書』의 「戸典」에서 교화의 문제를 논의하는 이유이다.

적절한 형벌이 불가피하다고 보았다. 물론 엄형은 비판되었다. 반대로 어느 정도 항산이 있는 경우라면 예의염치를 고무하는 방법으로 인도해야 한다. 그렇지 않을 경우 도리어 형벌의 역효과가 크기 때문이다.

조선후기에 여러 가지 이유로 예의염치를 잃고 사욕에 빠진 이들에게 다산은 개인적인 수양의 실천으로부터 시작하여 향촌의 자율적 도덕공동체에 대한 책임감을 촉구했다. 이에 사족들에게는 공공의 도덕적 책임감을 '회복'하도록 주문하였다. 그렇지 않을 경우 토족과 소민들의 거센 도전을 이겨낼 방법이 없기 때문이다. 그리고 토족들에게도 분수에 맞는 절욕과 지역에 대한 도덕적 책임감을 기르도록 요구하였다. 향교는 가장 중요한 예악 실천의 장이자 정치 참여가 실현되는 공공의 장소였다. 마지막으로 소민들에게는 분별없는 욕망의 분출을 '억제'하도록 하기 위해 항산이 제공되어야 한다고 주장했다. 다산은 향촌의 전 인민을 교화대상으로 시행하는 향약에 대해 두 가지 전제조건을 강조했다. 앞서 언급한 항산이 첫째요, 둘째 유덕자[향임]의 양성이다. 그렇지 않을 경우 무모한 교화정책은 도리어 역효과를 불러일으킬 것이 분명하다는 게 다산의 견해이다.

이처럼 다산은 사족과 토족을 적극적으로 교화의 대상으로 포섭하면서도, 하민(下民, 소민)들에 대해서는 교화에 앞서 항산의 제공이 선결되어야 한다고 보았다. 엄형이 해결책이 아니듯이 교화만이 능사는 아니기 때문이었다. 물론 다산은 민회의 활성화를 통해 소민들의 정치 참여를 훈련하는 등 다양한 실천의 방법을 강구했다. 그럼에도 소민의 공공성 회복에 대한 다산의 '유예'적 태도는 민중의 불완전한 덕성에 대한 그의 깊은 우려에서 기인하는 것으로 보인다.

사실 기왕의 많은 연구들은 「원목(原牧)」과 「탕론(湯論)」을 통해 다산의 정치 기획을 논의해 왔다. 주지하는 대로 다산은 목민관의 본질[原牧]은 백성을 위해 존재하는 것임을 강조하고, 권력의 탄생이 공의(公議)의 추대에 의한 것임을 주장했다. 처음에는 백성들이 모여 살다가 갈등이 나타나면 공언(公言)과 공의에 따라 분쟁을 해결할 수 있는 이를 골라 이정으로

추대하였고 점차 이정(里正)→ 당정(黨正)→ 주장(州長)→ 국군(國君)→ 방백
(方伯)→ 황왕(皇王)의 순서로 추대를 거치면서 민망(民望)에 따라 정치가
이루어졌는데, 후세에는 스스로 황제가 된 이후에 자신의 친인척과 주변인
을 제후로 세우고 자신의 욕심대로 법을 만들어, 백성이 목민자를 위하는
꼴이 되고 말았다는 것이다.

　다산의 주장은 애초에 목민관이 백성을 위해서 있었는데, 후세에 이르러
백성이 목민관을 위해서 존재하는 모양이 되었으니, 목민관이 백성을
위해서 있었던 취지를 되살려야 한다는 것이다. 만일 목민관이 전혀 노력하
지 않은 채 백성들을 자신의 사익을 위해 착취한다면 어떻게 할 것인가?
그동안 상당수의 연구자들이 「탕론」을 들어 다산의 급진적인 정치관을
설명했다. 방벌(放伐)과 혁명이다. 탕론 역시 민의 추대를 통해 최종 권력이
탄생했음을 강조했다는 점에서 원목과 동일하다. 다만 권력의 탄생이
공의의 추대과정에 따른 결과였으므로 공의의 동의가 사라진다면 권력
역시 교체되어야 한다는 혁명과 방벌의 정당성이 문제이다. 논리적으로
보면 민중의 추대가 사라질 경우 왕위의 박탈 또한 불가능하지 않다.[衆推之
而成 亦衆不推之而不成]

　그러나 공의가 권력 교체의 '근거'가 된다는 점과 민이 권력교체의
주체가 될 수 있다는 것은 전연 다른 문제이다. 민의 공의를 중시해야
한다는 민본적 태도가 곧바로 '민주(民主)'의 혁명을 인정하는 논리로 이어
지는 것은 아니기 때문이다. 앞서 보았듯이 다산은 '정치적 주체로서의
민의 덕성'에 대해 매우 까다로운 기준을 설정하고 있었다. 다산에게 「원목」
과 「탕론」은 민본을 강조하려는 레토릭에 가까운 것이었으며, '민주의
기획'은 사족에서 토족 그리고 소민의 단계적인 교화와 공공성의 회복이라
는 지난한 과정 끝에 얻을 수 있는 결과였다.

3부

유교와 타자

도쿠가와(德川) 유교와 '타자(他者)'의 문제

타지리 유이치로(田尻祐一郎)

I. 머리말 : 과거제도·예악 부재의 역설

일본의 근세는 17세기부터 19세기 중반 이후에 이르는 270여 년의 시대로 에도시대(江戶時代) 또는 도쿠가와 시대(德川時代)라고 불리며, 그 사상적인 중심은 유교, 특히 주자학이었다고 할 수 있습니다. 다만 그 경우에 사상적인 중심이라고 하는 의미는 동시대의 조선왕조나 명(明)·청(淸)조에서 주자학이 수행한 것과 같은 의미와는 결정적으로 다릅니다. 본래 일본에는 과거제도와 유교적인 예악(禮樂)이 없었습니다. 예악이라는 문화를 담당해야 할 고전적인 교양을 익힌 독서인 관료가 '문(文)'의 힘에 의거하여 사회를 지도한다고 하는 체제는 일본 역사상 한 번도 존재한 적이 없었습니다. 일본의 근세는 교토(京都)에 정치적 실권을 상실한 조정(朝廷)이 존재하고, 그것을 형식적으로는 추대하면서 '무(武)'의 힘으로 태평 세상을 만들어 낸 도쿠가와 정권이 에도(江戶)에서 정치·외교를 줄곧 담당해 왔습니다. 거기서 유교는 어떠한 특권적인 위치를 차지하고 있었던 것이 아니라, 유구한 역사적·문화적 전통을 자랑하는 불교에 비해 사회적으로 새롭게 등장한 이상주의적인 사상이었습니다. 다만 일본의 지식층은 동시

---

* 이 글은 『다산과 현대』 4·5합본호(2012. 12)에 실린 논문을 재수록한 것이다.

대의 중국이나 조선의 사상 동향에 민감했으므로, 그런 의미에서는 최첨단 사상으로서 수용된 것입니다. 그리고 유교가 원래 가지고 있는 '수기치인(修己治人)'이라는 도덕과 정치를 포섭하는 사고의 틀이나 주자학의 '격물(格物)'로부터 시작해서 '평천하(平天下)'에 이르는, 정교하고 치밀한 학문론과 웅대한 사상이 점차 일본의 근세사회에 수용되어 간 것이라고 생각됩니다.[1]

제가 강조하고 싶은 것은, 그 후 일본의 유교사상이 독특하게 전개되는 데에는 사실은 과거제도와 예악이 없었다고 하는 것이 오히려 플러스로 작용한 것이 아닌가 하는 것입니다. 과거도 예악도 없다고 한다면 그만큼 일본의 유교는 이류·삼류라고 생각해 버리기 쉽지만, 그와는 반대로 과거제도와 예악의 결여는 그만큼 국가나 체제의 틀에 구속되지 않고 유교 사상으로서의 가능성을 자유롭게 천착, 규명하는 것을 가능하게 하지 않았을까라고 생각하기 때문입니다.

그 한 가지 예로 유교의 종교성을 탐구한 나카에 도주(中江藤樹, 1608~1648)와 야마자키 안사이(山崎闇齋, 1618~1682)의 경우를 들 수 있을 것입니다. 도주는 태허황상제(太虛皇上帝)라는 인격성을 가진 초월자를 내세워 독자의 종교적인 우주관을 구축하고자 했으며, 안사이는 자신의 마음속에 신이 내재한다고 하는 신도(神道) 이론을 유교 사상으로부터 도출하고자 했습니다.[2] 이 두 사람에 관해서는 유감스럽게도 이 이상 서술하지 못하지만 유교에 내재하는 종교 사상의 가능성을 초월과 내재라고 하는 대조적인 방향에서 전개시킨 것으로 위치지울 수 있지 않을까 생각합니다.

---

1) 田尻祐一郎, 『江戸の思想史 : 人物·方法·連環』, 中公新書, 2011 참조.
2) 타지리 유이치로(田尻祐一郎), 『야마자키 안사이(山崎闇齋) : 일본적 주자학의 원형』, 성균관대학교출판부, 2006 참조.

II. 이토 진사이와 '타자의 발견'

이번에 제가 소개하고자 하는 인물은 이토 진사이(伊藤仁齋, 1627~1705)라는 근세 전기 교토의 유학자입니다. 진사이는 교토의 고급 문화인을 친척으로 둔 상류층 초닌(町人, 도시민)의 아들로 태어나 주자학을 배웠습니다. 주위에서는 초닌의 문화적 교양의 일환으로 진사이가 학문을 하는 것은 인정했지만, 그 이상으로 학문에 전념하는 것을 심하게 반대했기 때문에 청년 진사이는 심각한 고민에 빠지게 되었습니다. 진사이는 그후 정신적으로도 압박을 받게 되어 20대 말부터 30대 중반까지 주위와의 교류가 단절된 생활을 하는 가운데 유학의 학습과 사색에 몰두합니다. 그 후 36세에 사설 학당[私塾]을 연 진사이는 부질없이 고원(高遠)한 것에만 매달려 금욕적 도덕을 내거는 주자학을 선불교(禪佛敎)의 영향 아래에 있는 것이라고 하여 배척하고,『논어』의 사상은 평이하고 비근한 인륜세계의 의의를 설명하는 것이며, 그렇기 때문에 오히려 가치 있는 것이라고 주장하게 됩니다. 진사이는 교토의 어느 동네에 개설한 학당에서 나오는 일도 거의 없이 오로지『논어』와『맹자』의 원문을 읽는 데 골몰함으로써 주자학에 의해 왜곡된『논어』와『맹자』의 본래의 의미 ─ 진사이는 이를 '고의(古義)'라고 부릅니다─를 회복하는 것을 목표로 독자적인 사상체계를 구축했습니다. 주자의『논어집주(論語集註)』와『맹자집주(孟子集註)』를 비판하여『논어』와『맹자』의 새로운 주석인『논어고의(論語古義)』와『맹자고의(孟子古義)』를 완성하였으며, 또한『대학』과『중용』에 관해서도 독자적인 문헌비판을 시도하여『대학』이 공자의 사상을 계승하는 것이 아니라는 것,『중용』에도 한대(漢代)의 불순한 사상이 섞여 있다고 주장했습니다.

요컨대 이런 방식으로 주자학의 '사서(四書)'의 체계를 해체한 것입니다. 이는 동아시아의 사상사에 있어서 획기적인 사건이었다고 하지 않을 수 없습니다. 이러한 진사이 사상에 절반은 공감하고 다른 한편으로는 반발하기도 하면서 다음 세대의 기수로 등장한 것이 오규 소라이(荻生徂徠,

1666~1728)라는 인물입니다.[3)]

  그렇다면 진사이 사상의 핵심은 어디에 있을까요. 진사이 사상에 관해서
는 지금까지 윤리·도덕의 면에서 수많은 연구가 이루어졌고 진사이가
그리고 있는 평이하고 비근한 인륜세계의 구조를 밝히는 데에 많은 노력이
경주되어 왔습니다. 저는 다소 관점을 바꾸어 진사이 사상의 핵심을 유교에
있어서의 '타자의 발견'으로 이해하고 싶습니다.

  우선 '타자'란 무엇인가 하는 문제가 있습니다. 저는 그것을 자신과는
이질적인 감성·사고·개성을 가진 존재로 파악되는 자기 이외의 존재라고
이해하고 있습니다. 그리고 '타자의 발견'이란 '타자'와 자기 자신은 정확하
게 조금도 틀리지 않고 꼭 들어맞아서 서로를 이해할 수 있는 존재가
아니라는 자각을 갖는 것을 말합니다. 자신과 상대방 사이에는 서로 이해할
수 있는 부분도 있지만 정말로 이해할 수 없는 부분도 존재하여 그것은
그런 대로 받아들이지 않으면 안 된다는 것이 '타자의 발견'인 것입니다.
그 생각은 인간은 뿔뿔이 흩어진 존재라고 하는 비관적인 인간관이 아니라
그러한 사람들끼리 무엇을 근거로 해서 서로 연결될 것인가, 차이를 인정하
면서 그것을 바탕으로 인간적인 공감을 어떻게 넓혀갈 것인가를 진지하게
고민하고자 하는 것입니다. 이러한 문제에 도전한 사상가로서 진사이라는
인물을 그려보고자 하는 것입니다.

III. 지배의 도덕에서 공감의 도덕으로

  진사이는 '리(理)'를 윤리의 근거로 삼게 되면, 인간은 어떻게 해도 잔인각
박(殘忍刻薄)해진다고 해서 주자학을 비판합니다. 무슨 말인가 하면, 주자학
의 사고방식에서 '리'는 누구나 마음속에 완전한 모습으로 지니고 있는

---

  3) 田尻祐一郎, 『荻生徂徠』, 明德出版社, 2008 참조.

것으로 되어 있습니다. 인간으로서 이 '리'를 자각하고 실천하는 것은 자연스러운 일이며 의무이기도 하다는 것입니다. 그 궁극적 목표는 완전선(完全善)으로서의 성인(聖人)이 되는 것이었습니다. 누구나가 같은 목표를 향해 달려가지 않으면 안 되는 것입니다. 그러나 그 발상에는 그러한 노력을 게을리 하고 있다고 보이는 사람이나 그릇된 방향을 향해 걸어가고 있다고 여겨지는 사람을 나무라거나 엄격하게 규탄하게 되는 것과 같은 측면을 동반하고 있습니다. 어째서 비난하거나 규탄할 수 있는가 하면, 그것은 자신이나 상대방도 완전히 똑같은 '리'를 지니고 있으며, 더욱이 자신의 경우는 상대방보다 '리'의 자각이 더 깊기 때문이라고 생각하기 때문입니다. 진사이는 여기서 정신적인 어떤 오만함, 상대방에 대한 지배의 바람과 욕망(願望)을 보고 있는 것입니다.

> 무릇 세상일은 오로지 리(理)에 의거해서 결단하게 되면 잔인각박(殘忍刻薄)해 지기 쉽고 관유인후(寬裕仁厚)한 마음이 적어진다. … 자기 자신은 무척 견고하게 지키면서 남에 대해서는 대단히 엄격하게 책망한다.[4]

진사이는 우선, 설령 부자나 형제 사이라 할지라도 자신과 상대방은 서로가 꼭 맞아떨어지는 존재가 아니며, 어떤 사람들 사이에도 차이가 있다는 사실을 인정하고자 합니다. '성(性)'도 타고난 기질이라는 의미로 파악합니다.

주자라면 '성(性)'을 '본연의 성'과 '기질의 성'으로 구별해서 만인에게 공통된 선한 '본연의 성'을 윤리나 도덕의 근거로 삼고, 여러 가지 편차를 동반하는 '기질의 성'을 학습과 수양에 의해 원만한 것으로 바꾸도록 설득합니다. '본연의 성'이 같기 때문에 바로 사람과 사람은 이해나 타산이 아니라 깊은 내면성에서 연결된다는 것이 주자의 생각입니다.

그러나 진사이는 '본연의 성'을 상정하지 않고 사람들 각자의 '기질'이야

---

4) 『童子問』中卷, 제65장.

말로 곧 '성'이라고 생각합니다. 개성이 있는 그대로 존중되고 있는 것입니다. 그 '기질'의 차이를 전제로 해서, 그렇다면 서로가 어디에서 통하게 되는가 하면, 그것은 『맹자』가 말하는 '사단(四端)'의 마음에서입니다. 측은 (惻隱)·수오(羞惡)·사양(辭讓)·시비(是非)의 마음은 제각기 개성적인 인간들이 공통적으로 갖고 있는 것, 서로 겹쳐지는 부분인 것입니다. 주자학에서는 이 '사단(四端)'의 발현을 실마리로 해서 자신의 마음속에 내재하는 '리'로서의 '본연의 성'에 눈을 뜰 것을 주장하지만, 진사이에 의하면 『맹자』의 의도는 그와 같이 자기 자신의 내면에 가두는 것이 아닙니다. 이 '사단'의 마음을 적극적으로 상대방에게 확충해나가는 것이 중요하고, 거기서 인간으로서의 연대감이 생겨난다고 하는 것이 그의 생각입니다.5)

그리고 진사이는 구체적으로는 매일같이 '충서(忠恕)'의 마음으로 살아갈 것을 주장합니다. 『논어』에도 "증자가 이르기를 공자의 도는 충서일 뿐이다"라는 구절이 있는데, 이 '충서'에 대해 주자는 "나의 진심을 다하는 것을 충이라 하고 내 경우에 비추어 상대를 헤아리는 것을 서라 한다"고 설명했습니다. 이를 진사이는 "내 마음의 모든 것을 다하는 것을 충이라 하고 상대인 다른 사람의 마음을 헤아리는 것(忖度)을 서라 한다"고 해석하고 있습니다.6) 주자가 생각하는 '충서'는 자기의 성의를 다하는 것과 자기가 이러하므로 상대방도 이럴 것이라 배려하는 것일 테지요. 자신과 상대방은 같은 '리'를 지니고 있기 때문에, 예컨대 자신이 슬프면 당연히 상대방도 슬프게 마련이라는 것입니다. 그러나 진사이는 '충'에 관해서는 주자와 같지만, '서'의 경우는 상대방의 기분을 상대방의 입장에서 헤아려 보는 것이라고 말합니다. 바로 여기에 주자에게서는 보이지 않는 '타자의 발견'이 있다고 저는 생각합니다.

진사이의 정치론에서도 '타자의 발견'이라는 주제가 관통하고 있다고 생각합니다. 요(堯)·순(舜)은 민(民)이 귀신을 숭배하고 있었기 때문에 민에

---

5) 『童子問』 上卷, 제12장.
6) 『論語集註語孟字義』 下卷, 忠恕 제1조.

게 맞추어 귀신을 둘러싼 제사 등에 힘을 쏟았다고 진사이는 말하고 있습니다. 이에 대해 『논어』나 『맹자』가 귀신의 문제를 적극적으로 다루지 않은 것은 사람들이 귀신이라고 하는 불가지(不可知)의 영역에 몰두해서 가장 중요한 일상의 윤리적인 생활을 소홀히 함이 없도록 한다는 가르침을 배려했기 때문이라는 것이 진사이의 이해입니다.[7] 즉 정치가는 귀신을 어떻게 다루어야 하는가의 문제에 대한 자기의 개인적인 대답은 덮어두고, 주어진 조건 가운데서 민에 맞추어 정책을 실행할 필요가 있기 때문입니다. 다시 말하면 정치가에게 민은 '타자'인 것입니다. 진사이가 살았던 시대에 도쿠가와 쓰나요시(德川綱吉)라는 쇼군은 자기의 동물애호 정신을 민에게도 강요해서, 특히 개를 학대한 자에게 엄벌을 내렸습니다. 진사이의 눈으로 보면 이 쇼군의 정치에는 '타자'가 없는 것입니다.

이제 조금 더 나아가 진사이의 정치론에서 '타자의 발견'이라는 문제를 생각해 보겠습니다. 『논어』에서는 관중(管仲)을 둘러싼 플러스적 평가와 마이너스적 평가가 있습니다. 관중은 제(齊)의 환공(桓公)을 도와 패자(覇者)로 만든 재상으로서 왕도에 대한 패도의 입장에 있는 정치가이므로 공자도 전면적으로 긍정하지는 않습니다. "관중은 그릇이 작았다"고 합니다. 그러나 다른 한편으로는 "만약 관중이 없었더라면 나는 지금쯤 머리털을 늘어뜨리고 옷깃을 왼쪽으로 하고 있었을 것이다"고 칭찬하기도 합니다. 관중의 공적으로 말미암아 중국은 이적의 지배를 면할 수 있었기 때문입니다. 그러면 이 관중을 '인(仁)'으로 평가할 수가 있는 것일까요. 주자는 '인'으로서의 평가를 절대로 인정하지 않고 다만 '인(仁)의 공(功)'은 인정하자는 궁색한 설명을 하고 있습니다. 그러나 진사이는 분명히 관중에 대해 '인'이라고 하는 평가를 인정하고 주자의 이해를 배척합니다.

어떤 일이 아무리 작은 것일지라도 그 사랑이 진심에서 우러나와 이로움

---

7) 『語孟字義』 下卷, 鬼神, 제2조.

이 사람에게 미치게 된다면 이 또한 인(仁)이라고 해야 할 것이다. 한갓 인(仁)의 공(功)이라고 해서는 안 될 것이다.[8]

즉 민에게 은혜를 베푸는 정치는 왕도의 입장에 있는 정치가만이 달성할 수 있는 것이라고 단정할 수는 없는 것이므로 정치의 문제는 단순히 윤리나 가르침의 입장으로만 전부를 논할 수 있는 것은 아니라는 '감각'이 진사에게는 있었다고 생각합니다. 이러한 정치적 감각도 역시 진사이의 정치론에서의 '타자의 발견'과 연관되어 있을 것이라고 생각합니다.

IV. 맺음말 : 동아시아의 정신세계와 '타자의 발견'

다소 거칠게 말하자면, 진사이 이전의 유교에는 '타자'가 없었던 것이 아닐까요. 유교는 부자·군신·부부·형제·붕우라는 인륜관계를 중시하지만, 그 관계는 어디까지나 자기의 연장으로서 상대방을 위치시키고 현실에서는 얼마간 대립이나 간극이 있어도 본래의 관계로서는 서로 딱 맞아떨어지는 것이라고 하는 부동의 전제가 있었다고 생각합니다. 『대학』에서 말하는 이상의 군자가 거기에 있으면 그 덕화(德化)가 우선은 가정으로, 그리고 국가로 나아가 천하에 미친다고 하는 도식은 유교의 이러한 특징을 완벽하게 표현하고 있습니다. 진사이가 가차 없이 『대학』을 부정한 것도 이렇게 생각하면 잘 이해가 됩니다.[9]

다시금 진사이가 교토의 어느 동네의 유학자였다는 사실에 주의해 주십시오. 근세의 후반으로 가면 질서의 규범을 『고사기(古事記)』나 『일본서기(日本書紀)』에서, 미의 기준을 『고금화가집(古今和歌集)』이나 『겐지 모노가타리(源氏物語)』에서 찾고자 하여 일본의 고전을 엄밀하게 연구하려는

---

8) 『童子問』 上卷, 제47장.
9) 『語孟字義』 附, 大學非孔子之遺書辨.

국학(國學)이 융성해 집니다. 그러한 문헌주의적인 방법론이 유교, 특히 진사이나 소라이에 의해 개척된 언어에 대한 방법적인 자각에 크게 의거하고 있다는 것은 이미 많은 연구들이 밝히고 있습니다.10) 그리고 국학의 대표적 사상가인 모토오리 노리나가(本居宣長, 1730~1801)도 또한 기본적으로는 지방 도시의 초닌(町人) 사회에서 의사로서 생계를 꾸리고 있던 학자였습니다. 근세 일본의 사상은 이렇게 권력의 외부에서 초닌에 의해 형성되었다고 하는 성격을 갖고 있습니다. 정치적인 지배층이 그대로 문화나 사상을 주도하는 것이 아닙니다. 이 점은 더 이상 논하지는 않겠지만 근세 일본에서는 지식이나 학문의 사회적인 성격이 조선왕조나 동시대의 중국과는 다르다고 생각하며, 그것은 근대 이후의 역사에도 이어지고 있다고 생각합니다.

유교의 사상적인 유산이 오늘날의 동아시아 세계에서 활력을 얻기 위해서는, 저는 진사이와 같은 '타자' 이해가 발전되지 않으면 안 된다고 생각합니다. 윤리적 측면에서는 '타자'를 인정하고 '타자'와 무엇을 연결시킬 것인가를 실천적으로 생각해 나가는 것이 중요하겠지요. 관조적으로 어떤 일을 파악하는 것이 아니라 언제나 실천적으로 생각해 나간다고 하는 전통은 동아시아의 사상적인 가치로서 자랑해야 할 것이라고 생각합니다. 그리고 우리는 살아있는 자들과만 연결되어 있는 것은 아닙니다. 진사이는 이 점에 관해 많은 것을 말하고 있지는 않지만, 우리는 망자(亡子)의 영혼과도 대화하면서 살아가고 있습니다. 그렇다고 한다면 '타자'와의 연결이라고 하는 문제에는 종교적인 것과 연결됩니다. 정치적 측면에서는 전원일치가 아니라 '다사쟁론(多事爭論)'11)이야말로 바람직하다고 하는 감각을 유교의

---

10) 田尻祐一郎, 『江戸の思想史 : 人物·方法·連環』 참조.

11) 후쿠자와 유키치의 『文明論之槪略』에서 처음 쓰인 말이며, 일본의 한 지상파 방송의 인기 뉴스칼럼 제목으로도 쓰일 만큼 현대일본인에게도 비교적 익숙한 개념이다. 다양한 사회적 활동 및 자유로운 토론·비판·논쟁의 필요성을 제기하는 개념이며, 후쿠자와에게서 그 개념은 서구문명 발전의 근원적 동력으로서 '자유의 기풍'을 강조하기 위한 맥락에서 사용되었다(역자).

전통 가운데서 끌어내는 것이 중요하다고 생각합니다. 유교의 정치론에는 가부장적 온정주의(paternalism)의 전통이 강하여 서로 대등한 입장에서 논의함으로써 더욱 좋은 정치적 결론을 도출한다는 태도가 성숙되어 있지 못합니다. 좀 더 해(害)가 적은 타협점을 발견해내는 것이 정치라고 하는 감각은 좀처럼 보이지 않습니다. 그러나 그러한 사상적인 가능성이 유교에 없었는가 하면 저는 그렇지 않다고 생각합니다. 그것을 발굴하는 것은 어려운 일이지만 보람이 있는 테마라고 생각합니다.

이번에는 '타자'를 키워드로 해서 발표했습니다만, 유교의 사상적인 유산에 대해 그저 과거에 이러한 위대한 사상이 있었다고 하는 것이 아니라 그것을 창조적으로 이해하는 것이 동아시아인으로서의 우리들에게 요구되고 있다는 것을 통감하고 있습니다.

번역 | 고희탁 (연세대학교 정치외교학과)

공공성(公共性)의 타자들

실행(失行) 부녀의 배제와 감시, 공론(公論)의 이름으로

이 숙 인

I. 들어가며

근래 활발해진 공공성에 대한 논의는 학문 분야마다 주요 쟁점이 되면서 주제와 방법의 모색에서 그 넓이와 깊이를 더해 가는 것 같다. 이와 함께 공공성에 관한 자원을 확보하는 차원에서 다양한 지적·문화적 전통으로 그 관심이 향하고 있다. 유교적인 조선사회에서 공공성은 어떻게 이해되었고 무엇을 추구했는가 등의 질문은 이러한 맥락에서 제기되었다. 근대의 공공성 개념에 딱 부합하는 것은 아니지만 조선사회에서도 오늘날 공공성이 함축하는 제 개념과 문제에 대한 고민이 많았다. "국가가 일을 함에 있어서 공공(公共)을 위해 마음을 쓰면 사람들이 즐겨 따를 것이고, 사적인 것을 위해 마음을 쓰면 사람들은 어기고 배반할 것이다"[1]고 한 예를 보면 공공(公共)은 수기치인(修己治人)의 과제와 분리될 수 없었다.

일반적으로 한국의 전통사회는 공사(公私)를 구분하는 의식이 약했고 공적 영역에 관한 실천이 결여되었던 것으로 알려져 왔다. 그래서 오늘날

---

* 이 글은 『다산과 현대』 4·5합본호(2012. 12)에 실린 논문을 재수록한 것이다.
1) 『栗谷全書』 25, 「聖學輯要」, "夫國家作事, 以公共爲心者, 人必樂而從之. 以私奉爲心者, 人必咈而叛之."

한국사회의 공공성 확보를 위한 역사적 기반이 취약하다거나 전통은 부정되어야 할 유산 정도로 인식되는 것이다. 그런데 조선시대 대다수의 지식인들도 공사론(公私論)적 관심에서 벗어난 적이 없었다. 유학적 사유구조에 내포된 공(公) 개념은 넓은 범주에 속해 있는데, 그것은 정치적 지배영역을 의미하기도 하고 보편적 윤리원칙을 의미하기도 하며 다수의 의지를 의미하기도 하였다.[2] 그리고 조선사회의 공사 개념에는 근대 서구의 공사(公私)와는 다른 그 내재적인 논리가 규명되기도 하였다.[3] 또한 유학자의 사회적 실천을 공사관(公私觀)을 통해 조명하기도 하였다.[4] 조선의 유학자들에게 공(公)의 개념은 공동체적 삶에 대한 이상과 그 방법들을 묻는 준거가 되었던 것 같다.

그렇다면 공(公)의 원칙론이 조선이라는 역사 공간에서 어떻게 구현되었는가를 따져볼 필요가 있다. 다시 말해 공(公)의 개념이 함축하는 바의 공도(公道)·공의(公義)·공론(公論) 등은 구체적으로 어떻게 이해되고 실천되었는가 하는 것이다. 나아가 공이 '보편적 윤리원칙'을 의미하는 것이라면 보편이 아닌 것은 무엇이며 윤리의 내용은 무엇인가. 그리고 공이 '다수의 의지'를 말하는 것이라면 다수 속에 포함되지 않는 자들은 누구인가. 다시 말해 조선사회에서 공(公)이 함축하는 바의 이상과 그 사회 속에서 구체화된 형태, 그 사이와 차이를 보는 것이 필요하다. 이것은 무엇이 공공적 의제로 설정되어야 하며 공공적 필요를 어떻게 충족시켜야 할 것인가 라고 하는 오늘날의 질문과도 맞닿아 있다.

여기서는 유교적인 조선사회가 구성한 '공도'의 의미와 '공론'의 성격을

---

2) 이승환, 「한국 및 동양의 公私觀과 근대적 변용」, 『정치사상연구』 6집, 한국정치사상학회, 2002.

3) 조선사회에서의 공사 개념은 공적인 것과 사적인 것이 이분법적으로 구분되기보다 공(公)이라는 관계에 돌입하기 위한 준비로서 더 치열한 실천적 공간으로 사(私)를 설정하고 있다는 점을 지적하고 있다(조남호, 「조선 주자학에서 공과 사의 문제」, 『법사학연구』 23호, 한국법사학회, 2001).

4) 대표적으로 권향숙, 「공사개념을 통해 본 이익의 철학」, 서울대 박사논문, 2005 참조.

두 사례를 통해 비판적으로 살피고자 한다. 하나는 사족 여성 김씨의 행실을 빌미로 그 자손들을 관직에서 배제시키는 사대부 관료들의 '공론'과 그 성격을 보려는 것이다. 여기서 '음란 여성' 김씨는 '구성되는' 타자로서 주요 관직을 놓고 '경쟁자'를 배제하기 위한 논리로 활용된다. 다른 하나는 과부가 된 한 사족 여성 이씨의 규방을 감시·감독하는 사람들의 의리정신과 그 사회적 실천이 갖는 문제를 살펴볼 것이다. 이 두 가지 사례는 공공(公共)의 이름으로 구성되고 공공성의 확보에 동원된 조선사회 타자의 한 형태를 보여줄 것이다. 이것은 공(公)의 개념에 내포된 다양한 갈등과 타자성을 드러냄으로써 공공성에 대한 오늘의 조건을 확보하기 위한 성찰적 자료로 타진될 수 있을 것이다.

II. 실행(失行) 여성과 그 자손

『경국대전』에 명시된 바, 조선에서는 '실행'한 부녀의 자손을 의정부·육조·대간·도사·수령직 등의 중요한 직책에 서용할 수 없도록 하였다. 여자의 실행은 남자의 '도둑질[贓吏]'과 같은 죄로 여겨졌다.[5] 실행 부녀로 일단 규정되면, 그녀의 자손은 대대로 씻지 못할 멍에를 안게 되는 것이다. 실행 부녀의 자손은 철저하게 배제되는데, 그것은 공도(公道)·공의(公義) 등 공(公)의 실현에 방해가 되기 때문이다. 정종 및 태종 연간에 행실이 여러 차례 문제되었던 중추원부사 조화(趙禾)의 아내 김씨의 경우를 통해 부녀 실행에 대한 '공론'의 형성과 그 성격을 보고자 한다. 국왕의 조정 회의에서 그녀의 이름은 정종 1년(1399)을 시작으로 세조 8년(1462)에 이르기까지 60여 년 동안 계속 거론되었다.

태종 15년(1415) 영돈녕부사(領敦寧府事) 이지(李枝)[6]가 사헌부의 탄핵을

---

5) 『성종실록』 156권, 14년(1483) 7월 6일, "大典, 贓吏之子孫, 及失行婦女之子孫, 勿授政府, 六曹, 臺諫, 都事, 守令等職."

받게 되었다. 행실의 문제로 사람들의 입에 오르내리던 김씨와 혼인을
했기 때문이었다.[7] 김씨는 당시 57세였는데 전 남편 조화와의 사이에
많은 자식을 둔 상태였다. 그런 김씨가 12년이 지난 세종 9년(1427)에
조정 대신들의 주목을 다시 받게 되었는데, 이지의 죽음과 관련해 그녀의
행실이 문제가 되었기 때문이다.[8] 대신들은 김씨를 외방으로 내쫓아 다시는
서울에 왕래하지 못하게 해달라고 상소하였다. 이에 국왕 세종은 김씨의
아들 조복초(趙復初)를 불러 말했다. "그대의 어머니는 서울 10리(里) 밖이라
면 기내(畿內)든 기외(畿外)든 원하는 대로 거주하되, 서울 안에는 왕래하지
말아야 할 것이다." 그래서 김씨는 전 남편 농장이 있는 곳이자 아들이
수령으로 있는 통천으로 돌아갔다.[9] 하지만 대신들은 김씨의 행위를 끝까지
물고 늘어졌다. 즉 통천은 김씨의 방자함을 부추기는 곳이 될 것이고,
그 아들 조심(趙深) 또한 어머니의 행실 때문에 한 고을의 표준이 되기에는
부적합하다는 이유였다. 이에 대신들은 김씨의 죄를 다시 묻고, 그 아들
조심의 수령직을 거두어달라고 요청했다. 세종은 조심을 수령직에서 파면
시키는 것으로 분란을 잠재웠다.[10]

그런데 2년 후, 세종 11년(1429)에 사간원에서는 다시 김씨의 손자 조유신
(趙由信)을 동반(東班)에 서용하는 것을 반대했다. 김씨 부부의 손자인 조유
신은 과거를 통해 이미 관직에 있었음에도 불구하고 '음란한 여자의 손자'라
는 이유로 거부된 것이다.[11] 세종 12년(1430)에 국왕은 "조심과 조유신은
동반에 서용하지 말고 서반직(西班職)을 주게 하라."고 하였다. 조심은

---

6) 이지는 태조 이성계의 사촌 동생으로 위화도 회군 무공을 세워 원종공신이 되었고,
영돈녕부사·영의정을 역임하였다.
7) 김씨는 문하시랑찬성사(門下侍郞贊成事) 김주(金湊)의 딸이다. 태종 4년(1404)에
죽은 김주는 고려에서 대사헌을 지냈고, 조선이 건국될 때 태조의 측근에서
신도시 건설에 참여했는데, 성곽축조의 권위자이다.
8) 『세종실록』 35권, 9년(1427) 1월 3일.
9) 『세종실록』 37권, 9년(1427) 8월 8일.
10) 『세종실록』 37권, 9년(1427) 8월 16일.
11) 『세종실록』 44권, 11년(1429) 6월 1일.

화(禾)의 아들이고, 유신은 화의 손자인데, 조심이 군기시 부정(副正)에 임명되자 대간(臺諫)들이 소장(疏章)을 갖추어 이를 반대했기 때문이다.[12] 자신 때문에 아들과 손자가 관직에서 배제되는 것을 지켜본 '음란 여성' 김씨는 70여 생을 살고, 이즈음 세상을 뜬 것 같다. 그녀가 세상을 떠났음에도 불구하고 그 자손들의 '순결' 검증은 계속되었다.

세종 13년(1431)에는 충청감사와 강원감사의 자리에 호조참의 박곤(朴坤)이 거론되자 그 장모의 행실을 이유로 거부되었다. 대신들은 "곤은 조화의 사위인데, 그의 장모 김씨의 음행이 사방에 전파되었으니, 어찌 감사의 임무를 줄 수 있겠습니까. 감사는 지극히 중하여 수령의 역할과 민생의 안위(安危)가 그 한 몸에 달려 있으니 잘 선택하지 않을 수 없습니다." 하였다.[13] 세종 14년(1432)에는 실행한 부녀의 자손에게는 과거 응시를 금지하자는 삼관(三館)의 상소가 있었다. 상소가 목표하는 바는 김씨의 손자 조유지(趙由智)의 관직을 삭탈하는 것이었다.

> 별시위 조유지는 추잡하고 더러운 행동이 이미 드러난 김씨의 손자입니다. 김씨의 일은 세상 사람들이 다 알고 있습니다. … 적어도 이 사람을 제거하지 않으면 부녀의 도리를 어디에서도 바로잡을 데가 없고, 부도(婦道)가 바르지 않으면 백성의 풍속과 선비의 풍습이 무엇으로 말미암아 선량해지겠습니까. 국가에서 이 사람을 버리는 것은 구우일모(九牛一毛)에 불과할 뿐입니다. 옛 사람이 말하기를, '한 사람을 상 주어서 천만 사람을 권장(勸奬)하고, 한 사람을 벌(罰)주어서 천만 사람을 징계한다'고 하였습니다. 선을 권장하고 악을 징계함이 이 일보다 더한 것은 없습니다.[14]

김씨는 이미 고인이 되었지만, 그 자손들을 권력구조에서 배제시키고자 하는 의도는 계속되었다. 세종 17년(1435)에는 김씨의 외손자 광흥창사(廣興

---

12) 『세종실록』 50권, 12년(1430) 9월 5일.
13) 『세종실록』 52권, 13년(1431) 6월 30일.
14) 『세종실록』 55권, 14년(1432) 3월 3일.

倉使) 이사평(李士平)의 고신(告身)이 사헌부의 주도로 거부되었다.[15] 김씨를 빌미로 그 아들은 물론 친손과 외손을 탄핵하면서, 그들의 관직 삭탈을 주장하는 대신들의 논의가 계속 이어지자 김씨의 두 손자가 왕에게 장문의 상서로 그 억울함을 호소했다. 세종 18년(1436)의 일이다. 판관(判官) 조유례(趙由禮)와 부교리(副校理) 조유신(趙由信)이 올린 상서는 조상으로써 그 자손을 평가하는 것은 옛 성인의 사람 쓰는 도리와 거리가 있다는 것을 역사 사례를 통해 주장하는 것으로 시작되고 있다. 즉 하(夏)나라 우임금의 아버지는 주살되었고, 채(蔡)나라 제후 채중(蔡仲)의 아버지는 유배를 당했지만, 그 아들의 능력을 폐하지는 않았다는 것이다. 또 어머니가 의롭지 않은 일을 했어도 그 아들은 재상에 오른 경우들이 역사에 기록되어 있다는 것이다. 이 역사적 사례를 제시한 것은 조모의 일로 자신들을 폐하려고 하는 것에 대한 비판의 논리였다.

지금 의정부가 논의한 것 중에 '부녀자의 실행(失行)이 현저하여 그 죄를 얻은 자의 자손은 동반직(東班職)에 서용하지 않는다'는 것을 보고, 신 등은 진실로 공도(公道)가 크게 열리는 것으로 분명하게 밝힐 수 있는 때라고 생각했습니다. 이 때 밝히지 않으면 언제 또 밝히겠습니까? 신 등의 조모에 관한 말이 있게 된 근원을 말씀드리면 조모는 문벌의 후예로서 좋은 옷과 사치스런 주택을 갖고 있었는데, 이것이 많은 사람들의 증오를 샀습니다. 그리고 조모의 아버지 김주(金湊)는 개국 초기에 헌사의 법을 오랫동안 관장하였는데, 이것이 사람들의 미움을 사게 되었습니다. 게다가 난신 박포(朴苞)가 평소에 조부와 더불어 노비 관계로 틈이 생겨 온갖 허언(虛言)을 만들어 전파한 바 있습니다. 조모께서는 조금도 규문을 엄숙히 다스리지 않은 과실 같은 것은 없으며, 공초를 받아 치죄한 사실도 없는데, 한갓 전해 오는 의혹을 가지고 험절로 삼아, 매양 이에 이르곤 합니다.

대개 허물을 처음에는 엄격하게 다루지만 시간이 지날수록 엷어져

---

15) 『세종실록』 71권, 17년(1435) 3월 4일.

가는 것이 정상인데, 신의 아비 명초(明初)가 중외의 현직(顯職)을 역임하였고, 신 등도 아무런 허물이 없는데도 말썽이 더욱 거세어지고 있습니다. 지난 갑오년에 신의 아비가 지철산군사(知鐵山郡事)에 임명되었을 때, 헌부에서 봉장(封章)을 올려 이를 저지하려 하니, 태종께서 허망한 것임을 명확히 아시고, 그 청을 윤허하지 않으시고 끝내 부임하게 하신 적도 있습니다. 전(傳)에 이르기를, '선(善)한 것은 길이 내려가게 하고, 악한 것은 그 당사자에게 그치게 한다'고 한 것은, 고금 제왕들의 인재를 서용하는 길이기도 합니다.16)

나아가 김씨 손자들은 자신들의 조모가 정확히 무슨 죄를 지었는지 헌부에 조사를 의뢰해달라고 하였다. 자신들의 조모는 절대로 실행(失行)한 일이 없지만, 그래도 만일 자신들이 모르는 죄가 나온다면 어찌 감히 벼슬하기를 바라겠느냐는 내용이다. 한편 조모의 억울함이 밝혀지면 자신들에게 벼슬길을 열어주고 고신(告身)과 관련된 잡다한 문제도 삭제해준다면 미약한 재주를 다하여 견마(犬馬)의 정성을 다하겠다는 다짐으로 끝맺고 있다. 왕은 조유례와 조유신, 김씨 손자들의 청을 들어주지 않았다.

조정 대신들은 또다시 김씨 손자들의 상소를 가지고 왈가왈부하였다. "이 사람들[김씨 손자들]은 그 조모의 실사(實事)를 도리어 허사(虛事)라고 하였고" 또 "숭백·채숙의 악함을 그 조모에게 비겼으며, 우임금과 채중의 어짊을 자신들에게 빗대었는데, 은연중에 자찬(自贊)하는 뜻이 내포되어 있다"고 하였다. 그리고 "이른바 '아버지의 악한 것을 가지고 아들의 착한 것을 폐할 수는 없다'고 한 것도, 다른 사람이 천거하여 말하는 것이라면 모르나 자기의 일을 논하면서 이와 같이 일컬었다면 과연 되겠는가" 하였다.17)

또 다시 세월이 흘러 조유례와 조유신이 상서를 올린 지 11년이 지났다. 세종 29년(1447) 사간원과 사원부가 조유례의 판통례(判通禮) 제수를 반대하

---

16) 『세종실록』 73권, 18년(1436) 윤6월 15일.
17) 『세종실록』 73권, 18년(1436) 윤6월 15일.

고 나섰다. 판통례는 나라의 큰 의식(儀式)에서 절차(節次)에 따라 임금을 인도(引導)하던 직책이다.

　　사간원에서 아뢰기를, "선비의 탐욕함과 여자의 음탕함은 한가지이옵니다. 조유례(趙由禮)는 음탕한 여자의 후손으로, 이제 판통례의 벼슬을 제수하셨는데, 예의를 맡은 관직은 그 소임이 매우 중하여 이 사람이 감당할 바가 아닙니다. 전일에 사헌부에서 옳지 않음을 극력 진술하였으므로 신들은 마땅히 윤허하실 것이라 여겼는데, 이제까지도 아직 고치지 않으시기에 신들이 감히 고치기를 청합니다" 하였다. 사헌부에서도 또 청하니, 임금이 말하기를, "유례 형제가 문무과 출신으로 동반(東班)을 지냈으니, 이제 이 벼슬을 주는 것이 무방할 것 같고, 또 악(惡)을 미워함은 그 당자에 그칠 뿐인 것이 성인(聖人)의 법이므로, 이 뜻을 가지고 사람 쓰는 길을 넓히려 하는 것이니, 다시 말하지 말라" 하였다.[18]

　김씨의 손자를 견제하는 사대부 관료들의 논리에 문제가 있다고 본 세종은 '사람 쓰는 도리'를 들어 사간원과 사헌부의 주장을 받아들이지 않았다. 그러자 보름 후에 그들은 조유례의 판통례 제수를 반대하는 상소문을 다시 올렸다. 대사헌 이계린(李季疄) 등은 상소에서 예의염치가 나라를 지탱해주는 기틀이라고 하고, 이것을 해치는 요소를 제거하는 것에 옛 제왕들도 소홀히 하지 않았다고 하였다. 그래서 명나라 태조 같은 제왕은 율령을 정할 때 선비의 장물 범죄에는 이름을 삭제하고 자자(刺字)하며, 여자의 간음 범죄에는 옷을 벗기고 형벌을 받게 하여 조금도 용서함이 없었다고 하였다. 이어지는 그들의 논지는 다음과 같다.

　　만일 '할아비의 잘못이 어찌 후손에게까지 미치랴'라고 한다면, 누구나 즐겨 궁핍함을 고집하면서 의리를 지키며 명분을 닦고 절조를 가다듬어 좋은 이름을 후세에 남기려 하겠습니까. 이제 조유례의 조모 김씨의 음란하

---

18)『세종실록』117권, 29년(1447) 7월 17일.

고 더러운 행실은 실로 애매하여 밝히기 어려운 종류가 아니라, 말을 하자면 말하기조차 추한 것인데, 그 분명하게 볼 수 있는 것을 어찌 특히 다시 밖으로 드러내오리까. 자녀(姿女)의 명단에 첫머리로 실려 있어서 온 나라 사람이 모두 추하게 여기는 바이온데, 그 안팎 자손들이 뻔뻔한 얼굴로 염치없이 조정의 반열에 참예해 서는 것도 오히려 불가하거늘, 하물며 판통례(判通禮)는 벼슬이 비록 중요하지 않사오나, 직책이 찬례(贊禮)를 맡아서 그 소임이 가장 깨끗한 것인데, 수많은 명사들 중에 어찌 마땅한 사람이 없어서, 하필 구태여 음탕하고 더럽기가 막심한 것의 후손을 조정의 가장 깨끗한 벼슬에 앉혀서 공론(公論)에 영향을 주시옵니까. 바라 옵건대, 전하께서 훌륭한 결단을 하시어 유례의 벼슬을 거두시어 사풍(士風)을 가다듬게 하시고, 나라의 운명을 오래도록 지킬 수 있다면 공도(公道)에 매우 다행하겠습니다." 왕은 허락하지 않았다.[19]

　조정 관료들은 '음탕하고 더러운' 피가 흐르고 있는 조유례를 '깨끗한 벼슬자리'에 앉힐 경우 공론을 위협하게 될 것이라고 하였다. 그들에 의하면 조유례를 배제하는 것은 곧 사풍(士風)을 진작시키고 공도(公道)를 펴는 방법이다. 사헌부의 상소가 있은 바로 다음날, 김씨의 손자 조유례는 조모의 흠결을 조사해 줄 것을 상서했다. 거기서 그는 조모 김씨의 실행은 사실이 아니며, 원한이 있는 자가 거짓으로 꾸민 것이라 주장했다.[20] 하지만 그는 사람들의 비웃음만 샀다. 이로부터 5년이 흐른 문종 2년(1452)에는 중추원 부사 조유례가 사직을 요청했다. 20여 년 전에 죽은 조모의 일을 과장해서 계속 문제 삼는 분위기가 불편하다는 이유에서였다. 여기서 그는 조모의 일은 자신의 집안과 정적(政敵) 관계에 있던 사람들에 의해 과장되었다고 주장했다.[21] 그의 주장은 기각되었다.

　조유례가 사직을 요청한 지 2개월여 후에는 사간원에서 김씨의 외증손서

---

19)『세종실록』117권, 29년(1447) 8월 2일.
20)『세종실록』117권, 29년(1447) 8월 3일.
21)『문종실록』12권, 2년(1452) 2월 13일.

(外曾孫壻) 김효맹(金效孟)의 감찰직 제수를 거부하는 상서를 올렸다. 다시 말해 김효맹의 아내가 김씨의 외증손인 것이다. 즉 김효맹은 김씨 외손자의 사위이다. 세조 6년(1460)에는 김씨의 사위 박곤(朴坤)을 장인으로 둔 성중식 (成重識)의 감찰직 제수가 거부되었다. 이유는 조화의 처가 음란하여 행실이 도리에 벗어났기 때문에 그 자손들에게 청요직을 제수할 수 없다는 것이었 다.[22] 세조 8년(1462)에는 김씨의 외증손 이윤(李掄)의 수령직 제수를 반대하는 의논이 있었다. 실행한 자의 후손을 임명할 수가 없다는 이유였다.[23]

아들과 사위, 손자와 손자의 아들, 딸의 남편과 딸의 아들, 딸의 사위, 딸의 사위의 사위 등에 이르기까지, 벼슬자리에 있던 내외 전 자손들이 김씨의 실행을 연고로 파직되거나 배제되었다. 사대부 관료들이 내세우는 논리는 실행 부녀의 자손에게 국가의 중요 직책을 맡길 경우 공도에 해가 된다는 것이다. 김씨와 혈연적인 고리가 없는 사위와 사위의 사위들도 배제되었는데, 그들을 배제하는 논리는 "절의를 잃은 사람과 짝이 되면 자신도 절의를 잃게 된다"는 데 있다.

김씨 외에도 실행 부녀의 남성 가족들은 '공직'에서 배제되어갔다. 세종 14년(1432)에 진관(陳瓘)은 조모의 실행 사실로 인해 과거 응시가 금지되었 다.[24] 문종 1년(1451)에는 외조모의 실행으로 과거에 응시할 수 없었던 유조(柳條)가 응시를 허락해 달라는 상소를 냈다.[25] 성종 3년(1472)에 김맹전 (金孟銓)은 조모가 세 번 시집갔다는 이유로 문천 군수직에서 체직되었다.[26] 단종 1년(1453)에 김문기(金文起)는 그 딸의 실행으로 형조참판에서 파면되 었고,[27] 2년 후 공조판서에 임명되자 딸의 행실을 다스리지 못한 것을 이유로 대신들이 반대하여 철회되었다.[28] 단종 2년(1454)에 경상도 양산

---

22) 『세조실록』 19권, 6년(1460) 2월 13일.
23) 『세조실록』 27권, 8년(1462) 1월 10일.
24) 『세종실록』 55권, 14년(1432) 1월 14일.
25) 『문종실록』 6권, 1년(1451) 3월 5일.
26) 『성종실록』 22권, 3년(1472) 9월 11일.
27) 『단종실록』 8권, 1년(1453) 10월 24일.

사람 이건원(李乾元)은 어머니의 실행으로 향교에서 내쫓기게 되었다.[29] 세조 13년(1467)에는 세 번 시집간 부녀의 아들이 높은 관직에 자리하고 있는 것은 부당하다며 참찬(參贊) 김개(金漑)의 직책을 거두어달라는 상소가 있었다.[30] 세 번 시집간 어머니로 인해 김개와 그 아들들은 상시적인 논쟁에 휩싸였을 뿐 아니라 관직의 유지는 물론 그 접근도 힘들어졌다.[31]

이상에서 본 바 가족 여성의 실행(失行)과 벼슬자리는 긴밀한 공조 속에서 움직인다. 한정된 관직을 놓고 경쟁하는 국면에서 조선사회의 사대부 관료들은 '동료' 누군가를 배제시키기 위한 논리가 필요했을 것이다. 나라와 임금에 대한 충성도는 사대부 관료가 갖춰야 할 기본적인 자격이다. '효자와 충신', '열녀와 충신'을 동류로 설정한 관념 구조에서 절의를 훼손한 '실행' 부녀는 충신과 대척점에 서게 된다. 이에 '실행(失行)' 부녀와 가족적으로 연결된 관료라면, 그 지위가 높고 임무가 막중할수록 일차적으로 배제되었다. 그것은 대공무사(大公無私)한 '공도(公道)'의 확충을 위해, 다수의 의지가 담긴 '공론(公論)'의 이름으로 정당화되었다.

III. 과부[32] 여성의 규방

지극히 사적인 공간, 규방은 공도(公道)를 향해 항상 열려 있었다. 조선사회에서는 풍속의 정화를 들어 규방에 대한 감시와 감독을 합법화했는데 이른바 '소문의 정치'인 풍문공사(風聞公事)가 그것이다. 풍문공사란 밖에

---

28) 『세조실록』 2권, 1년(1455) 8월 9일.
29) 『단종실록』 11권, 2년(1454) 4월 18일.
30) 『세조실록』 43권, 13년(1467) 8월 5일.
31) 이로부터 22년 후인 성종 20년(1489)에 김개의 아들 김맹강이 조모의 三嫁 경위를 해명하면서 가문의 명예회복을 청하는 상소를 내게 된다.
32) 사별 또는 이별로 배우자와의 관계가 해체되어 홀로된 여성을 지칭하는 寡婦라는 용어는 '덕이 적은 부인'이라는 뜻의 '寡德之婦'에서 유래한 가부장적인 언어로 사실은 객관적인 용어가 아니다.

서는 잘 알기 어려운 규방의 사생활을 소문이라는 매개를 통해 공론의 장(場)으로 끌어내어 정치에 활용하는 것을 말한다. 그것은 아무런 물적 증거가 없더라도 단지 떠도는 소문만으로도 관에 고발하여 수사를 의뢰하는 방식인데, '아님 말고' 식이 많았다. 이에 그 폐해가 속출하여 금지를 주장하는 쪽과 '규문(閨門)의 애매한 일'을 밝히는 데 무엇보다 효율적이라는 주장이 오가면서 조선 전 시기를 통해 금지와 부활을 반복하였다. 대신들은 소문의 정치가 필요한 이유를 이렇게 말한다.

> 사람의 악(惡)을 공격함에 있어서 그 형세가 어려운 것도 있고 쉬운 것도 있습니다. 양(陽)은 단단하고 밝아서 알기가 쉽습니다. … 음(陰)은 부드럽고 어두워서 헤아리기가 어렵습니다. 사람은 심술(心術)과 몸가짐에 비밀이 많아 덕과 같으면서도 덕이 아니고, 재주와 같으면서도 재주가 아니며, 또 크게 사악한 것은 오히려 정직한 것 같고, 대단히 정교한 것은 오히려 옹졸한 것 같습니다. 이런 것은 대개 음(陰)에 속한 것으로 그 증거와 자취를 찾는 것이 어렵습니다.[33]

조선의 법전적 구상을 담고 있는 『조선경국전』에 의하면, 훌륭한 정치란 부부나 규방처럼 잘 드러나지 않는 은미한 곳부터 주목해야 한다. 즉 "규문 단속이 허술하여 남녀 간에 구별이 없다면 인도(人道)가 문란해져 왕화(王化)가 민멸될 것"[34]이기 때문이다. 이러한 맥락에서 규방의 감시·감독은 도덕적 사회를 지향하는 조선 선비들의 '공적' 임무 중의 하나였다. 여기서는 향촌 사림의 공론 형성과 그 성격을 한 사족 부인의 소문 사건을 통해 살펴보고자 한다.[35]

---

33) 『세종실록』 57권, 14년(1432) 8월 2일.
34) 『三峰集』 14卷, 『朝鮮經國典』 上, 「憲典」 犯姦, "君子之道, 造端夫婦, 王者之化, 始自閨門. … 古昔聖王, 爲禮以節其情欲, 爲刑以制其淫邪. 所以興至治而美風俗也."
35) 이 글에서 다루고자 하는 사례는 이숙인, 「소문과 권력 : 16세기 한 사족 부인의 淫行 소문 재구성」, 『철학사상』 40호, 서울대 철학사상연구소, 2011로 발표된 바 있다. 여기서는 公道 및 公論의 성격과 그 형성의 메커니즘에 초점을 맞추어

16세기 중반, 진주에는 한 사족 부인의 음행 소문이 떠돌았다. 이에 소문의 옥사가 전개되어 관련자들이 형추를 당하게 되었는데, 이른바 풍문공사(風聞公事)인 셈이다. 소문의 주인공 사족 과부는 진사 고 하종악의 후처로 성종대에 대사헌을 지낸 이인형(李仁亨, 1436~1504)의 손녀 함안 이씨이다. 그런데 그녀의 '음행' 옥사는 아무런 물증이나 고백을 확보해내지 못했다. 국왕의 조정 회의에서 이 사건이 거론되면서 소문 그 자체의 진위가 의문시되기까지 했다. 『선조실록』및 고봉(高峯) 기대승(奇大升, 1527~1572)의 「논사록」에는 이 사건에 대한 조정의 논의를 이렇게 적고 있다.

> 선생[기대승]이 아뢰기를 … 진주(晉州)의 옥사(獄事)는 본말을 자세히 알지 못하나, … 간통 사건은 가장 알기가 어렵습니다. 그러나 사람들이 다 알고 있고 한 지방에서 말하여 끝내 공론(公論)에까지 나왔으니, 이는 이 사건이 작은 일이 아니기 때문입니다. 사건과 관련되어 조사받은 자가 한두 명이 아닌데도 단서를 아직 얻지 못했다 합니다. 세간에 혹 미워하는 자가 있으면 한 사람의 입에서 나와 끝내는 이와 같이 되는 경우가 간혹 있습니다. 다시 추고(推考)하였으나 사건과 관련된 단서를 잡지 못하여 3, 4차의 형장(刑杖)을 받기까지 하였으니, 어찌 그 가운데 원통한 자가 없겠습니까.[36]

대사헌 기대승은 간통사건은 제대로 알기가 가장 어렵지만 공론화된 이상 다루지 않을 수 없다고 하였다. 기대승이 보기에 이 사건은 적대적인 관계에 있는 사람이 퍼뜨린 무고일 가능성이 크다. 이 옥사는 관련자들을 무혐의 처리함으로써 결론이 났다. 여기서 풀려난 사람들이 억울해하며, 그 소문의 발설자를 찾아 복수의 화살을 겨누었다. 그 사정은 남명 조식(曺植,

---

이 사건을 재조명하였다.

36) 기대승, 「논사록」下, 『고봉집』 ; 『선조실록』 2년(1569) 5월 21일자 ; 민족문화추진회 간행 『한국문집총간』 40 ; http ://db.itkc.or.kr.

1501~1572)이 당시 중앙에서 관직생활을 하던 덕계 오건(吳健, 1521~
1574)과 약포 정탁(鄭琢, 1526~1605)에게 보낸 편지 속에 잘 설명되어
있다. 「자강과 자정에게 주는 편지(與子强子精書)」가 그것이다. 남명 조식
은 말한다.

> 진주에 음부의 옥사가 크게 일어났습니다. 소문은 세간에서 떠도는
> 것이었는데, 옥사가 일어났을 때 나를 제공자로 지목한 것은 음부의 남편인
> 하종악의 전처가 바로 내 죽은 형의 딸이기 때문입니다. 집안이 서로
> 연결되어 있어 나를 거론한 것입니다. 신임 감사가 부임해 와서 그들을
> 풀어주었습니다. 죄인 서너 명이 옥에 갇혀 거의 죽게 되었다가 되살아났으
> 니, 그들이 원한을 품고 독심을 부리는 데 못하는 짓이 없어 보입니다.
> 흉계를 품고 기필코 쏘아 죽이려 한다고 하니, 병정년(丙丁年)의 우려뿐만이
> 아닙니다. 하루아침에 앙화가 일어나 온 집안사람들이 해를 입게 되었으니,
> 하늘의 재앙이 인사(人事) 밖에서 갑자기 일어날 줄을 어찌 알았겠습니까?
> 바닷가[김해]로 가면 온 가족이 통곡하고 산[덕산]으로 가면 온 집안이
> 근심에 잠겨 있습니다. 죽을 날은 멀지 않은데, 차분히 나를 돌이켜볼
> 만한 곳이 없습니다. 오직 하늘의 처분만 기다릴 뿐입니다.[37]

무진년(1568) 10월 27일에 쓴, 소문 사건에 연루된 편지 속의 남명은
상당히 곤혹스런 상황에 처해있다. 남명의 편지 글에 의하면, 함안 이씨
소문은 남명 자신이 퍼뜨린 것이 아니라 세간에 떠돌던 것이다. 그렇다면
문제는 단지 소문에 불과하던 것을 누가 관가에 고발을 했는가 하는 것이다.
옥에 갇혔다 풀려난 '억울한' 사람들은 왜 남명에게 책임을 묻고자 했을까?
이에 대한 궁금증은 정인홍이 부연 설명을 위해 쓴 「인홍지(仁弘誌)」[38]를

---

37) 조식, 「與子强子精書」, 『남명집』, 『한국문집총간』 31 ; 『남명집』, 경상대학교 남명
   학연구소 옮김, 한길사, 2001, 198~202쪽 참조.
38) 정인홍, 「仁弘誌」, 「與子强子精書」, 『南冥集』, 『한국문집총간』 31, http : //db.itkc.or.kr.
   이것은 소문에 연루된 남명의 '진실'을 밝히기 위해 쓴 해명성 글로 정인홍이
   주관한 초간본에 실렸다고 한다. 그런데 이 글은 남명의 품위와 관련된 것으로

통해 어느 정도 해소될 것이다. 이에 의하면 함안 이씨의 소문이 옥사로 연결된 것은 남명의 적극적인 개입이 있었기 때문인데, 그 과정에는 복잡한 사정이 있었다. 정인홍의 글을 통해 그 대강을 정리하면 다음과 같다.

사천에 살고 있던 구암(龜巖) 이정(李楨, 1512~1571)[39]은 새로 부임한 경상 감사 박계현(朴啓賢, 1524~1580)의 방문을 받았다. 경상 감사를 만난 자리에서 구암은 당시 떠돌던 한 사족 부인의 음행 소문을 감사에게 은밀히 전해주며 관련자들의 심문을 요청했는데, 소문의 주인공은 작고한 황강(黃江) 이희안(李希顔, 1504~1559)의 후처였다. 지역의 사정에 익숙하지 않았던 신임 감사 박계현은 접수된 사건을 김해 부사 양희(梁喜, 1515~1580)에게 의뢰했다. 양희는 정인홍의 장인이고, 이희안은 남명과 평생을 도의(道義)로 우정을 나누던 벗이면서 멀지만 인척관계에 있었다. 황강 후처의 소문에 대한 아무런 정보를 갖고 있지 않았던 김해 부사 양희는 사안(事案)의 중요성을 감지하고 박 감사의 동의를 얻어 함양에 살던 사위 정인홍에게 달려가 사건을 상의했다. 이에 정인홍은 황강 집안의 일이라면 남명 선생이 누구보다 잘 알고 있을 것이라고 하였다.[40] 이후의 상황은 정인홍의 글을 직접 볼 필요가 있겠다.

　나는 함양에서 곧바로 덕산으로 들어가서 선생께 모든 것을 고하였다. 선생은 버럭 화를 내시며 "강이(剛而, 李楨의 자)가 한 집안에서 생긴 큰 문제를 은폐하면서 다른 집의 애매한 일을 들춰서 황강 집안에 재앙을 안겨주려 하다니!"라고 하셨다. 그리고 선생은 감사가 황강 집안의 분명하지 않는 일을 갖고 옥사를 일으키고자 하면서 하씨 집안의 이미 드러난 사건을 알지 못한다고 하며, 황강 집안의 일은 결코 가볍게 다룰 수 없다고

여긴 탓인지 문도들이 주도한 이후의 『남명집』 편찬에서 사라지게 된다.
39) 李楨은 중종 31년(1536)에 별시문과에 장원급제하여 성균관 전적이 되었고, 聖節使의 서장관으로 명나라에 다녀왔으며, 청주목사로 재직한 적이 있는 사람이다. 남명과는 노후를 함께 설계할 정도로 친한 사이였고, 학맥으로는 퇴계와 닿아 있었다.
40) 정인홍, 「仁弘誌」, 앞의 책.

하셨다. 이어서 선생은 진사 하종악 후처의 음행 소문과 하종악의 얼매(孼妹)가 이정의 첩이라는 사실을 말해주셨다. 나는 돌아가 이 모든 정황을 장인에게 알렸다. 장인은 감사가 있는 곳으로 가서 내가 한 말대로 일렀다. 감사는 마침내 하종악 집안의 시비와 종 원석 등을 체포하였다. 그런데 함안 이씨 부인의 종형제가 요직에서 권세를 잡고 있어 이씨 부인을 적극 변호하여 마침내 그 사건이 해결되었다. 그 죄를 묻지 않았을 뿐만이 아니라 무리들이 오히려 선생에게 책임을 묻고자 했다. 선생의 편지 글 중에 중도에서 나왔다는 말이 바로 이것이다.[41]

소문의 발설자가 누군지는 아직 알 수 없지만, 분명한 것은 소문이 옥사로 이어진 데는 남명이 정인홍에게, 정인홍이 양희에게, 양희가 감사 박계현에게 전해줌으로써 가능하였다. 즉 남명이 주장한 바, "음부의 남편인 하종악의 전처가 바로 내 죽은 형의 딸이기 때문"만은 아니었다.

오건과 정탁, 두 문인에게 보낸 남명의 편지는 사족 과부의 소문 사건에 대한 자신의 결백을 주장하는 것으로부터 자신을 배신한 구암 이정을 타도하는 것으로 이어진다. 여기서 남명은 소문의 주인공 함안 이씨와 인척 관계에 있는 구암이 소문을 무마해주는 대가로 고 하종악의 한강변 밭과 종을 받았다고 주장했다. 남명에 의하면 이정은 새로 부임하는 감사마다 '음부'를 적극 변호하여 그 구원을 요청하였다. 그런데 남명은 왜 자강[오건]과 자정[정탁]이 함께 볼 수밖에 없는 편지를 보내 자신의 곤혹스런 상황을 알리고자 했을까? 문인들의 결속과 다짐을 확인하려는 의도가 아니었을까? 남명의 편지는 이렇게 끝을 맺는다.

나는 그[이정]를 사절했는데, 그대들의 생각은 어떻습니까? 환난과 길흉은 붕우 사이에 서로 알아야 할 일이기에 감히 언급을 했습니다. 일찍이 사론(士論)이 바야흐로 밝아진다고 들었는데, 공도(公道)가 암담한 것이 이런 지경에 이르렀으니 그래도 벼슬할 수 있겠습니까?

---

41) 정인홍, 「仁弘誌」, 앞의 책.

남명의 뜻과 감정을 담은 이 편지는 중앙과 지방의 문도들을 결속시키는 계기가 된 것 같다. 그래서인지 함안 이씨 측의 풀려난 관련자들이 재조사를 받게 되었다. 하지만 2차, 3차의 형추를 통해서도 그 혐의가 드러나지 않아 관련자들은 다시 풀려났다. 이에 남명의 문도들은 직접 '죄인들'을 응징하는 쪽으로 가닥을 잡고선, 이른바 '훼가출향'을 단행한 것이다. 이것은 국법을 무시한 의미로 해석되어 훼철(毁撤)을 단행한 주모자들이 옥에 갇혔다. 이러한 진주 유생들의 사건은 중앙 정부에 보고되어, 조정 회의에서 이 문제가 논의되었다. 그들을 죄로 다스려야 한다는 입장과 공도(公道)를 위한 것이니 만큼 용서해야 한다는 입장으로 나뉘었다. 용서해 주자는 쪽에는 남명의 문인으로 앞서 선생의 편지를 받았던 정탁이 있었다. 한편 이 논의에 참석한 기대승(奇大升, 1527~1572)은 '진주 유생들의 행위는 선비의 행동이 아니고 무뢰배들의 짓'이라고 하면서 자신의 의견을 개진했다. 그에 의하면 진주 지역의 현자(賢者)이자 장자(長子)인 남명 조식의 생각과 말은 지역 사람들에게 절대적인 영향을 끼친다는 것이다.[42] 기대승의 다음 말은 남명 조식의 생각이 과연 공평무사한 것인가, 하는 문제 제기로 보인다.

조식은 하종악의 전처 소생 딸과 친척이고, 이정(李楨)의 첩은 하종악의 후처와 인척입니다. 이정은 은미한 일이라서 알지 못한다 하여 그를 비호하는 듯이 말하였습니다. 두 사람은 평소 서로 친하게 사귀고 지냈는데, 이제 이 일로 인하여 조식은 이정더러 잘못했다고 하였고, 나이 젊은 사람들도 모두 이정을 두고 잘못했다고 하였습니다. 하종악의 아내가 실행(失行)한 일로 인하여 명류의 장자(長者)들 사이에 서로 틈이 벌어지기까지 하였으며 나이 젊은 사람들도 서로 배척하고 비방하니, 지극히 온당하지 않습니다. 그리하여 서울의 의논도 이에 따라 나누어졌으니 관계가 매우 중요하게 되었습니다.[43]

---

42) 기대승, 「논사록」下, 『고봉집』;『선조실록』 3권, 2년(1569) 5월 21일.
43) 기대승, 앞의 글.

기대승에 의하면, 남명이 관련된 함안 이씨의 음행 소문과 그 옥사는 특정 관계인들의 이해관계에서 비롯된 갈등의 표출이다. 즉 근거 없는 소문이 남명의 권위에 힘입어 옥사로 전개되었고, 해당 사건을 "무혐의 처리한 추관들이 파직을 당한 것은 모두 조식이 떠들어서 그렇게 된 것"[44]이다. 다시 말해 남명의 한 마디 말은 곧바로 진실이 되어 지역 유생들의 의식과 행동을 결정했다고 보았다.

하지만 함안 이씨의 음행 소문에 개입한 남명의 논리는 공도(公道)를 바로잡기 위한 것이지 사적인 감정으로 누구를 편드는 그런 것이 아니다. 그럼에도 불구하고 사건을 접한 많은 사람들은 남명이 고 하종악 전처의 중부(仲父)라는 사실, 그 전처 소생의 외종조부라는 사실에 주목했다. 하종악의 전처는 남명의 형 조랍(曺拉)의 딸로 김려(金勵)에게 시집간 딸을 남기고 남편 먼저 죽었다. 김려는 남명의 문인으로 진주에 거주하고 있었다.[45] 한편 하종악 전처의 딸이 부친이 남긴 재산을 혼자 차지하려고 계모를 음해하여 간음(姦淫) 소문을 만들어 외종조부 남명에게 하소연했다는 주장도 있었다.[46]

하종악의 후처로 시집와 28세에 과부가 된 함안 이씨는 '사족 부인의 실행'이라는 소문에 걸려 곤혹을 치르게 되었다. '단지' 소문은 공론으로 발전되었고, 지역에서 중앙으로 전파되었다. 그런데 모든 소문이 공론화되는 것은 아니다. 향리 공동체 사회에 떠돌던 '단지' 소문이 공론으로 확대되기 위해서는 그 지역의 정신을 주도하는 명망가의 개입이 필요했다. 고 하종악 후처의 소문이 사건화 되는 과정에서 남명의 존재를 확인할 수 있다면, 고 이희안 후처의 소문이 공론화되는 과정에 구암의 존재가 있었다. 특히 함안 이씨의 사건은 경상도 지역의 명사들은 물론 중앙 정계의 인사들

---

44) 기대승, 앞의 글.

45) 정만조, 「宣祖初 晉州 淫婦獄과 그 波紋」, 『한국학논총』 22집, 국민대학교 한국학연구소, 1999, 77~78쪽.

46) 유희춘, 『미암일기초』 戊辰七月, 初七·八日, 朝鮮總督府 朝鮮史編修會 編. 280~281쪽.

이 대거 참여하게 되어, 조선의 주연급 인사들이 총출연한 한편의 드라마를 연상케 한다.47)

소문에 의한 수사는 애매하거나 미묘한 영역을 밝히려는 목적이 강하여 사정(私情)이나 주관성이 개입될 소지가 크다. 다음의 글은 소문이 권력의 구성과 확대에 수단이 되고 있음을 말해준다.

> 들어보니, 공론이다 풍문이다 하면서 발설하는 것은 모두 사람들의 은미한 과실과 규중(閨中)에서 일어나는 의심스러운 일들이었습니다. 이는 모두 허위로 죄를 만들어 내어 사람들로 하여금 겁이 나서 감히 자신의 일을 끄집어내어 말할 수 없게 하는 한편, 위세(威勢)를 펼쳐서 하고 싶은 대로 용사(用事)하고자 하는 술책이었습니다.48)

고 하종악 후처 소문이 공론화한 것은 사실은 고 이희안 후처의 소문으로 촉발되었다. 정인홍이 밝힌 바, 이희안 후처의 소문은 특정한 이해를 가진 자들에 의한 모함이었다.49) 그런데도 그녀에 대한 소문은 사천에 살던 구암 이정에서 출발하여 경상감사 박계현을 거치고, 김해부사 양희를 통해 함양의 정인홍에게 전달되었다. 함양에 살던 정인홍은 산청으로 달려가 남명 조식에게 알렸다. 여기서 소문의 주인공이 고 하종악 후처 이씨로 바뀌게 된다. 소문의 새 주인공이 된 함안 이씨는 산청의 남명에서 출발하여 정인홍을 거치고 김해부사 양희를 통해 경상감사 박계현에게

---

47) 이 사건에 관여한 정도의 차이는 있지만, 적어도 이 사건에 연루되었거나 이 사건을 언급한 인사들로는 조식을 비롯, 이황, 이이, 기대승, 유희춘, 정인홍, 오건, 정탁, 정유길, 노수신, 이정, 이희안 등이 있고 宣祖도 이 문제에 관심을 표명했다. 이후에도 김장생, 송시열, 이익, 안정복 등에 의해 이 사건이 파생한 담론의 생산은 계속되었다.

48) 『중종실록』 86권, 32년(1537) 11월 7일.

49) "초계의 이황강의 후처 … 이씨의 규문에 좋지 않은 소문이 들렸는데, 사람들은 이씨에게 원한이 있는 자들이 만들어낸 소문일 것이라고 보았다. 박계현이 감사로 부임하여 사천으로 李楨을 방문했을 때, 이정은 비밀리에 황강 문중의 일을 말해주면서 관련자를 잡아 다스릴 것을 요청했다."(정인홍, 「仁弘誌」, 앞의 책)

소개되었다. 소문이 한 바퀴 도는 동안 그 주인공이 바뀌었을 뿐 주제는 여전히 과부가 된 사족 여성의 규방 소식이다. 이렇게 당대 내로라하는 명류 대가들은 과부 여성의 은밀한 소문을, 확인할 수 없고 확인될 수도 없는 소문을 공도(公道)·공론(公論)의 이름으로 응징하려고 했던 것이다.

함안 이씨의 소문 사건을 계기로 다양한 형태의 결속과 배제, 그리고 갈등이 표출되었다. 남명과 그 문인들은 이 사건을 계기로 결속의 의지를 확인하였다. 진주의 문인들은 남명의 발언을 실천하는 뜻에서 함안 이씨 집의 훼철을 단행하였고, 그들의 죄를 묻는 조정의 회의에서 정탁은 "사사로운 정에서 나온 것이 아니므로 죄 줄 수 없다"고 주장했다. 또 남명과 적대적 관계가 된 구암을 공동으로 배격하는 방식도 있었다. 한편 남명에게 절교를 당하고 진주 유림으로부터 배척당한 구암은 그 억울함을 퇴계에게 토로했다. 소위 음부로 지목된 함안 이씨로부터 한강가의 전답과 노비를 뇌물을 받고서 그녀를 비호한다는 비방을 받은 터였다. 이에 퇴계는 구암에게 편지를 보냈다.

> 말도 안 되는 말들을 사람마다 서로 전하여 떠들어 대니 항상 의심이 없지 않았습니다. 조군(曺君)은 세상에 드높은 명성을 가지고 있기에 나는 그 사람됨이 꿋꿋하여 속세를 초월하고 결백하여 세상을 벗어나 이 세상 그 어느 것으로도 그의 마음을 얽어맬 수 없으리라 생각했는데, 저 향리의 한 부인의 실행 여부가 그 무슨 더럽혀질 거리가 된단 말입니까. 만일 그런 사람을 만나 어쩌다 그런 일을 말하면 마땅히 귀를 씻고서 듣지 않으면 되는 것이지, 무엇 때문에 그 높은 절개를 스스로 깎아 내리며 남들과 시비를 다투는 데 마음을 모두 허비하고 여러 해가 지나도록 여태껏 그만두지 않는지 참으로 이해할 수 없습니다. 그러나 공은 불행하게도 이 변을 당하였지만, 또한 구태여 변명할 것도 없고 또한 슬퍼할 것도 없으며 또한 예전처럼 교분이 온전해지기를 기대해서도 안 될 것입니다. 오직 스스로를 돌이켜 살피면서 토대를 굳건하게 다지고 허리를 꼿꼿하게 세워 인(仁)과 예(禮)를 마음에 지녀야 합니다. 그리고 순(舜) 임금과 같은

근심을 안고서 정직(正直)과 대의(大義)로 기(氣)를 함양하며, 증자(曾子)와 같은 용기를 가지고서 초연하게 그 말을 듣지 않은 듯이 하고 말끔하게 그 일에 관련되지 않은 듯이 하며 까마득히 모르는 듯이 대처한다면, 나는 이런 가운데서도 참다운 즐거움이 저절로 무궁할 것이라 생각하니, 다른 것이야 무슨 할 일이 있겠습니까. 그렇지 않고서 만일 교분을 온전히 하려는 생각을 가지고서 사실을 밝히거나 합해지기를 구하는 뜻이 있으면, 나는 그대가 굴욕만 더 심하게 받게 되고 결국은 교분을 온전히 할 수 없을 것이라고 생각합니다.50)

남명이 뭐라고 하던 무시하고 아예 상대를 하지 말라는 투의 조언이 퇴계 사후, 선조 33년(1600)에 간행된 『퇴계집』으로 세상에 공개되자 정인홍을 비롯한 남명의 문인들은 불편한 심기를 드러냈다. 남명을 향한 소문과 시선을 의식한 남명의 고제(高弟) 정인홍은 스승의 행위를 적극 변론하였다.51) 한편 퇴계와 그의 학인들은 남명의 행위를 토론의 텍스트로 활용하였다. "임훈이 퇴계에게 '남명이 제자를 시켜 음부의 집을 훼철하게 한 것은 매우 옳지 않습니다. 차라리 홀로 고사리를 뜯어 먹는 것만 못합니다'라고 하자 퇴계는 '옳은 말'이라고 했다."52) 박성(朴惺, 1549~1606)은 또 퇴계의 학당에서 이러한 대화가 오갔음을 기록하고 있다.

무진년간에 진주에 한 음부가 있었다. … 퇴계 선생이 "남명은 음부를 심하게 미워하여 문도를 시켜 북을 울리며 몰려가 음부를 쫓아내게 하였으니 이에 대해 어떻게 생각합니까?" 하였다. … 공자는 사람이 '인(仁)하지 않다고 미워하는 것이 심하면 난이 일어난다'고 하였다. 맹자는 '남의

---

50) 李滉, 「答李剛而」, 『退溪先生文集』 22권.
51) "일찍이 선생이 '사족부인의 실행은 유사가 다스릴 일이고, 선비는 자신을 다스리는 데 겨를이 없는데 부인의 음행을 다스리는 것이 자신과 무슨 관련이 있다고 그 일을 하겠는가'라고 하셨다."(정인홍, 「仁弘誌」, 앞의 책)
52) 이덕홍, 「溪山記善錄下」, 『艮齋集』 6권, "林公薰來言於先生曰, 南冥令弟子等撤毁滛婦家, 甚不當. 莫如獨採我薇蕨也. 先生曰, 此言甚當."

불선을 말하면 후환(後患)을 어떻게 감당할 것인가'라고 했다. 또 말하기를 '사사(土師)만이 사람을 죽일 수 있다'고 하였다.[53]

남명의 소문 사건은 '선비의 처신' 문제가 함축된 하나의 사례로 이후 학자들의 입에 자주 오르내렸다.[54] 예컨대 성호 이익(李瀷, 1681~1763)은 "… 남명은 악을 미워하는 것이 지나쳐서 음부(淫婦)의 집을 훼철하는 지경에까지 이르렀으니, 음부는 비록 가증하지만 집을 훼철하는 일은 자기 임무가 아니라는 점을 자못 깨닫지 못한 것이다"[55]라고 하였다.

고 하종악의 후처 함안 이씨는 당대 최고의 학자들 입에 오르내리는 스캔들의 주인공이 되었다. 하지만 함안 이씨의 음행 소문은 수차례의 형추를 통해서도 밝혀진 바, 사실이 아닌 것으로 드러났다. 그런데도 이 엄청난 피해자 함안 이씨는 여전히 음부(淫婦)로 호명되었다. 퇴계가 남명을 비판한 것은 '실행 부인을 거론하여 남명 스스로를 더럽힌' 데 있지, 사회적 약자인 과부를 치욕스럽게 한 행위에 있지 않았다. 또 퇴계가 본 남명의 잘못은 '남의 불선(不善)을 함부로 말한 것'에 있지 '남을 함부로 불선하다고 한 것'에 있지 않다. 이 소문 사건을 논평한 모든 학자들은 아무도 그녀의 더럽혀진 명예에 대해서는 말하지 않았다. 대신에 소문 사건과 관련한 실추된 남명의 명예를 안타까워했다. 소문의 혐의에서 벗어난 함안 이씨는 명류대가들에 의해 '공식적인' 음부가 된 것이다.

사림들의 '공론'에서 주인공이 된 두 여성, 하종악 처와 이희안 처의 공통된 특징을 보면 그들은 사족(士族)으로 후처이며, 자식이 없고, 과부라는 사실이다. 후처로 들어와 자식이 없고 과부인 여성은 이 사회의 시선이나 소문에 쉽게 노출될 수 있는 취약한 존재라고 할 수 있다. 그녀들을 둘러싼

---

53) 朴惺,「晉州淫婦獄」『大菴集』제2권.
54) 김장생, 송시열, 閔仁伯, 金柱臣, 이익, 안정복 등이 이 사건과 관련된 비평 글을 남겼다.
55) 이익,「退溪南冥」,『星湖僿說』권10.

소문은 사실일 수도 있고 아닐 수도 있으며 사실인지 아닌지 영원히 확인되지 않을 수 있다. 사실은, 그 소문이 사실인가 아닌가 하는 것은 중요하지 않다. 이들의 소문은 실재와 환상이 혹은 진실과 거짓이 혼동되었기 때문에 발생한 것이라기보다 여성을 타자화 하는 하나의 방식으로 일종의 문화적 실천이다. 이상에서 본 바 한 여성의 확인되지 않은 '행실'은 공론(公論) 또는 공도(公道)의 이름으로 세상에 공개되면서 관련 여성은 사실상 그 사회에서 추방되는 결과를 낳았다.

IV. 결론을 대신하며

사족 여성 김씨와 이씨의 예를 통해 공(公)의 범주에서 전개된 사회적 실천의 양상을 살펴보았다. 여성의 '행실'은 공도(公道)의 실천이나 공론(公論)의 구성에 의미있는 소재가 되었다. 특히 사족 부녀의 행실은 국가 권력의 순수성과 사대부 남성의 도덕적 자존심을 보장해주는 중요한 요소로 인식되었다. 그래서 음행(淫行)이나 실행(失行)으로 판단되었거나 그 조짐이나 의심이 가는 행위까지도 논죄의 대상이 되었다. 그것은 "이 사람을 제거하지 않으면 부녀의 도리를 어디에서도 바로잡지 못할 것이며, 부도(婦道)가 바르지 않으면 백성의 풍속과 선비의 풍습이 무엇으로 말미암아 선량해지겠습니까?"[56] 하는 방식이다. 즉 순결하지 못한 부녀는 공도(公道)를 해치는 추악한 존재이므로, 공론(公論)의 힘으로 추방시킴으로서 사회를 쇄신시킬 수 있다는 것이다.

중앙의 사대부 관료들에게 음란 여성으로 '합의된' 중추원부사 조화(趙和)의 아내 김씨의 경우는 그녀의 자손들을 논죄하는 쪽으로 전개되었다. 아들과 손자, 증손자는 물론 사위와 외손자, 사위의 사위에 이르기까지,

---

56) 『세종실록』 55권, 14년(1432) 3월 3일.

김씨의 자손들은 주요 직책에서 배제되고 거부되었다. 관료들의 공론으로 배제된 그들은 "추잡하고 더러운 행동이 이미 드러난 김씨의 손자"이고 "음탕하고 더러운 피가 흐르고 있는 김씨의 자손"이며 "장모 김씨의 음행이 사방에 퍼져있어 감사의 임무를 수행할 수 없는 사위" 등이다. 그들을 "신성하고 깨끗한 벼슬자리에 앉힐 경우 공론을 위협하게 될 것"이라고 하였다. 김씨 자손들을 주요 관직에서 몰아내는 것은 "절의를 잃은 사람과 짝이 되면 자신도 절의를 잃게 되기" 때문이고, 김씨 손자들을 배제하는 것은 "사풍(士風)을 진작시키고 공도(公道)를 펴는 방법이기" 때문이었다.

그리고 지역에서 실행(失行) 부녀로 '의심된' 함안 이씨는 도덕성에 자존심을 건 사림들에 의해 '공식적'인 음부(淫婦)가 되었다. 단지 소문에 불과하던 그녀의 행실은 옥사(獄事)로 이어지고 지역에서 중앙으로 전파되었다. 여기에는 그 지역의 정신을 주도하면서 공론 형성에 절대적인 영향력을 가진 명망가의 개입이 필요했다. 이씨의 소문에 대한 사실 공방은 지역과 학파, 그리고 친인척의 관계도에 따라 서로 반대의 주장으로 구성되었다. 그런 만큼 그녀에 대한 소문은 사실 여부가 의문시되는, 이씨의 입장에서 보면 억울한 사건이었다. 그럼에도 불구하고 그녀는 '다수'에 의해 음부로 호명되는데, 이 사건을 논평한 이후의 지식인들은 한결 같이 그녀를 "한 음부(淫婦)"로 기정사실화하고 있음을 볼 수 있다. "공론이다 풍문이다 하면서 발설하는 것은 모두 사람들의 은미한 과실과 규중(閨中)에서 일어나는 의심스러운 일들"[57]이었다는 내부 비판이 있었음에도 불구하고.

이 두 사례에서 보듯, 많은 경우 특정한 개인 혹은 집단의 이해가 공론이라는 이름으로 정당화되었다. 그런 점에서 '다수의 의지'를 담아내고 '보편적인 윤리'를 표방해야 할 이 '공론'은 사용자의 주장을 정당화하기 위한 수사에 불과한 경우가 많았다. 김씨 부인과 이씨 부인의 사례를 통해 본 바, 공도 및 공론의 담지자로서의 사(士)가 과연 '이해를 따지지 않고

---

57) 『중종실록』 86권, 32년(1537) 11월 7일.

오직 의리를 추구함으로써 공을 실현하는 존재들'이었는가를 묻게 한다. 그들의 타자는 보편과 다수를 위해 '어쩔 수 없었던' 존재가 아니라 자신들의 절의(節義)와 의리(義理)를 돋보이게 해 줄 '필요한' 존재였다. 이에 타자를 통한 공(公) 개념의 재구성이 필요하다.

공공성의 가장 중요한 원칙은 사적인 차원에서 배제되거나 결여된 것을 품어주고 채워주는 토대가 되는 것이 아닌가 한다. 이것은 공공성이 기본적으로 타자·타자성에 대한 이해를 전제하면서 출발해야 함을 의미한다.

"아내는 남편의 스승" : 유교 문명화의 빛과 그늘

김 상 준

I. 문명화와 여성화

이 글은 유교 문명화의 복합적인 내면을 탐사한다. 문명화의 중요한 축은 무(武)의 문화에서 문(文)의 문화로의 전환이다. 이런 점에서 유교 문명은 분명 일찍이 문명화의 도정에 접어들었다. 그러나 이러한 일반론이 본 장의 관심사는 아니다. 이 글에서 주목하는 것은 유교 문명화와 여성화의 연관성이다. 문화적 기호로 이해할 때 무(武)는 남성성과, 문(文)은 여성성과 분명 친화적이다. 그 연관성은 유럽의 '문명화과정(civilizing process)'을 분석한 노베르트 엘리아스에 의해서도 강조된 바 있다. 따라서 '유교 문명화'에 대한 고찰은 동시에 '여성화 과정으로서 유교화'에 대한 고찰이기도 하다. 그렇다면 이 고찰은 유교와 여성의 관계에서부터 시작하지 않을 수 없다.

유교와 여성의 관계를 이야기할 때 우리는 먼저 <유교 대 여성>이라는, 항간에 널리 퍼진 대립 구도를 먼저 생각하게 된다. 여성은 유교의 피해자였

---

* 이 글의 초본은 연세대학교 국학연구원 HK사업단의 요청에 의해 작성되어 2012년 10월 19일 발표되었고, 1차 수정된 내용이 『다산과 현대』 4·5합본호(2012. 12)에 실린 바 있다. 이 글은 최종수정된 것으로 필자의 『유교의 정치적 무의식』(글항아리, 2014) 제3장의 내용이기도 하다. 이 점을 인지하고 있는 사업단의 요청에 따라 다시 싣는다.

고, 여성과 유교의 관계는 대립적이었다고 보는 관념이다. 이 통념의 한 편에는 여성을 억압하고 배제하는 유교가 있고, 다른 한 편에는 억압당하고 배제당하는 여성이 있다. 억압=가해란 적극적, 절대적 악이요, 피억압=피해는 소극적, 상대적 선이다. 따라서 이러한 진술을 일관되게 밀고 나가면, '악한 유교'와 '선한 여성'이라는 배타적 대칭-대립구도에 이르게 된다.

존재했던 유교왕조들, 유교사회들이 오늘날에 비하여 여성배제적, 여성 억압적이었음은 길게 논의할 필요가 없는 분명한 사실이라고 생각한다. 예를 들어, 오늘날 각종 고시 합격자의 거의 절반을 여성이 차지해 가고 있는 우리 사회의 추세와 비교해 보면, 과거장에 여성은 얼굴조차 내밀 수 없었던 지난 시대 유교사회의 여성배제는 자명해 보인다. 당시 여성의 역할과 공간은 엄격하게 가정, 가사의 사적 세계로 국한되어 있었다. 유교 이데올로기는 여자의 목소리가 규방과 안채의 담벼락을 넘어서는 안 된다고 하였다. 많은 여성 연구자들이 지적하듯 유교세계에서 여성의 욕망은 억눌렸고, 고작해야 억눌린 형태로 제한된 공간, 제한된 방식으로 표출될 수 있었을 뿐이다.[1]

그런데 그렇다고 하여 유교와 여성이 그 자체로 배제적, 배타적이라고 할 수 있을까? 여러 의문이 가능하다. 복잡할 것 없는 상식 차원의 질문들이다. 우선 그런 식의 적대적 38선을 미리 그어놓고 시작하면, 유교도 여성도 있었던 그대로 정확히 볼 수 없게 되는 것이 아닐까? 유교, 그리고 여성을 그 각각 진정으로 '본질화'하는 것은 오히려 그러한 접근, 시각이 아닐까? 장구한 세월 존재했던 유교사회들에서 여성 없는 유교가 존재할 수 있었을까? 여성 모두가 완전히 유교의 바깥에 배제되어 있는 유교사회를 상상할 수 있을까? 배제나 억압조차 그 기제 안에 남녀가 함께 얽혀 꼬여 들어가 있지 않았을까? 과연 유교사회의 희생자가 여성만이었을까? 또 유교사회의 억압자가 남성만이었을까? 이러한 생각은 오늘날의 시각을 과거의 사회에,

---

1) 이 주제 하의 많은 연구가 있지만, 최근 출판된 것으로써, 이숙인 외, 『조선여성의 일생』, 규장각한국학연구원 엮음, 글항아리, 2010 참조.

순전히 바깥에서, 투사한 것은 아닐까?

　유교가 우리 바깥의 한낱 외물(外物)이라면 그럴 수 있을지도 모르겠다. 그러나 우리 내부의 무엇이라면 다르다. 기쁨만이 아니라 아픔도 지고 가지 않을 수 없다. 우리의 몸이 그렇다. 우리가 고통을 줄여갈 수 있는 것은 아픔이라는 감각이 존재하기 때문에 가능한 일이다. 오늘날 유교의 어떤 점이 문제적이라고 할 때는, 그 문제적인 것을 우선 안으로부터 느껴야, 즉 그 통증이 자신의 몸에서 비롯된 것으로 자각해야, 비로소 그 고통으로부터의 탈출도 가능하다. 유교를 넘어서기 위해서는 우선 유교를 있는 그대로 정확히 이해해야 한다. 그런 연후에야 이것을 딛고 설 수 있다. 그렇지 않으면 유교를 넘어설 수 없다. 버려지지도 않는다. 유교는 분명 우리 안에도 존재하고 있기 때문에, 이 점을 직시하지 않으면, 문제는 늘 형태를 달리하여 되풀이될 뿐이다. 넘어선다는 것은 단순히 버리는 것이 아니다. 높아지는 것이다. 높아진다는 것은 그 안에서 그것을 딛고 서서 한 단계 상승, 승화될 때 가능하다.

　위와 같은 문제의식에서 바라본 유교 문명화, 여성화의 내면은 아이러니와 역설로 가득 차 있다. 우리는 이 탐사 속에서 우선 유교의 핵심정신과 모종의 여성적 처지와의 사이에 전혀 예상하지 못했던 매우 깊은 유사성이 있음을 발견하게 된다. 유교의 중심교리인 성왕론부터가 그렇다. 이 성왕론의 핵심에는 군주의 자의적 폭력[私]에 결사적으로 맞서 유교의 가치[公]를 지키려고 하는 의지가 숨어있다. '동양유교사회에는 군주에 대한 어떤 견제도 존재하지 않는다'라고 하는 '동양적 전제주의(Oriental despotism)'는 완전한 넌센스다. 오히려 그 반대가 사실에 가깝다. 유교만큼 치열하게 군주 견제를 교리의 중심에 놓는 정치종교는 존재하지 않는다. 서구전통에서 '자유'란 늘 폭력적이고 자의적인 군주로부터의 자유였다. 폭군을 통제하고 견제하는 만큼의 자유였다. 이것이 모든 자유의 근간이었다. 이런 의미에서 '동양적 전제주의'라는 거짓 신화는 유교세계에서 그러한 자유가 어떠한 방식으로 획득되고 있었는지에 관한 완전한 무지를 (또는 기획된 편견을)

폭로하고 있을 뿐이다. 우리는 본 장에서 유교에서의 그러한 자유정신이 모종의 여성성, 또는 특정한 신분의 여성이 갖는 명예의식과 매우 깊은 관련을 보이고 있다는 점을 주목할 것이다. 그러한 연관은 유교의 특유한 심리적 에너지의 핵심을 이루고 있다. 따라서 유교를 넘어선다고 하는 의지도, 이러한 모종의 심리적 에너지를 어떤 방식으로 지혜롭게 전환해 가느냐와 깊이 관련된다(에너지 전환). 통증을 이용해 고통을 줄여가는 방법이다. 이런 의미에서 유교적 문명화, 여성화는 아직도 진행 중인 문제다. 평탄한 진행 과정이 아니라, 역설과 반전의 고개들을 넘어야 하는 우회로들이다.

이 글의 본론은 일견 유교와 전혀 무관해 보이는 고대 로마사의 한 에피소드에서 시작한다. 그 이유는 첫째 유자(儒者)들이 처했던 역사적 정황과의 충격적인 유사성 때문이고, 둘째는 자유정신과 여성의 처지라고 하는 것이 동서양에 공통된 모종의 연관성과 근거를 가지고 있음을 보이기 위함이다. 그러나 고대 로마사에서의 그 자유정신의 에피소드란 아름답고 즐거운 무엇이 아니었다. 오히려 매우 비참하고 고통스러운 이야기다.

II. 루크레시아 : 공화국 로마의 어머니

로마 역사가 리비우스의 『*Ab Urbe Condita*(로마사)』는 루크레시아 (Lucretia)가 고대 로마의 왕정(王政)을 종식시키고 공화정이 수립되는 데 결정적인 역할을 한 여성이라 전하고 있다. 그녀는 로마의 아름다운 귀족 여성이었다. 남편은 왕족이요(왕의 조카의 아들), 아버지는 로마의 제1장관 (prefect, the first magistrate)이었다. 그러나 이 영광스러운 이야기 속 그녀의 역할은 대단히 참혹하다. 로마 공화정은 비극 속에서, 한 여성의 피 값으로 탄생했다.

고대 로마 왕정의 마지막 왕 루시우스 타르키니우스 수페르부스에게는 섹스투스 타르키니우스라는 아들이 있었다. 그는 확실한 후계자, 머지않은 미래의 새로운 왕이었다. B.C. 508년 또는 507년의 어느 날, 그는 로마 근교 한 지방의 유력자였던 루크레시아의 남편이 그의 저택에서 '미래의 왕'을 위해 베푼 향연에 참석하였다. 그날 저녁 미래의 왕은 루크레시아를 보았고, 그 순간 그는 그녀를 범하고야 말겠다는 성적 갈망에 사로잡혔다. 향연이 한참 끝난 깊은 밤, 미래의 왕은 루크레시아의 침전으로 몰래 찾아 들었다. 당연하게도 그에겐 그를 위해서라면 무슨 짓이라도 하여줄 수족들이 아주 많았다. 그가 침전에 이르는 동안 그를 볼 모든 눈은 미리 감겼고, 그의 소리를 들을 모든 귀는 미리 닫혔다. 그의 몸을 막아 설 모든 몸은 모두 이미 조용히 소거(消去)되었을 것이다.

이제 끝으로, 필사적으로 저항하는, 그러나 너무나도 무력한 루크레시아 앞에서 미래의 왕은 오만하게 말했다. 지금 너에게는 두 가지 선택이 있다. 첫째 나의 욕망을 받아들여 나의 아내, 미래의 왕비가 되는 것. 둘째 나의 욕망을 거부하여 이 자리에서 죽임을 당하는 것. 그리하여 너의 발가벗긴 시신을 내가 또한 죽일 네 소유의 한 남자 노예의 벌거벗은 몸뚱아리 옆에 놓아, 네가 불륜을 저지른 후, 나에게 발각되어 살해되었다는 불명예를 얻는 것. 루크레시아는 자기 앞의 그 자, 미래의 왕의 무소불위의 권력이 어떠한 정도의 것인지 잘 알고 있었다. 그녀 앞에 놓인 선택의 참담함을 읽었다. 미래의 왕은 루크레시아를 겁간(劫姦)했다.

욕망을 채운 미래의 왕이 돌아간 후, 무슨 일이 벌어졌던가? 진정한 이야기는 여기서부터다. 겁간 이후 루크레시아의 행동에 관한 설명에는 두 가지 버전이 있다. 하나는 리비우스, 또 하나는 리비우스와 동 시대의 그리스 역사가 디오니수스의 것이다.[2] 그러나 두 버전의 핵심은 모두 같다. 리비우스의 버전은 루크레시아가 바로 아버지와 남편에게 사람을

---

2) 이 두 역사가는 모두 루크레시아보다 근 500년 이후의 사람들이다. 로마 공화정이 세워진 것은 대략 B.C. 508~507년의 일로 추정되고 있다. 반면 두 역사가는 율리우스 카이사르 시대의 인물들이다.

보내 즉시 자신의 침소로 와달라고 요청했다는 것이고, 디오니수스의 버전은 그녀 자신이 로마의 아버지 집으로 직접 찾아갔다는 것이다. 이후 벌어진 장면에 관한 서술은 두 버전 모두 대동소이하다. 어느 버전에서나 아버지나 또는 아버지와 남편이 가장 믿는 사람들이 모두 모였다. 루크레시아가 그렇게 해 달라고 긴급한 편지를 보냈거나, 아니면, 자신이 부친의 집에 숨가쁘게 당도하여 직접 그렇게 요청한 것이다. 유력자인 아버지와 남편 그리고 그들이 가장 믿는 친구와 동료들이 그 자리에 모였다. 이 자리에서 루크레시아는 슬피 흐느끼면서 자신이 왕자 섹스투스 타르키니우스에게 무참히 겁간당한 상황을 낱낱이 밝히고 억울함을 호소했다.

어떻게 그런 일이! 모인 귀족들은 경악, 분노, 황망, 당황이 뒤섞여 갑론을 박하였다. 그 혼란스러웠을 고성논란의 와중에 눈물에 젖은 루크레시아는 그녀 품속에 준비했던 단검을 꺼내들어 그녀의 가슴을, 온 힘을 다해, 깊이 찍어 눌렀다. 피가 솟구치고 튀어 루크레시아의 가슴을 붉게 적시고 바닥으로까지 흘러내렸다. 아버지(또는 남편)의 팔 안에 쓰러진 루크레시아는 죽어가면서 반드시 자신을 위해 복수하여 자신의 억울함을 풀어줄 것을 그 자리의 모든 이들에게 꺼져가는 목소리로 간청했다. 그리고 절명(絶命)했다. 그 충격적인 광경에 거의 넋이 나간(sublime!) 사람들은 하나 하나 목숨을 걸고 그녀를 위해 복수를 할 것임을, 루크레시아가 스스로 자신의 심장을 찌른, 피로 얼룩진 그 단검을 쥐고, 맹세했다. 역사가들은 "로마가 울었다"고 썼다.

미래의 왕 섹스투스 타르키니우스의 행위는 최고 권력의 극단적인 자의(恣意)가 어디까지 갈 수 있는 것인가를 말해준다. 그 정도까지 갈 수 있는 권력이었다면, 섹스투스 타르키니우스라는 바로 그 한 인간의 유별난 문제가 아니었을 것이다. 분노의 창끝은 바로 지금 왕위에 앉아 있는 자, 그리고 왕이라는 존재, 왕이라는 자리 자체로 향했다. 왕의 아들의 권력이 그러했다면 왕 자신의 권력은 어떠했을 것인가를 짐작케 해주는 대목이다. 루크레시아의 충격적인 절명 자리에 같이 한 사람들은 바로 왕 버금가는 유력 가문의 귀족들이었다. 그들의 딸, 그들의 아내가 그렇듯 무참한 능욕을 당할 수 있는 상황이라면, 그들보다 힘없는 신분의 사람들의 처지는 또 어떠하였을 것인가. 이 역시 미루어 짐작할 수 있다. 그리하여 그들 귀족들은 문제의 그 자, 왕의 그 아들만이 아니라 재위의 왕까지를 몰아내자고, 아니, 아예 왕이라는 존재, 왕이라는 자리 자체를 영영 없애버리자고 결의했다. 문제의 근원을 파헤쳐 끊어버리자고 말이다. 피와 눈물, 충격과 격정의 상황을 수습한 그들은 루크레시아의 시신을 어깨에 메고 로마 광장으로 행진했다. 수많은 군중이 운집한 이 자리에서 왕과 왕정에 대한 전쟁, 그를 위한 거병(擧兵)을 선언했다. 이들의 봉기에 의해 고대 로마의 왕정은 붕괴했다. 그 자리에 공화정이 들어섰다. 이후 B.C. 27년 옥타비아누스가 아우구스투스라는 이름으로 제위(帝位)에 오르기까지 근 500년, 로마는 긍지 높은 공화정 국가였다.

III. 죽음 앞에서 지키고자 하는 것을 바꾸지 않는다(見死不更其守)

유교에는 군주의 부당한 권력행사, 자의(恣意) 앞에 죽음으로 저항하는 전통이 있다. 그러나 여기까지는, 이것만으로는 그것을 유교만의 고유한 무엇이라 부를 수 없을 것이다. 저항하는 방식의 특이함에 유교만의 고유성이 있다. 부당한 힘, 권력에 또한 힘으로 맞서는 것, 즉 폭군을 힘으로, 폭력으로 방벌(放伐)하는 것은 어느 문명, 어느 역사에서도 오히려 너무나 흔하다. 죽이는 힘에 또한 죽이는 힘으로 맞서 저항하는 것, 이 역시 죽음의 각오가 필요하다. 유교의 '경전 중의 경전'이라 불리는 『서경』에도 방벌이 나온다. 은(殷) 탕왕은 하(夏) 걸왕을, 주(周) 무왕은 은(殷) 주왕을 무력으로 무찔러 죽인다. 그러나 진정한 유교는 유교의 이상(理想)이 더 이상 재위(在位)의 왕에게서 찾아지지 않을 때, 재위 밖의 왕, 또는 위(位)가 없는 왕, 즉 공자와 같은 '소왕(素王)'의 흉중에서만 찾아지는 때, 찾아질 뿐이라고 생각되는 때, 시작된다. 그 소왕의 계보를 높이 받들어 모시는 자, 그들을 유(儒)라 하였다. 유란 무엇인가. 약한 자, 부드러운 자, 유(柔)다(『설문해자』). 이들 약한 자, 부드러운 자들은 어떻게 강한 폭력의 부당한 강압 앞에 '목숨을 걸고' 저항하는가.

> [魯나라] 애공(哀公) 가로되, 유자(儒)의 행하는 바를 삼가 묻고자 한다 하였다. 공자 답하여 … 유자는 금과 옥으로 보물을 삼지 않고 충과 신으로 보물을 삼고, 토지를 바라지 않고 의(義)를 세워 토지로 삼고, 많은 곡식을 바라지 않고 글을 많이 읽어 부로 삼습니다. (중략) 유자는 이렇듯 잘 드러나 보이지 않기 때문에 찾기 어렵습니다. 또 의가 아니면 함께 하지 않기 때문에 [군주의 뜻대로] 기르기 어렵습니다. (중략) 유자는 … 이익 때문에 義를 저버리지 않습니다. [유자의 뜻을 뺏고자] 다중의 힘을 동원하고, 많은 병사를 동원하여 그를 강제하려고 하면 유자는 죽음을 뻔히 보고서도 지키고자 하는 뜻을 바꾸지 않습니다(見死不更其守). 맹수와 맹조가 후려치듯 덤벼들어도 유자는 결코 자기의 용맹과 힘을 계산하지 않고 맞서고, 무거운 무쇠 솥을 끄는 것 같은 어려운 고비에도 자신의 힘이 얼마나 되는지 계산하지 않고 여기에 대적합니다. (『예기』, 「儒行」)

이 묘사에서 맹수와 맹조처럼 후려치는 군주의 강압 앞에 놓인 무력한 자, 약하고 부드러운 자, 유(儒=柔)의 처지는 겁간의 위기 아래 놓인 루크레시아의 처지와 기이하도록 흡사하다.[3] 한쪽은 그 뜻을 빼앗고자 한다. 다른 한쪽은 그 몸을 빼앗고자 한다. 그러나 기실(其實) 이 둘은 다르지 않다. 유자의 뜻이란 수신(修身)의 터인 그의 몸[身]과 다를 바 없을 것이고, 루크레시아의 몸이란 그녀가 지키고자 하는 뜻과 다를 바 없을 것이기 때문이다. 그들은 모두 압도적으로 강한 힘 앞에 가장 무력하게 벌거벗은

---

3) 필자는 "유자의 덕목과 명예로운 신분 의식을 가진 여성들의 절의"가 "완전한 동형 구조"를 가지고 있음을 다른 방식(신분적 상황의 유사성)으로 서술해 둔 바 있다. 『맹자의 땀 성왕의 피』, 284~290쪽 참조.

자, 조르죠 아감벤의 말을 빌리자면, 호모 사케르(homo sacer)다. 그러나 유자와 루크레시아 모두 죽음 앞에서도 지켜야 할 것을 바꾸지 않았다(見死不更其守). 그들이 강해서가 아니다. 오히려 누구보다 약한 처지에 선 자, 폭력과 강압 앞에 가장 무력하게 벌거벗은 자이기 때문에, '죽음 앞에서도 지킬 것을 바꾸지 않는(견사불경기수)' 결기, 즉 지조와 절의가 더욱 서늘하게 느껴지는 것이다.

이 대목에서 텍스트를 예리하게 읽는 누군가가 의문을 제기할지 모르겠다. 어쨌거나 루크레시아는 선택을 한 것 아닌가? 또 루크레시아는 자살했던 것이고, 「유행(儒行)」의 유자는 결국 타살되는 것 아닌가? 그렇다. 루크레시아의 겁간은 강요된 선택 속에서 이루어졌다. 그러나 그 강요된 '선택'이란 것이야말로, 여성의 입장에서는 가장 공포스럽고, 동시에 가장 비열한 것이었다. 그 대목을 다시 들여다보자. 첫째 선택이란 "나의 욕망을 받아들여 나의 아내, 미래의 왕비가 되는 것"이었다. 저항하고 있는 절대적으로 무력한 자를 힘으로 누르면서, 미래의 아내요 왕비를 운운하는 것은 그 욕망의 비열성, 그 권력의 천박성을 더욱 도드라지게 한다. 그러나 그 선택을 강압하는 또 다른 선택은 더욱 비열하고 폭력적이다. "둘째, 나의 욕망을 거부하여 이 자리에서 죽임을 당하는 것. 그리하여 너의 발가벗긴 시신을 내가 또한 죽일 네 소유의 한 남자 노예의 벌거벗은 몸뚱아리 옆에 놓아, 네가 불륜을 저지른 후, 나에게 발각되어 살해되었다는 불명예를 얻는 것." 두 개의 비열, 두 개의 치욕, 두 개의 죽음 중에 하나를 선택하라. 루크레시아는 죽어서도 살 수 있는 부활의 길을 갔다. 치욕 속에서도 치욕을 씻을 수 설욕의 길을 갔다. 그녀에게 선택은 사실상 없었다. 견사불경기수! 죽음을 눈앞에 빤히 보면서도 그녀가 굴하거나 빼앗기거나 바꾼 것은 아무 것도 없었다.[4]

---

4) 그리하여 그녀의 몸도 더럽혀진 것, 바꾸어진 것이 없다. 기독교 교부 아우구스티누스는 『신국』 1권 19장에서 루크레시아를 언급하면서 간음(adultery)으로 더럽혀진 것은 오직 폭력으로 강간한 남자이며, 루크레시아의 몸은 결백하고(chaste), 간음과

우리는 위 『예기』의 묘사에서도, 그 행간에서 루크레시아가 강요당한 두 개의 죽음과 유사한 상황을 읽을 수 있다. 많은 유자들은 군주의 지붕 아래 터잡은 자들이다. 군주의 녹봉을 먹는 자들이다. 폭군 또는 암군(暗君)의 다스림 밑에서라면, 많은 유자들이 심중에서 늘 두 개의 죽음 사이를 오락가락 하며 살았을 것이다. 살아서 죽을 것이냐, 죽어서 살 것이냐. 물론 이러한 경우 오직 죽어서 사는 길만이 바른 길이라고 유교의 정론, 직론(直論)은 가르친다. 죽어서 사는 길을 찾았다는 점에서 직유(直儒)나 루크레시아나 다를 것이 없다. 자살이냐 타살이냐는 여기서 중요하지 않다. 죽어서 사는 길이란 그저 목숨을 초개처럼 버리는 것 자체에 있지 않다. 죽음으로 잘못된 것을 바로잡는다는 데 그 진수, 요체가 있다. 이 점에서도 유(儒)와 루크레시아는 일치한다.

진정 다른 점은 다른 곳에 있다. 루크레시아의 죽음은 힘을 통해, 또 다른 폭력을 통해 갚아졌다. 거병(擧兵)과 무력혁명에 의해 왕, 부당한 권력은 타도되었다. 역사를 길게 보면 당시 고대 공화정이 반드시 왕정보다 선진적(?)인 제도였던 것은 아니었다. II장에서 언급한 것처럼, 당시에는 왕정이 오히려 새로운, 선진적 체제고, 고대 공화정이란 고대국가 이전의 사회상태의 평등성을 약간은 보존하고 있던 체제였다. 오히려 그렇기 때문에 권력을 전횡하는 절대 권력자(=알파메일)의 출현을 늘 경계했다는 데 고대 로마 공화정과 고대 그리스 민주주의의 미덕이 있다. 역사의 시계에서 보면, 루크레시아의 사태로 인해, 고대 로마는 시계를 거꾸로 돌려, 과거의 공화제적 체제로 되돌아갔던 셈이다. 어쨌거나 루크레시아의 설욕은 왕의 힘과 동일한 성격의 힘, 즉 무력에 의해 이루어졌다. 이러한 힘, 권력은 지극히 남성적이다. 반면 루크레시아의 투쟁은, 이 점이 특이했던

는 전혀 무관하다고 주장한다("There were two, but the adultery was commited only by one"). 여기서 아우구스티누스는 강간당한 여자가 자신의 결백을 천명하기 위해 자살할 필요가 없다는 논설을 펴고, 이를 위해 루크레시아의 예를 끌어온다. 사실 꼭 적절한 예는 아니지만, 당시 로마에서 루크레시아의 덕성에 대한 찬미가 높았기 때문에 이를 근거로 논의를 펼친 셈이다.

것인데, 지극히 여성적이었다. 그럼에도 로마 공화국이 여성적이었던 것은 아니다. 이 역시 확인해 두어야 할 것이다. 잘 알려져 있듯이, 로마 공화정은 500년 내내 지극히 공격적이고 침략적인, 지극히 남성적인 무력 국가였다. 루크레시아가 설욕을 위해 동원한 방법이 결국은 지극히 폭력적이고 남성적이었던 것과 전혀 무관하지는 않을 것이다.

반면 유자의 투쟁은 늘, 시종, 한결같이, 오히려 더욱 여성적이었다. 그들의 무기는 간(諫)이요, 예(禮)요, 쟁(諍)이요, 학(學)이었다. 창과 칼은 그들의 것이 아니었다. 유자의 권력—그러한 것이 있다면—그것은 항상 그 본질에서 여성적인 것이었다고 생각한다. 유교가 진실로 강했던 시대의 국가의 성격은 늘 여성적이었다. 무제(武帝) 사거 이후의 전한, 북송 후기, 남송기 전반이 그렇고, 명대 후기도 그러하며 조선사 전체, 특히 조선후기가 그렇다. 유자들이 그리고 유자의 권력이 군주를 순치시키는 방법이 지극히 여성적인 것이었기 때문이다.

이 점에서 유교세계는 고대 로마의 귀족제, 중세 유럽의 봉건제와 크게 달랐다. 이들 세계에서 힘의 균형은 철저히 남성적인 힘, 상쟁하는 무력의 균형에 의해 이루어졌다. 아무리 유교세계라 하여도 현실의 임자는 군주다. 국가의 주인, 군주란 궁극적으로 최종적 폭력의 담지자다. 그러나 그 군주를 바로잡기 위해 유자들은 창칼로 맞서지 않는다. 넓은 봉토와 강력한 기사단을 배경으로 군주 앞에서 무력시위하지 않는다. 그들은 다만 간하고 간하며, 가르치고 또 가르친다. 그들은 하염없이 착하시고 어떠한 폭력도 행하지 않으셨던 요순 성왕의 모습을 따라 살기 위해 발걸음, 몸가짐, 마음가짐, 의관과 복식, 언행과 처신을 항상 다시 여미며 바로잡았다. 그럼에도 내리침을 당하면 죽음을 두려워하지 않고 힘껏 나아가 거듭 간하며, 설혹 그리하여 더 큰 내리침을 받아 형구(刑具)에 묶이고 형장의 이슬이 되더라도 이를 후회하거나 원망하지 않는다. … 이것이 최소한 '이론적으로' 완벽한 유자의 모습이었다.

유교왕조란 독특한 정치체제다. 약한 자, 부드러운 자, 유(儒=柔)가 왕을 가르치고, 꾸짖고, 계도하는 체제다. 호모 사케르가 (고대 로마에서 그랬듯) 희생의 제물이 아니라 실제적 통치의 주역이 되었던 역설과 반전의 체제다. 그리하여 17세기 저 먼 유럽의 서부 끝자락에서(네덜란드) 불과 몇 사람의 선각적인 철학자들에 의해 비로소 민주주의가 긍정적으로 꿈꾸어지기 시작하던 때, 그들이 "철학자들이 다스리는 나라", "플라톤적 공화국"이라고 동경했던 곳이 바로, 당시 그들 네덜란드인들이 Sina라고 불렀던 중국과 코리아(Corea), 바로 유교국가일 수가 있었다는 점은 결코 우연이 아니었다.

　루크레시아는 아버지와 남편의 힘을 빌려, 남성적인 무력을 통해 포악한 왕을 타도했다. 그 결과가 로마의 고대 공화정이었다. 반면 유자들은 끝까지 일관되게 지극히 여성적인 방법으로, 수백 년 수천 년의 시간을 두고, 군주의 폭력성과 자의성을 집요하게 순치했다. 이런 의미에서 유자들의 투쟁은 루크레시아보다 더욱 루크레시아적이었다. 그러한 체제가 바다와 대륙 저 멀리 유라시아 다른 쪽 끝에서 출현한 '새로운 철학자'들의 눈에 "플라톤적 공화국"으로 보였던 것이 결코 순전한 착각의 소산만은 아니었다고 생각한다.[5] '플라톤적 공화국' 보다는 '루크레시아적 공화국'이었다 함이 더욱 정확하였겠지만.

IV. "아내는 남편의 스승"

　1832년 조선, 때는 존재했던 모든 왕조 중 아마도 가장 유교적이었을 이 나라가 절정의 순간을 지나 서서히 기울어가기 시작하던 즈음이었다. 이 해, 성은 강(姜), 본관은 진주요, 아명은 지덕(至德), 호는 정일당(靜一堂)이라는 한 여성이 서울 인근에서 임종했다. 나이 만 60이었다. 그보다 여섯 해 아래의 남편 윤광연은 이 생에 남아 다음과 같은 제문을 아내를 위해

---

　5) 졸고, 「비서구 민주주의」, 『실천문학』 2012 여름 특집호 ; 「민주주의 : 유교의 정치적 무의식」, 다산 탄신 250주년 기념 국제학술대회 발표논문, 2012 참조.

썼다.

> 나에게 한 가지라도 착한 것을 보게 되면 기뻐할 뿐만 아니라 더욱
> 격려하였고, 나에게 한 가지라도 허물이 있음을 보게 되면 걱정할 뿐만
> 아니라 질책하기도 하여 반드시 나를 중용되고 정대한 경지에 서도록
> 하고, 친지 사이에서 한 점의 허물도 없는 사람이 되게 하였다. 비록
> 내가 미련하고 못나서 더 실천하지 못하였지만, 아름다운 말과 지극한
> 논리에 종신토록 승복하였다. 이 때문에 부부지간이 마치 스승처럼 엄격하
> 였고, 단정하고 조심하여 조금도 소홀함이 없었다. 매번 그대와 마주할
> 때는 신명을 대하는 것과 같았고, 그대와 이야기할 때는 눈이 아찔해지는
> 것을 느꼈다. 지금 이후로는 이와 같은 사람을 다시 볼 수 없으리.6)

군주와 유자의 이상적인 관계가 여기서 부부 사이에서 동형 반복되고
있다. 유교의 이상에서 유(儒)는 군주의 스승이다. 이제 아내가 남편의
스승이 됨으로써 유교의 이상은 가족 안에서도 동형으로 완성된다. 정일당
은 남편을 학문적·인격적으로 부단히 가편(加鞭)한다. 대유(大儒) 정승들이
어린 군주에게 늘 그랬던 것처럼.

> 군자가 도를 닦는 것은 자신을 수양하여 남을 다스리기 위함일 뿐이니,
> 밤낮으로 부지런히 하여 오히려 미치지 못할까를 걱정합니다. 어느 겨를에
> 쓸데없는 생각하고 잡답하며, 한가하게 손님이나 맞고 여기저기 출입하면
> 서 '군자의 책임은 중대하고 갈 곳은 멀다'는 교훈을 스스로 저버릴 수
> 있겠습니까? 당신은 조심하고 노력하시기 바랍니다. …

> 당신은 대장부로서 뜻을 세우고 도를 구하여 스승을 따르고 벗을 사귀어
> 부지런히 노력하여 나아간다면 어찌 배움에 능하지 못하고, 어찌 강론함에

---

6) 이영춘역, 『국역정일당유고』, 가람문학, 2002, 167쪽 : 이은선, 『잃어버린 초월을
찾아서 : 한국유교의 종교적 성찰과 여성주의』, 모시는 사람들, 2009, 155쪽에서
재인용. 이하 본 절 내용의 일체 인용과 재인용은 이은선(2009)에 의거한다.

밝지 못하며, 어찌 행함에 이르지 못하겠습니까? 인의를 말미암아 중정을 세운다면 성(聖)을 이루고 현(賢)을 이루는 것을 누가 막을 수 있겠습니까? 성현도 장부이며 나도 장부인데, 어찌 두려워서 하지 않습니까? 날마다 그 덕을 새롭게 하고 반드시 성현이 되기를 기약하소서. …

　나에게 참다운 덕이 있으면 남들이 알아주지 않은들 무슨 손해가 있겠습니까? 나에게 참다운 덕이 없다면 비록 헛된 명예가 있어도 무슨 이익이 있겠습니까? 여기에 옥이 있는데 사람들이 그것을 돌이라 해도 옥에게는 손해가 없는 것이요, 여기에 돌이 있는데 사람들이 그것을 옥이라 해도 돌에게는 이익이 없을 것입니다. 바라건대 당신은 참된 덕에 힘써서 위로는 하늘에 부끄럽지 않고 아래로는 땅에 부끄럽지 않다면, 사람들이 알아주고 알아주지 않고에 마음쓰지 마십시오.[7]

　남편에게 종속된 존재로서가 아니다. 정일당은 "남녀의 품성은 차이가 없고, 여성도 聖人이 될 수 있다"고 썼던 조선의 여성 선학(先學) 임윤지당(林允摯堂)의 글을 일평생 품고 매사 매시를 유도(儒道) 정진에 전념했다. 그렇다. 일찍이 "모든 사람이 다 요순 임금과 같은 성인이 될 수 있다(人皆可以爲堯舜)"고 맹자님이 가르치시지 않았던가. 어찌 남녀의 품성에 차이가 있을 것이며, 어찌 여성이 성인(聖人)이 되지 못할 것인가.
　정일당이 남편을 가르치는 방법은 부단한 간(諫)이요, 스스로 학문정진[學]과 일상행실에서 모범[禮]을 보임으로써였다. 이것을 공부하라, 저것을 공부하라, 이것을 누구에게 배워라, 저것을 누구에게 배워라, 이 경우에는 이렇게 행실하라, 저 경우에는 또 저렇게 행실하라, 항상 더욱 스스로 노력하고 조심하라. 정일당은 일평생 지치지 않는다.

　정일당은 정신 수양에 전일하여 행동할 때나 쉴 때나 한결같았다고 한다. 늘 연의(緣衣)를 입었고, 남편을 따라 새벽에 가묘에 배알하였으며,

---

7) 이은선, 위의 책, 2009, 140~141쪽.

한가하여 일이 없을 때는 문을 닫고 단정히 정좌하여 마음이 발동하기 전의 경계를 체득하였다고 한다. 이렇게 성경(誠敬)의 심성 훈련 공부에 평생의 노력을 기울여 삶과 죽음을 초월하고, 부와 가난의 경계를 넘어서 확연의 경지에 도달하도록 쌓아 나갔다. 아홉 명의 자녀가 모두 일찍 죽고 3주야를 굶어도 원망하거나 근심하는 마음이 없이 오히려 그러한 불행을 만날 때마다 남편을 더욱 위로하고 격려하였다고 한다.8)

이은선 교수에 따르면, 정일당 더 나아가 조선의 유교 여성 일반은 당시 여성의 사적 영역이라 할 수 있는 제반 가사와 봉제사 접빈객을 공적 실천의 영역으로 승화시켰다 한다.

> 그들[조선 유교 여성들]이 가정사에서 가장 중요하게 섬긴 봉제사는 바로 자신들의 세대를 넘어서 영속적인 것과 관계하고 윗세대들에 대한 뛰어난 헌신을 행하는 것이었으며, 또한 그들이 어려운 환경 가운데서도 손님들을 극진히 대접하고 그들과 더불어 공공선에 대한 관심을 지속해 나간 것은 바로 공론 영역에 대한 뛰어난 참여였다고 볼 수 있기 때문이다. … 그들 봉제사의 기본 정신이 되는 효는 바로 하늘까지 닿는 불멸성에 대한 배려였고(事親如天 事天如父), 그들 접빈객의 기본 원리였던 제(悌)는 친형제자매를 넘어서 친척과 이웃, 세상의 만물에게로 향하는 이웃사랑이었다.9)

이교수의 해석에는 물론 여러 이견이 있을 수 있다. 우선 정일당과 같은 정도로 학문과 수양이 뛰어난 '여성군자'의 존재는 조선사회에서 매우 드문 예외였음을 지적할 수 있을 것이다. 그러나 조선사회에서 일반 가사와 봉제사 접빈객은 학식, 학문과 무관한 여성 일상사의 영역이었다. 이 대목에서 이교수의 논점은 바느질 한 뜸, 반찬 마련 하나도 공의 마음으로

---

8) 이은선, 위의 책, 154쪽.
9) 이은선, 위의 책, 178쪽.

지성을 다하였다는 뜻일 것이다. 그럼에도 과연 당시의 실제 현실에서 얼마나 많은 여성들이 봉제사 접빈객의 수고로운 일상을 그만큼 순수하고 높은 종교적 열정을 가지고 '몰아적'으로 수행할 수 있었는지 의문을 제기할 수 있을 것이다. 오늘날 '명절증후군'의 스트레스를 체험하고 있는 주부라면 도저히 정서적으로 받아들이기 어려운 이야기일 수도 있다. 그러나 당시의 시대상황이 오늘날과 크게 달랐음도 염두에 두어야 할 것이다. 봉제사 접빈객은 당시에는 의무보다는 높은 신분의 특권에 가까운 일이었다. 봉제사는 양반신분의 징표였고, 접빈객은 경제생활의 근거였다. 사회적 위치의 유지와 상승을 위해 봉제사 접빈객은 매우 중요한 일이었고, 그 행사에 여성은 중요한 역할을 했다. 종교성과 함께 이렇듯 보다 현실적인 사회학적 맥락을 함께 보는 것이 필요할 것이다.

정일당의 예에서 우리가 눈여겨 보는 지점은 아내가 남편의 스승이 된다는 정황이다. 이는 다만 학문의 차원에 국한되지 않는다. 정일당처럼 유학자인 남편보다 학문이 높았던 경우란 극히 예외적이었을 것이다. 그러나 여기서 중요한 것은 비단 학문만이 아니라, 생활 일반 또는 당시 사회적 가치에 대한 수행 태도에서 아내가 남편의 스승이요 모범이 될 수 있었다는 암시일 것이다.

유가의 이상적인 여성상은 스스로가 여군자(女君子)가 되어 남편과 아들이 직유(直儒)가 되도록 떠받치고 인도하고 가르치는 존재다. 흥미로운 것은 성왕론이 지배하는 유교 조정에서도 왕을 받드는 신하인 유자가 왕의 스승이 된다는 사실이다. '여성 군자'란 '여성 직유'에 다름 아니다. 그렇다면 이은선이 말하는 유교적 여성이란 가정에서 스스로 직유가 됨으로써 가정에서의 독점적 군권을 넘어서고 여성의 일방적 종속성을 내파할 가능성을 품은 존재다. 유교 조정의 왕과 유자, 그리고 유교 가정의 남편과 아내, 이 두 개의 구도가 매우 닮아있다는 것은 유교와 여성 또는 유교화와 여성화가 모종의 깊은 상관관계를 가지고 있음을 말해주는 듯하다. 다시 말해, 아내가 남편의 스승이 되는 정황 속에서, 여성의 유교화만이 아니라 유교의 여성화의 완성을 볼 수 있는 것은 아닐까? 이 둘은 상통하고 있었던 것 아닐까?

어쩌면 이러한 여성의 유교화, 유교의 여성화란 오래 전 유교의 탄생 시점부터 이미 예고되어 있던 유교의 완성태(完成態)였을지도 모른다. 왜냐하면 유교 정신의 기원 자체가 강압과 불의에 맨 몸 붉은 뜻 하나로 결연히 맞서는 결기와 의기(義氣)에서 비롯되었기 때문이다. 우리는 그 결기가 루크레시아적인 여성적 절의(節義)와 기이하도록 흡사함을 보았다. 그렇기에 유교의 완성, 완결, 정점이 여성의 유교화, 유교의 여성화를 통해 이루어진다고 하는 것은 전혀 이상할 바 없다고 해야 하지 않을까. 아니 오히려 너무나 당연한 귀결이었다고 보아야 하지 않을까. 그러나 유교세계에서 남편의 스승이 되는 아내의 위치는, 군주의 스승이 되는 유자의 위치가 그러했듯, 누림보다는 바침, 향유보다는 희생의 길에 가까운 것이었다. 이 점을 살펴보기 위해 다시 루크레시아로 돌아가 본다.

V. 다시 루크레시아―자살과 열녀

루크레시아가 자결하지 않았다면 어떻게 되었을까? 오이디푸스가 자신의 모친을 부인으로 삼았다는 사실을 뒤늦게 알게 된 후, 미치광이처럼 자기 눈을 스스로 후벼 뽑아 피투성이가 되었던 광경보다 훨씬 충격적이었을, 루크레시아의 자결이라는 그 스펙터클이 없었다면, 아마 고대 로마의 왕정은 (최소한 그 당시에는) 무너지기 어려웠을 것이다. 그렇다면 또 견사불경기수라고 하는, 무력하기만 한 유자들의 그 죽음 앞의 결연한 태도의 역사적 역할은 무엇이었을까? 유교문명권에 천하위공을 위해 선공후사 헌신하는 공공(公共) 윤리의 심성을 깊이 각인시킨 데 있을 것이다.

그러나 이 속에서 감연한 죽음(자살)에 대한 찬미도 싹트지 않았을까? 기독교 도래 이전 로마에는 의로운 자살에 대한 존숭의 문화가 있었다.

로마 공화정, 로마 자유의 어머니 루크레시아의 매운 절개에 대한 찬미와 무관하지 않았다. 그런데 이것은 유교사회의 경우 엉뚱하게도 소위 '공자의 이름으로 죽은 여인들'의 끝없는 행렬로 불거져 나왔다. 바로 열녀(烈女)다. 명말 이후 중국, 양난 이후 조선후기 사회에서 이러한 현상이 두드러졌다. 나는 여기서 열녀 일반을 비판할 생각이 추호도 없다. 루크레시아 역시 열녀다. 그러나 열녀, 즉 자살하는 여성이 사회적 문제로 인식될 정도로까지 급증했다면, 이 현상의 배후를 캐 볼 필요는 충분하다.

중국의 여성 인류학자인 티엔루캉(田汝康)은 역사적으로 유교열, 과거열 (科擧熱)이 높아지는 시대일수록 자결하는 열녀가 많아진다는 흥미로운 상관 관계를 포착해냈다.[10] 티엔루캉은 유교사회 여성 자살의 유형은 크게 남편이 죽은 후, 그리고 겁간을 당한 후(亂中이거나 또는 강도)에 이루어지는 것이라 했다. 열녀라는 이름을 얻어 남은 후손들이나 친족들에 게 돌아오는 현세적 보상이 분명치 않은 상황에서도 자살하는 여자들이 늘어갔다고 했다. 군주나 사대부들의 이에 관한 태도가 찬양 일변도였던 것도 아니었다. 오히려 심각하게 우려하고 이를 막아 보려 하는 움직임도 적지 않았다. 티엔루캉은 과거의 경쟁이 격심해지면서 등과하지 못한 유생들이 엄청나게 늘어난 결과, 이들의 좌절된 멘탈리티가 여성들의 희생을 부추기고 강요하는 쪽으로 몰아갔을 것이라는 암시를 던지고 있다. 자기보다 약한 자를 희생시킴으로써 대리만족을 얻는다는 것이다. 그러나 이러한 암시에 대해 그녀가 제시하는 증거(어떻게 부추기고 어떻게 강요했 던 것인지)는 분명하지 않다.

유교열-과거열과 '열녀' 수 사이의 상관관계는 분명 존재하였던 것으로 보인다. 그러나 열녀 수의 증가는 인위적인 압박과 강제의 결과 쪽보다는, 일종의 사회적 히스테리 또는 내재화된 도덕적 자기억압(또는 자기폭력)의 결과로 보는 편이 사실에 더 부합할 것 같다. 티엔루캉의 가설을 약간

---

10) 전여강, 『공자의 이름으로 죽은 여인들』, 예문서원, 1999.

보완 정정할 필요가 있다. 중국의 과거준비 층의 규모는 어마어마했다. 과거응시의 신분제약이 사실상 없었다. 또한 중국의 과거준비는 조선처럼 가(家) 단위가 아니라 족(族) 단위로 이루어졌다. 될 성 부른 수재 한 명을 족 단위가 밀어주는 것이다. 유교의 핵심에는 절의(節義) 정신이 있다. 이 절의 정신이 방향과 대상을 제대로 잡았을 때, 그것은 조정과 사회를 바로잡고 정화하는 기세가 될 수 있다. 그러나 수만 명 중 단 한명만이 그 관문을 통과할 수 있는 상황이라면 문제는 매우 복잡해진다. 99% 이상의 과거준비자가 평생 (가장 하급 관문인) 향시 한 번 통과하지 못한다. 당시의 과거구조, 사회구조가 그렇게 되어 있다. 그 심리적 스트레스는 시험 준비 당사자만이 아니라 족 전체, 크게는 수백, 수천에 이르는 족 단위로 전이되지 않을 수 없었을 것이다.

수많은 유생(儒生)들의 '좌절된 심리적 스트레스'라는 게 무엇일까? 천하 위공의 대의를 위해, 군주를 향해 펼쳐질 엄격한 도덕주의, 도덕정치가 한 가닥 펼 기회도 없이 허망하게 지고 마는 것이다. 도덕주의(moralism)의 내면은 엄격한 자기통제, 자기억압이다. 이 자기억압은 좌절을 통해 한 단계 심화된다. 그렇게 심화된 자기억압은 그가 수용한 압력만큼 주변으로 터져 나가기 마련이다. 열녀 현상이란 바로 그렇듯 좌절된 절의의 정신이 이제 그들의 부인, 더 나아가 그의 친족 부인들에게 전이(轉移)[11]된 결과 발생했던 것이 아닐까? 더구나 여성들에게로 전이된 그 좌절된 절의의 정신은 이번에는 더욱 더 순수하고, 따라서 어떤 현세적인 이유로도 결코 꺾이지 않는 형태로 관철되었던 것이 아닐까. 『예기』「유행」편의 바로 그 이념형적 유자처럼 '무거운지 가벼운지 결코 계산하지 않고' 말이다.[12]

---

11) 프로이트 심리학의 '전이'(Übertragung, transference)를 상기하자.

12) 물론 사람의 심정이란 예나 지금이나 매우 복합적이다. 이 한 몸 죽어 남은 혈육들에게 한 점 좋은 일이 돌아온다면 … 하는 생각이 그 시절 열녀 누군가에게 왜 없었을 것인가. 많은 경우, 중국과 조선에서 열녀의 자손과 가문은 우선 '명예'를 부여받았다. 어느 정도 조건이 되면 말단이라도 벼슬길, 환로(宦路)가 열릴 가능성 도 있었다(실제 그런 경우는 매우 작았다). 그런 사회적 상황이 '열녀 심리'의

이렇게 보면 열녀의 증가 역시 여성의 유교화, 유교의 여성화의 한 표현이 아닐 수 없다. 유교의 정신이 가장 순수하고, 결코 꺾이지 않는 형태로 관철되었을 때, 그것이 다름 아닌 여성의 자살, 바로 열녀의 탄생으로 표출되었던 것이 아닐까. 그것도 한 두 사람만의 이례적인 사건이 아니라, 열을 지어 죽음의 강으로 뛰어드는 사회적 현상으로 말이다. 그러나 이제 유교 절의의 그 순수한 완성태 속에는 루크레시아의 몸을 빼앗으려는, 또는 유자의 뜻을 빼앗으려는 바로 그 구체적인 폭군의 존재가 뚜렷하지 않다. 스스로의 목숨을 바쳐야만 비로소 바로 세울 수 있는 어떤 확실한 대상과 분명한 목표가 있는 것도 아니다. 너무나 속절없이, 너무나 가볍게, 너무나 많은 여성들이 자신의 목숨을 끊었다. 이러한 때 남았던 것은 오직 절의라는 이름의 순수한 형식뿐이었다. 그렇듯 철저히 공허하고 그리하여 더욱 순수하였을 형식이, 특별히 어렵고 힘겨운 상황에 처한 여성의 생명을 집요하게 요구하고 있었다.

VI. 문명화 과정과 도덕성의 에너지 전환

노베르트 엘리아스는 문명화 과정(civilizing process)의 핵심을 폭력에 대한 민감성이 사회적으로 증대되는 것이라 풀이했다.[13] 유교는 여러 윤리 종교 중에서도 현세적 폭력에 대한 민감성이 가장 고도화된 교의였다. 유교라는 교의의 담지자(carrier)인 사(士) 또는 유(儒)의 신분적 상황 자체가

내면화된 사회적 압박 기제가 되었으리라는 점은 분명하다. 그렇다고 하여 그 모든 자살이 다 이런 계산에서 비롯된 것이었다고 본다면, 그건 이상하다. 이런 식으로 풀이되어야만 비로소 이해가 된다고 하는 생각, 즉 그 모든 열녀가 내린 죽음의 결단이, 정밀한 현세적 득실계산의 치밀한 셈법의 결과 지극히 '합리적 (rational)'으로 도출되었을 것이라고 풀이해야만 비로소 그 동기가 이해된다고 하는 사고방식이 오히려 문제다.

13) Elias, Norbert, *Civilizing Process*. Oxford : Blackwell Publishers, 1994.

그랬다. 그들은 일종의 무장해제된 신분이었다. 그런데 군주의 폭력과 억압 앞에서 죽음을 무릅쓰고 저항한다는 것은 이미 높은 명예의식을 전제하고, 또 그러한 높은 명예의식이란 일정한 신분적 지위를 전제한다. 전국시대의 유자는 귀족신분의 끝자락에 기원을 두었으나, 아직 평민으로 까지 영락하지는 않은 자들이었다. 힘없는 이른 바 '아랫 것들'(!), 일반 평민들, 농민들이었더라면 어떠했겠는가? 그 시대의 그러한 힘 앞에 그저 얼굴조차 세워보지 못하고 굴복하고 말 뿐이었다. 루크레시아는 어떠했는 가? 여성이되 아주 높은 신분의 귀족 여성이었다. 일반 평민 여성이었다면 그 시대 그러한 상황에서 항거로서의 자살이란, 오히려 차라리 사치였다고 할 것이다. 그만큼 비참했다.

그러나 유자와 루크레시아의 명예의식이란 특별한 종류의 것이었다. 니체가 말한 전사(戰士)의 도덕, 전사의 명예란 폭력을 통해 이루어진다. 말을 타고 칼을 쥐고 전장으로 나가는 그들은 죽음을 감연히, 즐겁게 맞이한다! 죽음에 대한 이러한 감연한 태도를 통해 전쟁귀족들은 죽음 앞에 두려워 떠는 양(인민)들의 도덕적 숭앙을 획득했다. 그러나 칼을 쥐지 않은, 물리적 의미에서 철저히 무력한 자가 압도적 폭력 앞에서, 죽음 앞에서 감연히 맞서 투쟁할 수 있는가? 철저한 비폭력으로 폭력을 이길 수 있는가? 유자가 그러했고, 그러한 의미에서 앞서 우리는 유자가 '루크레시아보다 더욱 루크레시아적이었다'고 했다.

유자와 여성이 처한 처지와의 묘한 유사성, 그리고 그러한 상황적 유사성 위에서 유자와 유교가 역사적으로 거둔 성공은 아직도 강렬한 현재성을 가지고 있다고 생각한다. 무엇보다 우선 여성이 느끼는, 여성을 둘러싼 폭력의 상황이 여전히 현재적이라는 점은 의미심장하다. 과거에 비해 훨씬 큰 자유가 여성에게 주어졌지만, 그 자유의 상태가 여성을 둘러싼 폭력의 상황을 근본적으로 변형시킨 것은 아니다. 형태를 달리하였을 뿐 오히려 더 다양하고 교묘한 방식으로 확대되었다고 볼 수도 있을 것이다. 이는 오늘날 우리가 누리는 자유의 상태가 얼마나 미완의 것인지를 말해주는 것이기도 하다. 반대로 여성이 여하한 폭력으로부터 안전해지는 사회적 상태. 이것은 인간이 누리는 자유의 중요한 질적 지표의 하나가 될만한 것이라고 생각한다. 이러한 상태로의 접근은 어떻게 가능할까? 여기서 엘리아스의 문명화 과정 이론은 하나의 실마리를 준다. 여성 또는 약자 일반에게 가해지는 여하한 형태의 폭력에 대한 윤리적 거부감이 고도로 민감해 갈 때, 그리고 그러한 상황과 심리가 사회적으로 일반화될 때, 여기엔 분명한 변화가 생긴다고 말할 수 있다.

물론 폭군 앞의 유자의 처지와 폭력 앞의 여성의 처지를 나란히 놓아본 것은 비유다. 유자는 군주의 정치적 폭력 앞에, 루크레시아는 군주의 성적 폭력 앞에 항의하고 맞섰다. 그렇다고 그 두 가지 폭력이 전혀 별개인 것은 아니다. 요한 갈퉁은 『평화적 수단에 의한 평화』에서 성적 지배욕이 정치적 폭력에서도 무의식 깊게 작동하고 있다고 분석했다. 『예기』「유행(儒行)」편의 서술과 루크레시아 에피소드가 기묘하게 흡사한 울림을 준다는 사실은 바로 이러한 폭력 에너지의 보편성 내지 공통적 근원을 짚고 있는 것일 수도 있다. 유자가 거둔 역사적 성공의 요체는 그들의 시대의 절대권력 자인 군주의 자의적 권력행사를 매우 특이한 방법으로 효과적으로 억제했 다는 데 있다. 그 특이함의 핵심은 비폭력, 즉 일관되게 평화적인 방법이었다. 아내가 남편의 스승이 되었던 정일당의 사례는 그 유교적 방법의 정수를 응축해주고 있다.

그러나 유자들이 거둔 성공의 이면을 함께 보아야 할 일이다. 정치가로써 유자들이 벌린 최고의 군주 순치(馴致) 투쟁은 수천 년 유교사에서 지속적으 로 전개된 예송(중국에서는 禮議라고 한다)이었다. 과연 예송은 고도로 평화적인 투쟁방법이었다. 유자들은 오직 성왕론과 예론, 즉 언변과 학식, 그리고 예법으로 싸웠다. 그러나 제왕의 언어법 역시 과연 달랐다. 중국의 경우에는 군주에 의해 일시에 수백 명의 조정 유자가 한꺼번에 떼죽음을 당하기도 했다. 조선의 경우에도 규모는 그보다 작지만 결코 가볍지 않은 피가 흘렀다. 그러나 주목해야 할 점은 유자들의 손에 피가 묻지 않았던 것도 아니라는 사실이다. 예송이 가장 높은 수준으로 전개된 조선의 경우, 당파로 나뉜 유교정치세력들이 서로 피에 피를 부르는, 세대에 세대를 잇는 살벌한 환국정치, 숙청정치를 했다. 중국 송대의 신법당과 반신법당의 세대에 걸친 오랜 투쟁사도 만만치 않다.

그렇다면 또 앞서 다룬 열녀 현상은 어떤가? '남자는 지조, 여자는 절개'라. 너무나 익숙한 말이다. 예송에서 당파의 당인들이 보여준 그 대를 잇는 지조가 대를 잇는 피의 보복으로 이어졌듯, 이제 여성들에게 전이된, 또는 여성 자신이 내면화한 절개와 절의의 찬미는 어느 순간, 목표 없는 절의 절대주의로 빠지고 말았다. 자유를 위한 교의가 보복의 수단 또는 자기억압, 자기폭력의 무기로 뒤집힌 것이다.

누군가 군사귀족 사회의 폭력적 정치투쟁에 비해보면 유교 당쟁사의 피살육자의 규모는 상대적으로 작았고, 타문명권에서의 여성에 대한 명예 살인(honor killing)의 폭력성에 비할 때 유교사회의 열녀 현상은 그마나 최소한 자발성의 외피를 쓰고 있지 않았느냐고 변호할 지도 모른다. 그러나 이러한 식의 변호란 당연하게도 '이오십보 소백보' 식이라 비판받을 소극적 변명에 지나지 않을 뿐 아니라, 그런 방식으로 부정적 현상에 대한 합리화를 시도한다는 점에서 결코 바람직하지 않다.

우리가 진정 이 지점에서 숙고해 보아야 할 점은 유교 도덕투쟁의 특이성일 것이다. '견사불경기수'에서 나타난 유자의 태도의 핵심은 엄청난 도덕적 경외심을 불러일으키는 일종의 자살, 자기폭력이라는 점에 있다. 물리적 맞섬이 아닌 도덕적 자기폭력을 통해 억압자를 이긴다고 하는 것, 바로 이 점에서 유자들은 니체가 찬미했던 전사(戰士)윤리를 넘어섰던 셈이다. 이 점에서 루크레시아의 자살과 견사불경기수의 정신은 완전히 일치한다.

이러한 심리적 자기폭력과 도덕, 종교와의 내밀한 연관성을 가장 깊이 통찰했던 사람 중의 하나가 프로이트일 것이다. 특히 '죽음충동'을 제기했던 후기 프로이트가 그렇다. 그는 이러한 죽음충동이 반복강박으로 나타나는 현상에 주목했고, 이러한 반복강박이 종교적 자기고문(self-torture)이나 초자아의 도덕적 엄격성으로 표출되기도 한다고 보았다. 엘리아스의 문명화 이론은 프로이트의 이러한 입장을 역사적으로 적용해 본 것이라 할 수 있다. 실제로 폭력에 대한 민감성이란 프로이트가 말한 죽음충동을 자기 자신에게로 내향화, 내면화시킬 때 극히 날카로워진다.

그러나 그러한 도덕적 자기폭력의 사회적 결과들이 과연 바람직하기만 하였던가? 그러한 도덕적 자기폭력은 두려움에 가까운 도덕적 경외심을 불러일으킨다고 하였다. 그러한 경외심이란 도덕적 위세와 권력으로 쉽게 전화(轉化)할 수 있다. 이렇듯 전화된 도덕권력은 타자를 강요하고 억압하는 도덕적 형구(刑具)가 될 수 있다. 이런 차원에서 막스 베버가 '종교적 폭정'의 시대라고 하였던 초기 퓨리탄, 캘빈주의 사회와 정통 주자학적 도덕사회는 흡사한 점이 많다. 유교 당파투쟁이 유럽의 종교전쟁과 유사하게 같은 믿음의 다른 분파에 대한 강렬한 도덕적 증오감을 수반했다는 점이나, 여성에 대한 배제와 감시, 그리고 여성에 대한 도덕적 요구가 극히 고조되었던 점도 유사하다. 무의 세계에 군사독재가 문제라면, 문의 세계엔 도덕독재가 문제다.

우리는 죽음충동의 내향화가 문화적 성숙과 사회적 양심의 제고에 기여할 수 있다는 프로이트의 통찰에 기본적으로 동의한다. 그러나 유교, 그리고 유교와 여성성의 연관에 대한 고찰 속에서 우리는 여기에 일정한 단서(但書)가 하나 필요함을 느낀다. 그 내향화에는 '승화(sublimation)'라고 하는 필터가 요청된다는 것이다. 이 역시 프로이트가 강조했던 점이다.[14] 글 모두(冒頭)에서 예고했던 '에너지 전환'이란 그런 것이 아닐까. 승화란 죽음충동의 도덕적 내향화가 직접적인 자기폭력으로 직진하는 것을 막고, 이를 한 단계 보다 높은 목표에 대한 추구로 우회하여 높아지는 방식으로 그 심리적 에너지가 전환되는 것을 말한다. 그 결과 수준 높은 학술, 예술, 사회적 기여행위들이 탄생할 수 있다. 승화에 의해 걸러지고 높아지지

---

14) 지그문트 프로이트, 『문명 속의 불만』, 열린책들, 1997.

않을 때 내향적 자기폭력은 반드시 타자에 대한 심리적 또는 물질적 폭력으로 표출될 수 있다.

물론 이러한 승화 과정은 사회전반의 권력 상황의 민주화, 신분 상황의 평등화와 맞물려야 한다. 왕조사회에서 유자는 이념적으로 군주의 스승이지만, 현실로는 그의 신하다. 왕과 신하가 결코 신분상, 권력상 대등할 수 없다. 왕통보다 우월한 도통의 주체임을 자임하지만 어디까지나 그것은 숨은 주체, 그늘 주체일 수밖에 없었다. 이념과 현실이 일치하지 않는다. 그래서 그 숨은 주체성(윤리적·비판적 주체)의 궁극의 형태는 압도적으로 우월한 권력, 군주 앞에 '견사불경기수'라고 하는 자폭적 방식으로 표출될 수밖에 없었다. 유교사회의 여성은 어떠했는가? 유교의 이념적 남성상이 숨은 주체인 이상, 그 숨은 주체를 다시 한 번 그늘로 품는 유교의 이념적 여성상은 이중으로 숨은 주체, 겹그늘 주체일 수밖에 없었다. 따라서 주체로서의 남성이 불평등한 신분상황, 권력상황의 그늘을 벗어나는 것과 여성이 밝은 빛 아래 주체로 서는 것은 한 과정의 두 측면이 아닐 수 없다. 정치적 민주화가 남녀관계의 민주화·평등화로 이어진다. 유교의 숨은 이념, 그 비판성과 윤리성은 왕과 왕조가 사라진 민주주의·공화주의 사회에서 오히려 더 밝고 당당한 형태로 만개할 수 있다.

이 글은 여성성 자체 대한 탐구는 아니었다. 그러나 유교와 여성, 문명화와 여성화의 관련에 주목한 만큼 필자가 생각하는 여성성에 관해 마지막으로 간단하게나마 언급해 두어야 할 것 같다. 나는 여성성을 생물학적 여성에만 배타적으로 귀속되는 무엇으로 생각하지 않는다. 우선 이 글은 유학자를 뜻하는 유(儒)가 어원에서 부드러움[柔]를 뜻한다고 하였고, 이런 특성이 모종의 여성성과 연관되어 있음을 암시했다. 대부분의 유학자는 물론 남성이었다. 유자가 역사적, 사회적으로 놓였던 일정한 상황과 조건이 유자를 그렇듯 부드럽고, 동시에 그러므로 창칼 앞에 무력한 존재로 만들었다. 그런 의미에서 우리는 부드러움=여성성을 일정한 상황조건의 결과, 달리 말하면, 컨텍스트 속의 하나의 기호(sign)로 이해한다. 부드러움을 여성적인 것과 연결시킨 것은 물론 에밀 뒤르켐과 마르셀 모스가 "원초적 분류(primitive classification)"라 불렀던, 극히 기본적인 이원적 인식-개념 프레임의 소산 이상도 이하도 아니다.[15] 여기서 (부드러움/강함)의 기호짝은 (여성/남성)의 기호짝과 쉽게 결합한다. 이것은 인간 사유구조의 보편적 기반의 하나이므로 이를 굳이 부정하거나 배척할 이유는 없다고 생각한다. 다만 이것을 생물학적 성(sexuality)에 배타적으로 고착된 무엇으로 볼 것이 아니라, 컨텍스트 속에서 부동(浮動)하고 있는 기호로 읽어야 한다고 제안한다. 실은 하드코어 생물학에서도 남녀의 성을 그렇게 고정적으로 보지 않는다. 남성에게도 여성 호르몬이, 여성에게도 남성 호르몬이 있지 않은가. 정도의 차이가 있을 뿐이다. 각 개인, 개체에도 상당한 편차가 있다. 또 연령대에 따라 그 비율은 변한다.

본 장 서두에서 언급했듯, 엘리아스가 정리한 '문명화과정'은 분명 부드러워짐, 그런 의미에서 여성화와 깊은 관련이 있다. 그가 분석한 수많은 사례들의 주역이 여성이다. 중세 연가(戀歌), 예의범절(civilité), 수치감과 당혹감 등 그가 다룬 대부분의 토픽들은 유럽의 중세와 초기근대의 (주로) 신분 높은 여성들이 처했던 상황들과 긴밀하게 맞물려 있다. 이러한 문명의 여성화는 그 이전 단계인 군사적 야만 상태에 비해 도덕적으로 분명 바람직하고 우월한 것이다. 그러나 흥미롭게도 부드러움을 뜻하는 유(柔) 속에 날카로운 금속 무기인 창[矛]이 담겨 있다. 柔는 나무[木]와 창[矛]의 결합자다. 이 창은 나무에서 돋아나는 새 이파리, 새 싹일 수도 있고, 나무를 깎는 칼날일 수도 있다. 가장 부드럽고 약한 것(새 싹)과 가장 날카롭고 강한 것(창)이 이 한 글자 속에 두 개의 얼굴로 병립, 중첩하고 있다. 이 놀라운 문자 구성은 왜 유교의 여성화가 한편으로는 정일당의 모습으로, 다른 한편으로는 열녀 현상으로, 극과 극의 형태로 나타나는지, 또는 왜 유교의 여성화가 동시에 유교의 여성억압의 모습으로 드러났는지, 왜

---

15) Durkheim, Emile and Marcel Mauss, *Primitive Classification*, translted by Rodney Needham, Chicago : University of Chicago Press, 1963.

그 두 개의 상반된 모습이 사실은 한 몸의 양면인지, 그 수수께끼에 대한 실마리를 던져주고 있는 것은 아닐까.

찾아보기

ㄱ

간음(姦淫) 246
간통 241
강유위(康有爲) 75
개체성 70, 72, 74, 78
『겐지 모노가타리(源氏物語)』 226
『경국대전』 231
『고금화가집(古今和歌集)』 226
고염무(顧炎武) 38, 147~151, 199
공개성 102
공공성 77, 104~105
공공성 교육 77, 82
공도(公道) 230, 244, 246, 248, 252
공론(公論) 42, 86, 98, 100, 102, 139, 145, 146, 178, 204, 230, 239, 248
공론의 장 195
공론정치 21, 42, 140, 143, 195
공사론(公私論) 230
공사이원론 86, 106
공생적·연계적 공공성 87, 98, 103
공의(公議) 213
공의(公義) 230
공자 25, 37, 44, 58, 65~66, 98, 101, 109, 127, 192
공화주의 105
교화 시스템 190
국가적 공공성 26, 28, 42, 45, 117~118, 136

권분(勸分) 201, 206
규문(閨門) 240
규방 239
기대승(奇大升) 241, 245
기호성(嗜好性) 168, 170
김개(金漑) 239
김종후(金鍾厚) 184
김주(金澍) 234
김효맹(金效孟) 238

ㄴ

나카에 도주(中江藤樹) 220
노베르트 엘리아스 254, 273, 279
노자 55~56, 63~66, 68, 70, 81
「논사록」 241
『논어고의(論語古義)』 221
『논어집주(論語集註)』 221
니체 276

ㄷ

다사쟁론(多事爭論) 227
다산 정약용 113~115, 118, 120~136, 138, 140~144, 147, 152, 161~167, 169, 170~171, 177, 179, 183~184, 186, 188~194, 197~204, 207~210, 212~214
당송 변혁기 29
대공무사(大公無私) 239

대동사상 27, 37
대진(戴震) 39, 40, 50, 63, 74, 76, 103, 117
덕화(德化) 226
도쿠가와 쓰나요시(德川綱吉) 225
도통 32, 66
도학(道學) 87
동양적 전제주의 256
듀이 47, 79
디오니수스 258

_ㄹ

롤즈 47
루소 70, 79
루쉰(魯迅) 103
루크레시아(Lucretia) 257~263, 270,
    273~275
루크레시아적 공화국 265
리비우스 258
리일분수(理一分殊) 71

_ㅁ

마르셀 모스 279
마테오 리치 120
막스 베버 277
맥킨타이어 47
맹자 25, 155, 163, 209
『맹자고의(孟子古義)』 221
『맹자집주(孟子集註)』 221
명덕(明德) 188
모토오리 노리나가(本居宣長) 227
문명화 254
미조구치 유조 50~51, 72~75, 103
민본적 공공성 21, 26, 37, 39~40, 43~45,
    113, 117~118, 134, 138, 141, 143
민본주의 116
민의 성장 187

민주적 공공성 143
민주주의 83, 109
민회 212

_ㅂ

박계현(朴啓賢) 243, 247
박곤(朴坤) 238
박성(朴惺) 249
박시제중(博施濟衆) 27
법가 23
변등(辨等) 188, 191, 198, 200, 203

_ㅅ

사단(四端) 224
사대부 87, 100, 106
사도세자 136
사양(辭讓) 224
사장력(私場曆)」 206
사창(社倉) 201
사풍(士風) 252
사회적 상상 104
선불교(禪佛敎) 221
성(性) 223
성리학 106
성리학적 사유 83
성왕론 256
성인가학론(聖人可學論) 92
성중식(成重識) 238
성호 이익(李瀷) 152~158, 160, 163, 170,
    172, 177, 179, 185, 250
소문 247, 252
소문의 정치 239
소민(小民) 208
소통 96
수기치인(修己治人) 220
숙의적 공공성 21, 26, 43, 45, 113, 117~118,

136, 139, 140~141, 144

순결 233

슈미트 21

시마다 겐지 87

시장근본주의 105

신유가적 33

실천지(實踐知) 196

실학의 공공성 19

실학적 공공성 125, 140, 143

실행(失行) 231, 239, 245

심대윤 147, 163, 165, 171, 173~174,
    176~177, 179~180

_ㅇ

아감벤 21, 262

아담 스미스 114

아렌트 47, 48

안정복(安鼎福) 185

야마자키 안사이(山崎闇齋) 220

양로연 196

양희(梁喜) 243, 247

억강부약 185

엄복(嚴復) 75

『에밀』 70

에밀 뒤르켐 279

에임스 109

열녀 239

예의 실천장 195

예치체제 23, 25

오건(吳健) 242

오규 소라이(荻生徂徠) 221

왕통 32

요호부민(饒戶富民) 199

위핍률 185

유교 문명화 256

유교의 여성화 270, 279

유교적 계몽 30

유교적 공공성 19, 28, 45, 113, 115, 118,
    125, 136, 144

유교적 문명화 257

유럽 중심주의 85

율곡 이이(李珥) 210~211

음부(淫婦) 242, 244, 250

음행(淫行) 251

이기론(理氣論) 88

이사평(李士平) 234

이인형(李仁亨) 241

이재학 184

이정(李楨) 243, 247

이지(李枝) 231

이탁오 38, 73, 76

이토 진사이(伊藤仁齋) 221

이희안(李希顔) 243

이희안 처 250

이희조(李喜朝) 184

인(仁) 25, 33, 39, 88, 91

인권 83

인민주권 104, 105

인욕(人慾) 53, 91, 148, 166

인정(仁政) 126

임윤지당(林允摯堂) 267

임훈 249

_ㅈ

자유주의 108

자율적 도덕공동체 190, 209, 211

정명도 33

정이천 55, 153

정인홍 242, 244, 247

정일당(靜一堂) 265~269, 279

정제두 171

정조 137, 139, 186, 187

정주학 189
정탁(鄭琢) 242
조광조 146
조복초(趙復初) 232
『조선경국전』 240
조식(曺植) 241, 245, 247, 249
조심(趙深) 232
조유례(趙由禮) 234, 236~237
조유신(趙由信) 232, 234
조유지(趙由智) 233
조화(趙禾) 231
종법 66
종법원리 23
주권의 역설 20, 44
주돈이 56
주자학(朱子學) 65, 87, 92
주희(朱熹) 31, 37, 41, 47, 50~62, 68~72,
    75~79, 81, 88~89, 93, 96~97,
    100~101, 106~107, 109, 146~149,
    153, 156, 166, 179, 190, 210
주희의 공(公) 이론 83
진주 유생 245

ㅊ

차크라바르티(Dipesh Ckakrabarty) 84
찰스 테일러 104
책임감 207
천리(天理) 31, 37, 53, 91~92, 95, 119, 136,
    148, 166
천리의 공공성 26, 35~37, 40, 42~44, 116
천명 31
천인합일 98
천하위공(天下爲公) 92
초닌(町人) 221, 227
충서(忠恕) 178, 224

ㅋ

칸트 47

ㅌ

타자와의 연계 96
탈식민성 85
태허황상제(太虛皇上帝) 220
토족 191
『퇴계집』 249
퇴계 이황 152, 167, 248, 250
투호례(投壺禮) 197

ㅍ

평천하(平天下) 220
풍문공사(風聞公事) 239
프로이트 276
플라톤적 공화국 265

ㅎ

하버마스 47, 48
하종악 241, 244, 250
하종악 처 250
한비자 90
함안 이씨 241, 242, 246
향교 192, 194
헤겔 38
호굉(胡宏) 50
환난상휼 203
환자(還上) 201
황종희(黃宗羲) 38, 147~151, 177
효제(孝弟) 133, 142, 169
훼가출향 245

필자 소개

김상준: 서울대학교 사회과학대학을 졸업하고 미국으로 유학하여, 뉴스쿨에서 석사학위(사회학)를, 컬럼비아 대학교에서 박사학위(사회학, PAUL F. LAZARSFELD FELLOW)를 받았다. 2001년부터 경희대학교 공공대학원(전 NGO대학원) 교수로 재직 중이다. 지은 책으로『미지의 민주주의』, 『맹자의 땀 성왕의 피』, 『유교의 정치적 무의식』, 『비서구 민주주의』(근간) 등이 있다.

김호: 서울대학교 국사학과를 졸업하고 동 대학원에서 「허준의 동의보감 연구」로 박사학위를 받았다. 서울대학교 규장각 책임연구원과 가톨릭대학교 교양교육원 교수를 거쳐 현재 경인교육대학교 사회교육과 교수로 재직 중이다. 지은 책으로『역주 신주무원록』, 『원통함을 없게 하라』, 『조선의 명의』, 『정약용, 조선의 정의를 말하다』 등이 있으며, 논문으로 「1763년 癸未 通信使와 日本 古學派 儒醫 龜井南冥의 만남 ― 조선인의 눈에 비친 江戶時代 思想界」, 「조선후기 華夷論 재고」, 「存齋 魏伯珪의 향촌 교화 ― 주자학 기획을 중심으로」 등 다수가 있다.

나종석: 연세대학교 철학과를 졸업하고 독일에서 헤겔과 비코에 대한 논문으로 철학박사 학위를 받았다. 현재 연세대학교 국학연구원 HK교수로 있다. 저서로『차이와 연대』, 『삶으로서의 철학』, 『지식의 현장 담론의 풍경』(공저) 등이 있으며, 역서로는『비토리오 회슬레, 21세기의 객관적 관념론』, 미하엘 토이니센의『존재와 가상·헤겔 논리학의 비판적 기능』, 카를 슈미트의『현대 의회주의의 정신사적 상황』 등이 있다.

박영도: 서울대학교 사회학과를 졸업하고 동 대학원에서 박사학위를 받았다. 프랑크푸르트 사회연구소 객원연구원, 한국학중앙연구원 연구교수를 거쳐 현재 연세대학교 국학연구원 HK연구교수로 재직하고 있다. 저서로는『비판의 변증법』, 『사회인문학이란 무엇인가』(공저), 『포스트모던 테제』(공저) 등이 있고, 역서로는『사실성과 타당성』이 있다. 주요 논문으로는 「민주주의의 역설과 경계의 사유」, 「다산의 실학적 공공성의 구조와 성격」, 「유교적 공공성의 문법과 그 민주적 함의」 등이 있다.

백민정: 연세대학교 철학과를 졸업하고 동 대학원 철학과에서『정약용 철학의 형성과 체계 : 주자학과 서학에 대한 비판적 수용 과정을 중심으로』라는 논문으로 박사학위를 받았다. 현재 가톨릭대학교 인문학부 철학전공 조교수로 있다. 저서로『정약용의 철학』, 『강의실에 찾아온 유학자들』 등이 있고, 번역서로『스승 이통과의 만남과 대화 : 연평답문』이 있다. 조선후기 유교지식인의 철학과 사유에 대한 다수의 연구논문을 발표했다.

이숙인: 성균관대학교 동양철학과 및 동 대학원을 졸업하고 중국고대의 여성사상을 주제로 박사학위를 받았다. 현재 서울대학교 규장각한국학연구원 책임연구원으로 있다. 저서로『동아시아 고대의 여성사상』이 있고, 역서로『열녀전』,『여사서』등이 있다. 공저로는『선비의 멋, 규방의 맛』,『21세기의 동양철학』,『조선여성의 일생』,『조선사람의 세계여행』,『일기로 본 조선』등 다수가 있다. 논문으로는「소문과 권력: 16세기 한 사족부인의 음행 소문 재구성」,「신사임당 담론의 계보학」등이 있다.

타지리 유이치로(田尻祐一郎): 도호쿠(東北)대학 문학부 일본사상사학과를 졸업하고 같은 대학 대학원 문학연구과에 박사과정을 수료했다. 현재 일본 도카이(東海)대학 교수이며 저서로는『야마자키 안사이 : 일본적 주자학의 원형』(엄석인 옮김),『江戸の思想史 : 人物·方法·連環』등이 있다.

황금중: 연세대학교 교육학과를 졸업하고 동 대학원에서 주희의 공부론을 다룬 논문으로 박사학위를 받았다. 현재 동 학과의 교수로 재직하고 있다. 유학을 비롯한 동양의 전통 학문에 대한 교육철학적 해석을 주요 학문적 관심사로 삼고 있다. 주자학의 교학사상, 마음교육 등을 주제로 한 다수의 논문과『역사 속의 교육공간, 그 철학적 조망』을 비롯한 여러 편의 공저가 있다.

이 저서는 2008년도 정부재원(교육과학기술부 학술연구조성사업비)으로 한국연구재단의 지원을 받아 연구되었음(NRF-2008-361-A00003)

필자_ 가나다순

김상준 | 경희대학교 공공대학원 교수
김 호 | 경인교육대학교 사회교육과 교수
나종석 | 연세대학교 국학연구원 HK교수
박영도 | 연세대학교 국학연구원 HK연구교수
백민정 | 가톨릭대학교 인문학부 철학전공 조교수
이숙인 | 서울대학교 규장각한국학연구원 책임연구원
타지리 유이치로 | 일본 도카이(東海)대학 교수
황금중 | 연세대학교 교육학과 교수

사회인문학총서

유교적 공공성과 타자

나종석/박영도/조경란 엮음

김상준/김호/나종석/박영도/백민정
이숙인/타지리 유이치로/황금중 공저

2014년 5월 30일 초판 1쇄 발행

펴낸이 · 오일주
펴낸곳 · 도서출판 혜안
등록번호 · 제22-471호
등록일자 · 1993년 7월 30일
ⓦ 121-836 서울시 마포구 서교동 326-26번지 102호
전화 · 3141-3711~2 / 팩시밀리 · 3141-3710
E-Mail hyeanpub@hanmail.net

ISBN 978-89-8494-506-7 93300
값 25,000 원